汉语水平步步高

副 词

主 编 陆庆和 黄 兴

编写者 曹晓燕 车玉茜 陆庆和

苏州大学出版社
Suzhou University Press

图书在版编目(CIP)数据

汉语水平步步高. 副词 / 陆庆和，黄兴主编. —苏州：苏州大学出版社，2009. 6
ISBN 978-7-81137-246-5

Ⅰ. 汉… Ⅱ. ①陆…②黄… Ⅲ. ①汉语-副词-对外汉语教学-教学参考资料 Ⅳ. H195. 4

中国版本图书馆 CIP 数据核字(2009)第 096056 号

汉语水平步步高
副 词
陆庆和 黄 兴 主编
责任编辑 史创新

苏 州 大 学 出 版 社 出 版 发 行
(地址:苏州市干将东路200号 邮编:215021)
南京市溧水秦源印务有限公司印装
(地址:南京市溧水县开发区溧淳路 邮编:211200)

开本 787×1092 1/16 印张 17 字数 423 千
2009 年 6 月第 1 版 2009 年 6 月第 1 次印刷
ISBN 978-7-81137-246-5 定价:30.00 元

苏州大学版图书若有印装错误，本社负责调换
苏州大学出版社营销部 电话:0512-67258835
苏州大学出版社网址 http://www.sudapress.com

编者的话

当前，随着我国国际地位的提升，学习汉语的外国人越来越多。形势喜人也逼人。这一形势向从事对外汉语教学的教师提出了新的挑战——如何让外国人更快更好地学习和掌握汉语的语法与词汇知识。

长期处于教学第一线的教师们不难发现这样的事实：汉语的句法和词法方面的知识，特别是其中的重点与难点，都不是教一两次就能让外国学生掌握的，有的难点，教师反复强调多次，一些学生还是会出现这样或那样的问题。

于是，很多教师都希望能有这样一套讲练结合的参考书：将汉语的句法与词法知识系统化、细化，将其中的内容，特别是对学生来说较难掌握的部分按照由浅入深、由易到难的原则，有计划、分层次、螺旋式地复现，不仅如此，还应针对汉语中的难点与重点，让学生反复进行操练，让学生在练习中不断提升自己。

另外，外国学生在学习汉语的过程中，经常会提出这样一些问题："我吃饭了"和"我把饭吃了"有什么不同？"我不习惯"和"我还没习惯"有什么不同？"想不起来"和"想不出来"有什么不同？"漂亮"和"美丽"有什么不同？"时间"和"时候""时光"有什么不同？"省得""免得"和"以免"是否用法完全一样？简言之，随着学习的深入，外国学生对意义和形式相似或相关的句式、结构、词语的区别越来越关注。这些确实是汉语学习的重点和难点。他们期待着教师能把这类疑团一个个辨析清楚，但是，有的问题并不是一下子能够讲清楚的，或者很难讲清楚。对很多刚刚踏上这一教学岗位的年轻教师来说，更是如此。本丛书的主编曾以考官的身份参加过几次出国汉语教师及志愿者的选拔考试工作，发现很多综合素质很好的年轻教师对这类辨析问题的回答很不尽如人意。

《汉语水平步步高》就是为了满足广大对外汉语教师的上述需要，同时也是为了满足那些已有一定汉语基础、有较高自学能力的汉语学习者的需要而编写的讲解与练习相结合的大型汉语学习丛书。该丛书由三十位作者参与，从策划、编写、修改到定稿，历经三年。编写者大多是苏州大学长期从事对外汉语教学的教师，也有对外汉语教学方向的一些研究生。在编写过程中，我们一方面参考了目前已有的对对外汉语教学有直接指导意义的专著及论文；另一方面，书中的不少分析与说明，都是编者们自己通过对语料的调查分析得出的，对已有的研究成果作了必要的补充，有些结论是编者们的新发现。

《汉语水平步步高》分八册：《句型与句式》《名词与形容词》《动词　助动词》《副词》《介词　代词》《助词》《句子成分》《关联词语　量词》。

上述八个分册的内容参考基础、初中级《中国汉语水平考试大纲》和《高等学校外国留学生汉语教学大纲》（长期进修）几个大纲加以编排，换句话说，这几个大纲中有关句型与句式、语法成分、短语（主要是动补短语）、常用实词或虚词中的重点难点等内容，这八册基本上都涵盖了。这些内容是根据难易程度的不同和水平的高低加以编排的。第一单元的讲练内容一般都是针对初级较低水平的学生的，凡是学过250个学时（45分钟一学时）汉语的学生可以先通过学习这一部分内容复习所学的知识（句式或词汇的），打好基础。第二单元的内容一般是针对初级中水平较高的学生的，同时也往往是该学习阶段的重点和难点。学生如果学习并掌握了第二单元的内容，就可由初级水平向中级水平迈进。第三单元和第四单元所讲的内容，是中级偏高到高级的水平，因此例句与练习都有一定的难度。

有些较难学习的语法点或词语，一般会在几个单元中反复出现，多次练习，为的是让学生在不同层次的上下文中多次理解与把握它们，使他们学得更加扎实和深入。

本丛书每一册前面都阐述该册总的内容，句式或词类的语法功能和特点，编写的体例与使用方法。希望读者们能够认真阅读这一部分的内容，以便更好地使用它们。

本丛书是编者们在承担繁重的教学任务的同时经过长期的艰苦努力编写而成的，有许多分析也是前人未做过的，因而出现疏漏与错误在所难免。不足之处，请专家与学者多提宝贵意见。

本丛书能够编写完成，首先要感谢华东师范大学国际汉语教师研修基地执行副主任张建民教授对本书编写指导思想的充分肯定、鼓励与指导。本丛书的顺利出版，离不开苏州大学海外教育学院黄兴院长的积极参与与鼓励，离不开苏州大学出版社高敏社长的大力支持与帮助，在此一并对他们致以诚挚的谢意。

目录

·第三单元·

· 第四单元 ·

总　说

一、本册的主要内容

副词是汉语语法词类系统中的一个重要类别，具有修饰动词、形容词或整个句子的功能。副词是外国人汉语学习中的重点之一，也是难点之一。本册是为了帮助外国人掌握汉语常用副词而编写的。

二、副词的分类

副词按其表示的意义可以分为以下几类：

1. 程度副词：很、挺、怪、非常、十分、格外、相当、更、稍微、稍稍。
2. 时间副词：才、就、刚、刚刚、正、正在、在、早晚、先后、立刻、马上、顿时。
3. 范围副词：都、全、一共、共、就、只、才、净、仅仅、光、单、一概、一律。
4. 并存、加合、重复副词：也、还、再、又、再三、一再、不断、不停、不住、不时。
5. 频率副词：常常、时常、经常、往往、总、老、老是、一口气、一连、连连。
6. 否定副词：没(有)、不、别、不用、不必。
7. 估计副词：也许、大概、大约、可能、一定、准、未必、必定、势必、必将。
8. 语气副词：可、却、倒、究竟、到底、毕竟 、明明、分明、难道、居然、竟然。
9. 情态副词：渐渐、逐渐、逐步、亲自、亲眼、亲笔、亲手、特地、公然、毅然。
10. 关联副词：就、才、更、还、都、只、再、也、不、非、倒。

三、副词的语法功能和特点

1. 副词主要做状语，修饰动词、形容词或句子，除了特殊格式和特殊的交际场合，副词不能修饰名词。例如：

马上走　正在上课　才睡觉　又忘了

非常漂亮　特别有意思　格外香

＊不学生　＊也老师同意　＊这个地方很城市　＊都作业做完了

有些副词好像修饰名词，其实是修饰整个句子，不是直接修饰名词。如：

我就一套房子。

他刚十八岁。

2. 副词一般不能单独成句，只有少数副词，如“不”“没有”“别”“当然”“也许”“一定”“差不多”“刚刚”“赶快”等可以在对话中单独回答问题，其余绝大多数副词都不能单独回答问题。如：

(1) A：你什么时候来的？
　　B：刚刚。

(2) A：你一定会来吗？
　　B：一定。

(3) A:你下午走吗?

B:不,明天。

3. 除了少数如"渐渐""常常""刚刚""仅仅"等双音节副词外,大部分副词都不能重叠。下面句子是不对的:

*他真真是好人!

*缸里的水很很多。

4. 副词和主语的语序大多是固定的。

(1) "光、只、就、单、单单"等范围副词在表示对主语加以限定时,必须放在主语前。如:

光我一个人就买了十件衣服。

单单学费就要五千元。

(2) 语气副词中的"难道、甚至、只好、大概、恐怕、也许、居然、不料、果然、幸亏、幸而、好在、多亏、偏偏、反正、其实、只好、难道、究竟、到底、毕竟、难怪、怪不得"等在表示各类语气时,如果强调的重点是主语,就要放在主语前;如果强调的重点是谓语,就要放在主语后。

原来他已经知道了。

他原来不住在这里。

你不愿去,只好他去了。

没有车,他只好走着去。

(3) 除了上述两类副词外,其他副词都应该放在主语的后面。

三、学习副词的方法

要想学好副词应注意以下方法:

1. 注意副词在句中的位置。很多副词不能放在主语前(详见上及各课说明)。如:

A 我 B 也不敢 C 去 D 那个地方了。[再](正确答案 B)

2. 注意某些汉语副词使用时常有某类词语或语法形式"共现",或者"呼应"。如:

所有的单词都要记住。("都"与"所有"共现)

太累了,咱们稍微休息一下吧。("稍微"与"一下"共现)

哪怕我们在北京只住三天,也一定要去游览长城。("也"与"哪怕"呼应)

如果明天下雨,我们就不去虎丘了。("就"与"如果"呼应)

当然,"共现"或"呼应"也是相对的,要根据表达的需要,即当需要强调某个意义时才要求某个副词与其他词语或成分"共现"或"呼应",否则相关的副词可以不出现。这在《关联词语》分册会有详细的说明。

3. 注意近义副词之间的比较。

副词的种类和数量比较多,学习的时候要把意义和用法相近的副词放在一起进行比较,辨析时可以从语义、语气、语法及语用的不同入手,找出各自的不同特点,以便更准确地运用副词。

(1) 副词一般是修饰谓词的。可以从副词跟谓词后的宾语、补语,跟谓词前其他状语性成分,甚至跟宾语的定语的选择限制关系进行辨析。如"白"可以修饰单个动词和单音节动词,"白白"不能修饰单个动词,尤其是单音节动词,"白白"所修饰的动词前或后应该有其他修饰语或补充语。(详见第三单元第三课)

(2) 副词常修饰动词,可以就副词修饰的动作在时间方面的各类情况进行辨析。如就时间的早晚、动作的快慢进行辨析,像"就"和"才"。(详见第一单元第一课)

（3）副词还经常与句子所表示的量有关。可就副词所概括的量的多少进行辨析，如“才”用在数量词前时，无论重音在哪儿，都表示数量少，时间短。“就”前常有表示范围的数词、量词或名词。如果重音落在前面的名词或数量词上，表示说话人认为数量多或花的时间多；如果重音落在“就”或后边的数量词上，表示说话人认为数量少，时间短。（详见第一单元第五课）

（4）可以从副词是客观地叙述情况还是带有主观的语气、感情色彩进行区分。如第一单元第六课讲几种相近的程度副词，其中的“太”“真”等，一般用于感叹，而不用于叙述，而客观性程度副词则常用于叙述。

（5）可以从副词所表示的动作或情况有无规律进行辨析。如“往往”一般是说明带有一定规律的动作或情况经常发生，“常常”虽然也表示频率高，但是不带规律性。（详见第二单元第四课）

四、本册的使用方法

汉语不少副词的用法比较复杂，根据难易不同，我们把它们分别安排在不同的四个单元。每一单元下又分数课。每课有两到五个意义相近的词语，分别从语义、语气、语法及语用的不同入手，找出各自的不同特点，以便让学生更准确地运用副词。

每课都有“试一试”“讲一讲”“练一练”三大部分。“试一试”部分，主要针对已经学过该组词语的学生，测试他们已掌握的情况，题目的设计与下面“讲一讲”部分的解释和说明是对应的，也就是说学生可以在“讲一讲”部分中寻找答案和原因。“提示”部分常有一些需要注意的地方，比如例外的情况，与该副词共现的语法形式等等。“练一练”主要给学生提供巩固和提高的机会。

希望读者先做“试一试”，看看自己什么地方有欠缺，然后认真阅读、理解并记忆“讲一讲”部分的内容、提示及正确的例句，最后再做“练一练”的练习。练习中除了一般对外汉语教材中常见的形式外，还有与 HSK 仿真试题，为的是便于读者在打好基础的同时进行模拟自测，并通过这种循环和重复的练习达到较好的学习效果。

语言习得是一个循序渐进的过程。每一单元后都有单元练习，读者可以通过这一部分了解自己对该单元副词知识掌握的情况。在成绩较为理想的情况下再开始下一单元的学习与练习。如果前一单元成绩不够理想，最好在进一步复习、练习之后再开始下一单元的学习。

· 第一单元 ·

第一课　就$_1$　才$_1$

试一试

判断下列句子的正误，并说明理由。

1. A. 早上八点就我们出发了。(　　)
   B. 早上八点我们就出发了。(　　)
2. A. 昨天晚上十二点他才回家了。(　　)
   B. 昨天晚上十二点他才回家。(　　)
3. A. 我来苏州不久喜欢这里了。(　　)
   B. 我来苏州就喜欢这里了。(　　)
   C. 我来苏州不久就喜欢这里了。(　　)
4. A. 老师说了一遍他就懂了。(　　)
   B. 老师说了一遍他就懂。(　　)
   C. 老师说了他就懂了。(　　)
5. A. 她跳了三次跳过去。(　　)
   B. 她跳了才跳过去。(　　)
   C. 她三次才跳过去。(　　)
   D. 她跳了三次才跳过去。(　　)
6. A. 你到就给我打电话。(　　)
   B. 你到了那儿就给我打电话。(　　)
7. A. 他吃饭就出门。(　　)
   B. 他吃了饭就出门了。(　　)
8. A. 他们一认识就结婚。(　　)
   B. 他们一认识就恋爱了。(　　)

讲一讲

1. 副词“就”和“才”放在表示时间或年龄的名词后，分别表示动作发生得早和晚。如：

早上六点爸爸就出门了。(早)
她两岁就会写字了。(早)
中午十二点他才起床。(晚)
姐姐四十岁才结婚。(晚)
大卫一年前就毕业了。(早)
那本书他两个星期以后才还给我。(晚)

提示

(1) 表示时点的词语有时可以放在主语前面,但是“就”和“才”只能放在主语的后面。如:

早上八点我们就出发了。

(2) “就”后面的动词如果动作已经完成,句尾一般要用“了”。“才”后面的动作即使完成了,也不用“了”。如:

早上八点我们就出发了。
昨天晚上十二点他才回家。

2. 副词“就”和“才”放在表示时点或年龄的名词前时,意义和上面相反,分别表示动作发生得晚和早。如:

我[来苏州不久]就喜欢这里了。
他[上小学的时候]就十岁了。
我们[到学校的时候]才7点。

3. 副词“就”和“才”放在时段名词或表示动作次数的数量词后面,分别表示动作进行得快和慢。如:

老师说了〈一遍〉他就懂了。
这么多生词她看了〈两遍〉就记住了。
她跳了〈三次〉才跳过去。
这本书我看了〈一个星期〉才看完。

提示

(1) 时段名词必须和“就”“才”一起出现才能表示动作进行得快或慢,缺少一个都不行。如:

*我来苏州不久喜欢这里了。(缺少“就”)
*我来苏州就喜欢这里了。(缺少时段名词)

(2) 表示动作次数的数量词也必须和“就”“才”一起出现才能表示动作进行得快或慢。而且“就”和“才”前面的动词和动量词一个也不能少。如:

*老师说了他就懂了。(缺少动量词)
*她跳了三次跳过去。(缺少“才”)
*她跳了才跳过去。(缺少动量词)
*她三次才跳过去。(缺少动词)

小结：

格　式	动作发生得	例　　句
时间、年龄等名词＋就 时间、年龄等名词＋才	早 晚	早上六点爸爸就出门了。/她两岁就会写字了。 中午十二点他才起床。/姐姐四十岁才结婚。
就＋时点、年龄等名词 才＋时点、年龄等名词	晚 早	他上小学的时候就十岁了。 我们到学校的时候才七点。
时段名词、动量词＋就 时段名词、动量词＋才	快 慢	这么多生词她看了两遍就记住了。 这本书我看了一个星期才看完。

4. 如果两个动作是先后发生的，"就"和"才"都可以放在第二个动词前。两者的区别是：

（1）"就"表示说话人认为两个动作时间间隔短，第二个动作发生得比较早。常见的有"一……就……"，连接两个动作，表示第一个动作发生后立即会发生第二个动作。有时前一动词受"刚"修饰。如：

小林一考试就头疼。

他一下课就去玩电脑游戏。

他刚生病就告诉妈妈了。

（2）"才"表示说话人认为两个动作时间间隔长，第二个动作发生得比较晚。如：

他病好了才告诉妈妈。

他做完产品才拿到钱。

提示

(1) 第一个动作不能用单个动词表示，一般要用动词短语，第二个动作可以是单个动词也可以是动词短语。如：

你到了那儿就给我打电话。

他吃了饭就出门了。

(2) 凡是第二个动作和第一个动作之间有一段时间的间隔的，不能用"一……就……"，如"试一试"中的"他们一认识就结婚"就不正确，因为"认识"和"结婚"中间应该有一段时间间隔的。

5. "就（要）＋动词短语"表示"立刻、马上"的意思，"就"后面可以用"要"。

我马上就来，你别走。

你再等等，小王就要回来了。

你看，天已经黑了，就要下雨了。

6. "才＋动词短语"表示动作是在说话前不久发生的。如：

他才来，对中国还不了解。

我才放下电话，就听到敲门声了。

练一练

一、模仿例句，完成句子（句子要完整）。

1.　　早上六点　　出门了。

他　十八岁____　就　________了。

________　　结婚____。

2.　　八十岁____　　回到家乡____。

她　________　才　毕业________。

十点____　　________。

3. 这么多作业　　用了半个小时　　做完了。

这本书　　我　看了一个星期　就　________。

这么多衣服　　____________　　洗完了。

4. 她改完作业　　　　　回家。

________________　才　知道他不是好人。

她等其他人都睡了　　____________。

5. 他看见我　　　　跑了。

我吃完饭　　就　____________。

____________　　脸红。

6.　　　看到樱花　　想家。

山木一　________　就　紧张________。

喝酒　　________。

二、用“才”“就”填空。

1. 八点上课，你怎么七点______来了？
2. 电话响了很长时间他______去接。
3. 刚才他在这里你不说，为什么现在______说？
4. 她早上很早______走了，快到吃晚饭的时间______回来。
5. 我等了半天，你怎么______来？
6. 这个孩子不到一岁______会说话了，那个孩子三岁______会叫“妈妈”。
7. 这件事我早______知道了，你怎么现在______听说？
8. 他刚回到家，楼上的老王______来找他了。
9. 你怎么______来______要走？
10. 她走到我面前，我______发现。
11. 忙到中午，______有一点儿休息的时间。

12. 看了今天的报纸，我______知道这件事。

13. 李平上研究生的时候______二十岁，我上大学的时候______已经二十了。

三、判断下列句子的对错，对的打“√”，错的打“×”并改正。

1. 小明五岁才上学，我八岁就上学了。（ ）
2. 早上七点他就出门了。（ ）
3. 我跟他说的话他一会儿就忘了。（ ）
4. 我喝好几口才喝完这瓶药。（ ）
5. 这篇课文他读了十分钟就记住了。（ ）
6. 她大学毕业，工作十年后才结婚了。（ ）

四、HSK 仿真题：将下面句后（ ）中的词语放在唯一合适的地方。

1. 这么多大米 A 他 B 吃了半个月 C 吃完 D 了。（就）
2. 我 A 找了 B 一个多小时 C 找到 D 你家。（才）
3. 我 A 催了他 B 好几次，他 C 把那个房间打扫了 D 一下儿。（才）
4. 老师 A 讲了 B 半天 C 我 D 明白。（才）
5. 我们 A 爬山 B 爬了 C 一会儿 D 累了。（就）
6. 他 A 走了以后，我 B 想起 C 他的名字 D。（才）
7. 她 A 一 B 唱歌 C 我 D 紧张。（就）

参考答案

一、1. 他十八岁就工作了。
他十九岁就结婚了。
2. 她二十五岁才毕业。
她十点才起床。
3. 这本书我看了一个星期就看完了。
这么多衣服我用一个小时就洗完了。
4. 我们到今天才知道他不是好人。
她等其他人都睡了才睡觉。
5. 我吃完饭就去学校了。
她一喝酒就脸红。
6. 山木一考试就紧张。
山木一喝酒就脸红。

二、1. 就 2. 才 3. 才 4. 就 才 5. 才 6. 就 才 7. 就 才 8. 就 9. 才 就 10. 才 11. 才 12. 才 13. 才 就

三、1. ×，应改为：小明五岁就上学了，我八岁才上学。
2. √
3. √
4. √
5. √
6. ×，应改为：她大学毕业，工作十年后才结婚。

四、1. C 2. C 3. C 4. D 5. D 6. B 7. D

第二课　马上　立刻　顿时

试一试

请用"马上""立刻""顿时"填空。

1. 冬天快过去了，春天______就要到了。
2. 他大学毕业以后，______就忙着结婚了。
3. 现在已经12月20号了，新年______就要到了。
4. 你等一下，我______就来。
5. 看到父亲带回来这么多好吃的东西，孩子们______高兴地跳了起来。
6. 情况紧急，请大家______到操场集合。
7. 演出一结束，剧场里______响起一片掌声。

讲一讲

1. "马上"表示动作或情况即将发生或已经很快就发生了，常与"就"一起使用。如：

　　冬天快过去了，春天马上就要到了。（即将发生）

　　他大学毕业以后，马上就忙着结婚了。（已经发生）

"马上"后面跟即将发生的动作和情况，可以离说话时有一段时间上的间隔。如：

　　现在已经12月20号了，新年马上要到了。

　　你等一下，我马上就来。

"马上"后的动词可以表示自然发生的情况，也可以是动作者有意识的动作。

2. "立刻"也表示事情即将发生或已经很快发生了，前后动作相隔的时间比"马上"要短得多，一般都是指当时很快发生，不能像"马上"那样，前后可以间隔一段时间。"立刻"后多跟复杂的动词短语。当动作在过去已经发生时，句中一般要用"了"。

　　看到父亲带回来这么多好吃的东西，孩子们立刻高兴地跳了起来。

用于命令句，紧迫感比"马上"强。如：

　　情况紧急，请大家立刻到操场集合。

　　那瓶酒一打开，立刻飘出了一阵酒香。

"立刻"后的动词可以表示某个情况的自然发生，更多的是表示动作者有意识的动作。

3. "顿时"表示由于前面某个动作或情况发生后，紧接着突然出现了某种情况或发生某种变化，这种变化往往是对前面动作情况自然做出的极快的反应。动词表示的一般是自然发生的动作，是动作者不能控制的。"顿时"只用于客观叙述已经发生了的情况，多用于书面语，常与“了”或趋向补语一起用。如：

听到这个不幸的消息后，他的脸色顿时变了。

演出一结束，剧场里顿时响起一片掌声。

4. 如果事情在过去发生的，并且有条件句时，“马上、立刻、顿时”可以互相替换，但表示的时间紧迫感不同。比较：

看到孩子平安回来，父母的心马上/立刻/顿时放了下来。

当表示事情即将发生时，“马上、立刻”可以互换，也是表示时间的紧迫感不同。但是用于表示客观情况的变化时，只用“马上”，不用“立刻”。下面的句子是错的：

＊快进教室吧，报告立刻就要开始了。

＊冬天快过去了，春天立刻就要到了。

5. “马上”常用于别人催促时的应答，可以修饰动词或形容词“好”等。“立刻”“顿时”不行。如：

A：饭怎么还没做好？

B：马上好，别急。

A：你快点儿啊！大家都等着你呢！

B：马上来！马上来！

小结：

词语	后面动词的特点	时态		用法		
		过去	将来	后面动作、情况离说话时；与前一动作之间	配合使用	语体和使用场合
马上	有意识的或自然发生	+	+	可有一段时间间隔；较快	就	口语；叙述句、命令句
立刻	同上	+	+	可有较短的时间间隔；很快	了	口语，书面语；叙述句、命令句
顿时	自然发生	+	−	几乎没有时间间隔；极快	了 趋向补语	书面语；叙述句

（“+”表示可以这样用，“−”表示不可以这样用，全书同）

练一练

一、请用“立刻”“马上”“顿时”填空，并说明理由。

1. 请等一下儿，我______就来。
2. 了解了情况后，厂长______作出了决定。
3. 今天是农历十二月二十三，______就要过春节了。
4. 接到我的电话后，你______到车站接我。
5. 孩子们来了，屋子里______热闹起来。
6. 这个故事______就在同学中间流传开来了。
7. 再等一会儿，我______就写完了。
8. 一阵大风过后，天空______暗了下来。
9. 一听完他的话，她______就表示同意了。

10. 我已经是四年级的学生了，______就要大学毕业了。

二、判断下列句子的对错，对的打“√”，错的打“×”并改正。

1. 再等一会儿，车立刻就到。(　　)
2. 马上就要下雨了，咱们快回家吧。(　　)
3. 看到自己的错误被发现，女孩的脸顿时红。(　　)
4. 这件事很重要，你应该顿时办好。(　　)
5. 表演开始了，剧场顿时安静下来。(　　)
6. 李丽病得很厉害，得立刻打电话叫她的父母来。(　　)

三、HSK 仿真题：将下面句后(　　)中的词语放在唯一合适的地方。

1. 他的话一 A 说完，大家 B 明白 C 是 D 怎么回事了。(立刻)
2. 她 A 吃饱了饭，往床上一 B 躺，C 就 D 睡着了。(马上)
3. A 听见那人 B 在骂姐姐，C 他 D 走了过去。(立刻)
4. A 一 B 听到这个坏消息，C 李丽 D 变了脸色。(顿时)

参考答案

一、1. 马上(因为句中有“等一下儿”)
2. 立刻(因为时间紧迫)
3. 马上(还有一段时间，时间不那么紧迫)
4. 立刻(时间紧迫)
5. 顿时(情况变化特别快)
6. 马上(“流传”需要一定的时间)
7. 马上(因为句中有“等一会儿”)
8. 顿时(变化快)
9. 立刻(时间紧迫性强)
10. 马上(大四离毕业还有一段时间)

二、1. ×，应改为：再等一会儿，车马上就到了。
2. √
3. ×，应改为：看到自己的错误被发现，女孩的脸顿时就红了。
4. ×，应改为：这件事很重要，你应该立刻办好。
5. √
6. √

三、1. B　2. C　3. D　4. D

第三课　正在　在　正

试一试

看看下面的句子是否正确。

1. 外面正在下起雨来。(　　)
2. 我去的时候,他们正在楼上吃了饭。(　　)

讲一讲

1. 用“正在、在、正”的句子表示动作进行中或状态持续中,一般结构如下:

	在	(呢)
肯定形式:	正在 + 动词(短语) +	(呢)
	正	着呢

否定形式:没 + (在) + 动词(短语)

他在看电视(呢)。　　　　　　　　他没(在)看电视。
我们正在讨论问题(呢)。——否定形式——→ 我们没(在)讨论问题。
我正上课呢。　　　　　　　　　　我没(在)上课。

2. “正在、正、在”只表示动作和状态在一段时间内进行或持续中,而不管开始和结束,因此,不能和表示“开始”义的“起来”连用,动词后面也不能出现表示完成意义的“了”。所以上面“试一试”中的两句话是错的,应改为:

外面正在下雨。(进行)
外面下起雨来了。(开始)
我去的时候,他们正在楼上吃饭。(进行)
我去的时候,他们已经在楼上吃了饭了。(结束)

3. 从意义上看,“正、正在、在”可以用下图来表示:

正在
↙　↘
正 + 在
(时间)　(状态)
动作进行中　状态持续中

如:

你打电话的时候，我正洗澡呢，没法接。（时间）

都几点了，她怎么还在睡觉？（状态）

真不巧，经理正在开会，请等一下儿。（时间＋状态）

"正"强调动作进行和状态持续的时间，而"在"强调的是状态，"正在"既强调时间又强调状态。

因为"正"强调时间，所以相当于一个时点词语，常常出现在说话人认为巧或者不巧的时候。如：

我正忙呢，你等会儿再来。

她正想坐车，车就来了。

他正准备开门出去，儿子冲了进来，撞在他身上了。

4. 从形式上看，"正、正在、在"有以下几种基本结构。

（1）正＋动/形＋着＋（宾语）＋呢。

单音节动词和形容词后面没有其他成分时，要带"着"，双音节或多音节动词可带可不带。如：

我正等着呢。

他现在正忙着呢。

我们正商量（着）呢。

别再说了，人家心里正难受（着）呢。

下面的句子是错的：

* 他们正开心地说呢。

改：他们正开心地说着呢。

如果单音节动词带了其他成分，就不用加"着"。如：

她正吃饭呢，你等一会叫她。

现在正上课呢，不要打手机。

双音节动词前后如果有介词短语，句末的"呢"可加可不加，此外都要加"呢"。如：

我去的时候，他正从楼上下来。

火车正开往上海。

他们正在楼上讨论。

* 他们正吃饭。

改：他们正吃饭呢。

改：他们正在东吴饭店吃饭。

但是，"正在"和"在"没有这些限制。如：

我们正在商量。

他在睡觉。

（2）"在"后面不能用介词，而"正在、正"可以，表示移动的动作处于进行中。如：

太阳正从东方升起。

他正在从飞机上走下来。

* 我在从商店里出来。

改：我正（在）从商店里出来。

（3）因为"在"强调状态的持续，所以它可以表示反复进行，长期持续，可以和"常常、还、又、总是、一直”等副词连用，而“正在、正”不可以。如：

我这些天一直在学习。　　　　　＊我一直正(在)学习。

别人都回去了，他还在工作。　　＊别人都回去了，他还正(在)工作。

我常常在想：人是从哪儿来的？　＊我常常正(在)想：人是从哪儿来的？

练一练

一、划去(　　)中不恰当的词语(有的句子可用两个副词)。

1. 别走别走，再聊会儿，我们(正在、在、正)聊得起劲儿呢，怎么可以走呢？
2. 我走到大门口时，他(正在、在、正)从楼上下来。
3. 我们(正在、在、正)要走，他忽然又抬头指着高晋说：“你，过来。”
4. (正在、在、正)和家人、邻居打牌的老夏立刻站起来招呼客人。
5. 这么多年，他一直(正在、在、正)很努力地工作，希望能买一个自己的房子。
6. 那个时候我(正在、在、正)躺在床上看书呢。
7. 小梅刚做好饭还没吃，他一去(正在、在、正)赶上了。

二、用所给的词语和“正在”“在”或“正”完成句子。

1. 小李______________，一看见老王，忙放下杯子，站了起来。(喝茶)
2. 我去他办公室，看见他____________呢。(跟人谈话)
3. 大卫上楼时，看见一个不认识的人______________。(敲门)
4. 已经十一点了，马克还______________________。(看书)
5. 他来我家时，________________大家在给我过生日。(赶上)
6. 那几个__________的年轻人不知因为什么，突然吵起来了。(打球)
7. 别说话了，老师________________________。(讲课)
8. 你看，他们____________________，赶快叫住他们。(从那个商店出来)
9. 你来了，太好了，我______________呢。(有问题想问你)
10. 你这几天到哪儿去了？大家都______________。(找你)

三、用“正在”“在”“正”完成对话。

1. 甲：小林，有你的电话！快！

   乙：不行啊，我________________________。(洗澡)
2. 甲：他起来了吗？

   乙：没有，还__________________________。(睡觉)
3. 甲：你能帮我看看电脑出了什么问题吗？

   乙：__________________________，过一会儿吧。(忙)

四、HSK 仿真题：选出每段话中有错误的一部分并改正。

1. <u>车子买回来半年</u>，<u>因为发动机(fādòngjī)有奇怪的声音</u>，<u>一直正在修</u>，<u>我们很头疼。</u>

   A　　B　　C　　D

2. <u>昨天吴明去约会</u>，<u>看到女友院子里停着一辆大汽车</u>，<u>家里人在从房间往车上搬东西</u>，

   A　　B　　C

他觉得很奇怪。
D

3. 两个大汉一边一个紧紧夹住了她的胳膊，她正问部长这是怎么一回事，他却低着头，
A B C
急急忙忙跑开了。
D

参考答案

一、1. ~~正在~~,~~在~~,这里强调时间巧
2. ~~在~~,因为有“从楼上”
3. ~~正在~~,~~在~~,这里强调“时间”,且有助动词
4. ~~在~~,强调时间
5. ~~正在~~,~~正~~,因为“一直”强调持续性
6. ~~正在~~,~~在~~,其后不能有介词短语
7. ~~正在~~,~~在~~,这里强调时间巧

二、1. 小李＿正在喝茶＿,一看见老王,忙放下杯子,站了起来。
2. 我去他办公室,看见他＿正跟人谈话＿呢。
3. 大卫上楼时,看见一个不认识的人＿正在敲门＿。
4. 已经十一点了,马克还＿在看书＿。
5. 他来我家时,＿正赶上＿大家在给我过生日。
6. 那几个＿正在打球＿的年轻人不知因为什么,突然吵起来了。
7. 别说话了,老师＿正在讲课呢＿。
8. 你看,他们＿正从那个商店出来＿,赶快叫住他们。
9. 你来了,太好了,我＿正有问题想问你＿呢。
10. 你这几天到哪儿去了?大家都＿在找你＿。

三、1. 乙:不行啊,我＿正洗澡呢＿。
2. 乙:没有,还＿在睡觉呢＿。
3. 乙:＿我正忙着呢＿,过一会儿吧。

四、1. C,应改为:“一直在修”。“正在”不能和“一直”一起使用。
2. C,应改为:“家里人正从房间往车上搬东西”。介词前不能用“在”,可以用“正”。
3. B,应改为:“她正要问部长这是怎么一回事”。表示正好要做某事时,“正”后应用“要”或“想”。

第四课　都[1]

试一试

给"都"选择合适的位置。

1. A 我们 B 去过中国 C。(　　)
2. A 这些书 B 很有意思 C。(　　)
3. 小王 A 把 B 脏衣服 C 洗完 D 了。(　　)
4. A 她 B 对 C 我们 D 很好。(　　)
5. A 我们 B 这里 C 每个老师 D 很好。(　　)
6. A 我 B 哪儿 C 不 D 舒服。(　　)
7. 星期天 A 你 B 准备 C 干什么 D?(　　)
8. 除了饺子,A 别的 B 我 C 喜欢 D。(　　)

讲一讲

"都"表示范围,总括全部。常用在以下几种句子中:

1. 用于陈述句,总括的对象放在"都"的前面。有以下几种情况:

(1) 当句子的主语是复数的人或事物,表示"全部同一"的意思时,要用"都"。"都"要放在主语的后面。如:

我们都去过中国。

这些书都很有意思。

(2) 当总括的事物或人在主语前面,"都"仍要放在主语的后面。如:

所有的汉语辞典他都放在这个书架上。

外国孩子我们都送了礼物。

(3) 当句中有介词引进的宾语,"都"是总括它们的时候,"都"应放在这类介词宾语的后面。如:

小王把脏衣服都洗完了。

她对我们都很好。

提示

"都"不能放在主语(包括作谓语的主谓短语的主语)之前。下面的句子是错的:

*都我们是学生。

改：我们都是学生。

＊我爱吃水果，什么水果都我喜欢。

改：我爱吃水果，什么水果我都喜欢。

（4）当句中有表示逐指的“每”、表示任指的“任何”、表示统指的“所有、一切、全部、整”等词修饰名词，表示“总括同一”时，必须要用“都”。“都”应放在这类总括名词的后面。如：

我们这里每个老师都很好。

任何时候都要注意安全。

所有的人都不知道这件事。

一切错误都是因为他。

他整个脸都红了。

全部行李都搬到车上了。

提示

当“每”和“整”修饰时间名词时，如果不强调多次有规律的发生同一动作，只说明一般的情况，“都”可用可不用。如：

他整天都在看书。——他整天看书。

我每天都去公园散步。——我每天去公园散步。

与此相同的是，“满”“浑身”“随时”“到处”和不定量词修饰名词时，“都”可用可不用。如：

小王忙得满头都是汗。——小王忙得满头是汗。

那个老人浑身都是病。——那个老人浑身是病。

你随时都可以来玩。——你随时可以来玩。

大部分中国人都喜欢喝茶。——大部分中国人喜欢喝茶。

（5）名词或量词重叠使用时，也有复数的意思，如果不强调没有例外，谓语前的“都”可用可不用。如：

她天天都喝一杯牛奶。——她天天喝一杯牛奶。

这里的西瓜个个都长得很大。——这里的西瓜个个长得很大。

人人都应该遵守交通规则。（强调没有例外）

（6）句中有表示任指的疑问代词“谁”“什么”“哪”“哪里”“怎么”时，这类词语后要用“都”，因为表任指的疑问代词有“全部”的意思，不是单数。如：

我哪儿都不舒服。

谁都不认识这个人。

我把什么都忘了。

你什么时候都可以来。

怎么说都可以。

提示

“都不”和“不都”意思不一样，从下面的例句可以看出来：

我们都不去旅行。（全部否定）

我们不都去旅行，有些人要工作。（部分否定）

“都”表示极端或最低限的情况（详见第三单元）。

2. 用于疑问句。总括的对象放在“都”后面。不过回答时不用“都”。如：

甲：星期天你都准备干什么？

乙：我打算洗洗衣服，买买东西，睡睡觉。（主语“我”，是单数，所以不用“都”，下同）

甲：这次运动会都谁参加？

乙：我、小刘和小王。

甲：你都去过哪些地方？

乙：我去过上海、北京和天津。

3. 用于复句。总括的对象放在“都”前面。如：

除了他，别人都来了。

无论你去哪儿，我们都不会反对。

练一练

一、判断下列句子的对错，对的打“√”，错的打“×”。

（一）下面句子有的是不该用“都”的却用了，请找出来。

1. A. 我们班都有22个人。（　　）
   B. 我们班一共有22个人。（　　）
2. A. 我都不相信你们的话。（　　）
   B. 你们的话我都不相信。（　　）

（二）下面句子有的是该用“都”的却没有用，请找出来。

3. A. 我们班每个同学很努力。（　　）
   B. 我们班每个同学都很努力。（　　）
4. A. 苏州所有的名胜古迹我都去过了。（　　）
   B. 苏州所有的名胜古迹我去过了。（　　）
5. A. 什么书我都爱看。（　　）
   B. 什么书我爱看。（　　）

（三）下面句子有的是“都”的位置错了，请找出来。

6. A. 都我的朋友很漂亮。（　　）
   B. 我的朋友都很漂亮。（　　）
7. A. 桌子上放的是都鲜花。（　　）
   B. 桌子上放的都是鲜花。（　　）
8. A. 我们都那个时候还是小孩子。（　　）

B. 我们那个时候都还是小孩子。(　　)

二、HSK 仿真题：将下面句后(　　)中的词语放在唯一合适的地方。

1. 除了豆腐，A 别的菜 B 我 C 喜欢 D。(都)
2. A 他 B 把什么 C 丢了 D？(都)
3. A 他 B 对谁 C 说了 D 这件事情？(都)
4. 发生这样的事，A 也 B 不 C 是 D 他一个人的责任。(都)
5. 这 A 是些 B 什么 C 乱七八糟的事 D？(都)
6. A 她当时 B 比我们 C 哪一个 D 大。(都)

三、根据回答，用"都"提问。

1. A：________________________________？
   B：我吃过的中国菜有鱼香肉丝、咕咾肉和皮蛋豆腐等。
2. A：________________________________？
   B：我刚来一个月，谁都不认识。
3. A：______________________________？
   B：做做家务，看看电视，有时和朋友聊聊天什么的。
4. A：________________________________？
   B：我家里有爷爷、奶奶、爸爸、妈妈和我。

四、用名词或量词重叠式改写句子。

例：包子、饺子、面条我都爱吃。
　　包子、饺子、面条，我样样都爱吃。

1. 小张、小王、小李都很帅。(个个)

2. 这部电影每个人都喜欢。(人人)

3. 他前天早起，昨天也早起，今天还早起。(天天)

4. 现在中国每个家庭都有自行车。(家家)

副词

参考答案

一、1. A. √　B. ×　2. A. ×　B. √　3. A. ×　B. √　4. A. √　B. ×　5. A. √　B. ×
　　6. A. ×　B. √　7. A. ×　B. √　8. A. ×　B. √

二、1. C　2. B　3. B　4. C　5. A　6. D

三、1. 你都吃过哪些中国菜？　　2. 你都认识些什么人？
　　3. 星期天，你在家都做些什么？　　4. 你家都有谁？

四、1. 小张、小王、小李，个个都很帅。　　2. 这部电影人人都喜欢。
　　3. 他天天都早起。　　4. 现在中国差不多家家都有自行车。

第五课 就$_2$ 才$_2$

试一试

请用"就"和"才"填空。

1. 你别着急,医生马上______要到了。
2. 光这几个字他______看了半天。
3. 这篇文章很难,我翻译了一个星期______翻完。
4. 我今天______睡了两个小时。
5. 离晚会开始还有一个小时,很多人______来了。
6. 我们班______阿里夫一个人学过一点儿汉语。
7. 别人我都没借,我______借给你了。
8. 这本书我______翻了翻,没有仔细看。

讲一讲

在第一课里已经讲过"才"和"就"可以表示动作发生的时间早晚或快慢,在这一课里我们要学习"就"和"才"的其他用法。

一、限定范围

"就"可以限定范围,重读,表示范围小。在句子里,可以限制主语、宾语和谓语。

1. 限制主语。如:

   我们班就阿里夫一个人学过一点儿汉语。

   这件事就你和我知道,不要告诉别人。

   课本都买了,就辞典还没买。

2. 限制宾语,"就"用在谓语动词前。如:

   艾丽就学汉语,不学口语。

   别人我都没借,我就借给你了。

   我在苏州就游览了留园和寒山寺。

3. 限制谓语。如:

   这本书我就翻了翻,没有仔细看。

   我就说说而已,没有去做。

   我就尝了一口,辣得受不了。

提示

“就”限制主语和宾语时，它所修饰的词语总包含“数量少”的因素，数量词语或者出现在被限制的词语后，或者省略。如：

我们班就阿里夫一个人学过一点儿汉语。

别人我都没借，我就借给你了。（“你”后省了“一个人”）

限制谓语动词时，动词后用数量词或用动词重叠式。

“才”没有“就”以上的限定范围的用法。

二、限定数量

1. “就”“才”在数量词前面。

（1）“就”放在数量词前，“就”轻读。“就”前常有表示范围的数词、量词或名词。如果重音落在前面的名词或数量词上，表示说话人认为数量多或花的时间多。通常前面有表示限定范围的副词“光”“只”“单”。如：

她很粗心，这次考试就错了三个字。

王老师课很多，一周就上十节课。

光我一个人就买了三件衣服。

单翻译这篇文章我就用了十几个小时。

只苹果就收了三千斤。

（2）如果重音落在“就”或后边的数量词上，表示说话人认为数量少，时间短。如：

她进步很大，这次考试就错了三个字。

王老师课很少，一周就上十节课。

东西不太多，我就买了三件衣服。

这孩子动作很快，写作业就花了十分钟。

（3）“才”用在数量词前时，无论重音在哪儿，都表示数量少，时间短。如：

这些书我才看了一个晚上，还没看完呢。

我们班才十个学生。

小灵通才在少数城市使用，还没有完全推广。

我打算结婚的事才告诉了几个好朋友，其他人都不知道呢。

所以“就”和“才”也常常用于比较句，强调差距小。

她比我才/就早到一天。

她比我才/就大两岁，可是看上去好像我阿姨。

2. “就”“才”在数量词后面，重音都落在前面的数量词上，分别表示说话人认为数量少和多。如：

三个人就吃了一块蛋糕。（少）

她睡了五个小时就起床了。（少）

三个人才把那块蛋糕吃掉。（多）

她睡了五个小时才起床。（多）

三、限定程度

“才”可以修饰程度，强调程度低。

他才是个小孩子，你不能对他要求太高。

她后来和一个才只有小学文化的人结婚了。

研究生毕业才当了一个办事员。

“才”和“就”还可起关联作用，详见《关联词语》分册。

练一练

一、判断下列句子中数量或者时间的多少。

1. 一开学花了好多钱啊，光学费就交了五千元。(　　)
2. 只一棵白菜就吃了一个星期。(　　)
3. 他才穿两件毛衣，不冷吗？(　　)
4. 她睡了五个小时就起床了。(　　)
5. 这些书我才看了一个晚上，还没看完呢。(　　)

二、用“才”或“就”与(　　)中的内容完成句子。

1. 这学期来了很多日本留学生，我们班________________________。(20 个)
2. 玛丽__________________________，不太会写汉字。(学汉语一个月)
3. 这孩子动作很慢，________________________。(20 分钟　穿好衣服)
4. 我觉得用汉语写论文很难，____________________________。(两个星期　800 多字)
5. 最近商店都在打折，我______________________________。(一个人　六件衣服)

三、用“才”或“就”填空，可以多选。

1. 这次去国外旅行光飞机票______花了一万多，真贵！
2. 这次请客______花了两百块钱，真便宜。
3. 她找了他三天______找到他。
4. 我______打了弟弟一下，他就大叫起来。
5. 打了一个月的工，______挣那么点儿钱。
6. 这个商店在打折，光我一个人______买了五件衣服，三条裙子，还有四双鞋子。
7. 她______上小学一年级，这个汉字不认识。
8. 我跟她______差一分，可是她上了大学，我却没能上成。
9. 真的不行，这张电影票不能给你，我______剩下这一张了。

四、HSK 仿真题：在下面 ABCD 中选择唯一正确的副词填入空中。

1. 哲学书一般人______觉得不好理解，所以很少有人买。

A. 才　　B. 都　　C. 就　　D. 再

2. 不______弄坏了你的铅笔吗？干吗发那么大火？

A. 才　　B. 都　　C. 就　　D. 再

3. 我______转了转，没买什么东西。

A. 才　　B. 都　　C. 就　　D. 再

4. 翻开《现代汉语词典》的任何一页______有我不认识的生字。

A. 才　　B. 都　　C. 就　　D. 再

5. 这个人我认识，还说过几次话，但每次见面，他______好像第一次看到我一样。

A. 才　　B. 都　　C. 就　　D. 再

6. 他这学期______今天没有迟到，原来今天有汉语考试，不来就没有成绩了。

A. 才　　B. 都　　C. 就　　D. 再

7. 这是一本很流行的小说，任何初中文化以上的人______可以很容易地读懂它。

A. 才　　B. 都　　C. 就　　D. 再

8. 她跟谁说话______是和和气气的。

A. 才　　B. 都　　C. 就　　D. 再

9. 门口有一张乒乓球桌，天天______有一些小孩子在那儿打球。

A. 才　　B. 都　　C. 就　　D. 再

10. 他的全部时间______用来看小说，看电影了。

A. 才　　B. 都　　C. 就　　D. 再

参考答案

一、1. 多　2. 长　3. 少　4. 少　5. 少

二、1. 这学期来了很多日本留学生，我们班<u>就有20个人</u>。

2. 玛丽<u>才学了一个月汉语</u>，不太会写汉字。

3. 这孩子动作很慢，<u>20分钟才穿好衣服</u>。

4. 我觉得用汉语写论文很难，<u>两个星期才写了800多字</u>。

5. 最近商店都在打折，我<u>一个人就买了六件衣服</u>。

三、1. 就　2. 才/就　3. 才　4. 才/就　5. 才/就　6. 就　7. 才　8. 就/才　9. 就

四、1. B　2. C　3. C　4. B　5. B　6. C　7. B　8. B　9. B　10. B

第六课 很 非常 真 太 挺

试一试

在所给的副词中选择合适的填空。

很　非常　真　太　挺

1. 新盖的教学楼______漂亮。
2. 今天晚上的比赛______地精彩。
3. 这部电影______有意思了。
4. 这个孩子长得______好玩的。
5. 今天的考试______难的。
6. 我______喜欢这些孩子们啊！

讲一讲

1. “很”和“非常”都表示程度非常高，侧重于客观叙述。区别是：

(1) 从所表示的程度来看，“很”高于一般标准，“非常”则大大超出了一般的标准。“非常”表示的程度比“很”高。

(2) “非常”后面可以用“地”或“之”，“很”不能。如：

新盖的教学楼很/非常漂亮。

今天晚上的比赛非常地精彩。

2. “真”也表示程度高，带有说话人的主观感情，侧重于强调某事或某人符合或不符合某个标准、要求、愿望或说法等，多用于感叹句。如：

我真喜欢这些孩子们啊！

他的屋子真够乱的。

“真”不仅可用在形容词和心理动词之前，还可用在“不知道、不愧为(kuì wéi)、是”等之前，表示强调、感慨或评价。如：

对这种不讲礼貌的人，我真不知道该怎么办才好。

王平真不愧为是专家，再难的技术问题他都能解决。

听说这位电影明星的父亲也是明星，真是“有其父必有其子”啊！

(关于“真是”的用法可参考《句型与句式》分册)

如果只是客观的叙述不能用“真”，下面的句子是错的：

*孩子们真高兴地玩着。

＊这里是一个真美丽的地方。

3. “太”表示程度非常高,句尾要带“了”。

(1) 用于贬义词或中性词前,表示程度超出了说话者所能承受的。多用于不理想、不如意的事情。如:

这里人太多了,换个地方吃饭吧。

车开得太快了,太危险了吧。

今天的考试太难了,好几个题目我都不会做。

(2) 用于褒义词前,表示程度非常高,超出了说话者预先的估计和想象,多用于赞叹。如:

这部电影太有意思了。

这本小说太吸引人了。

今天的晚会太精彩了。

(3) 带有主观评价性,不能用于客观叙述。下面的句子是错的:

＊她太漂亮,很多男同学都喜欢她。

＊玛丽是太认真的学生。

4. “挺”表示的程度比“很”轻,后面常用“的”,修饰的词语可以褒义也可以贬义。如:

这个孩子长得挺好玩的。

今天的考试挺难的。

小结:

词语	句尾用“了”	句尾用“的”	后跟“地”	主客观及常用的场合
很	−	−	−	比较客观,用于叙述、评价
非常	−	−	+	比较客观,用于叙述、评价
真	−	−	−	强调某事或某人符合或不符合某个标准、要求、愿望或说法
太	+	−	−	表示超出说话者的估计或承受能力
挺	−	+	−	比较客观,用于叙述、评价

练一练

一、HSK 仿真题:在下面 ABCD 中选择唯一正确的填入空中。

1. 屋子______乱了,快收拾一下吧。

A. 很　B. 非常　C. 太　D. 真

2. 这儿的景色______美啊!

A. 真　B. 很　C. 太　D. 挺

3. 他______不爱喝酒,不是骗你们的。

A. 挺　B. 很　C. 太　D. 真

4. 孩子们玩得______开心。

A. 很　B. 挺　C. 太　D. 真

5. 在中国,我跟中国人讲话的机会______多。

A. 真　B. 很　C. 太　D. 挺

6. 别理他,这个人______坏的。

A. 挺　　B. 很　　C. 太　　D. 真

7. 这是一部______有意思的电影。

A. 真　　B. 很　　C. 太　　D. 大

8. 给孩子______多的爱，不利于他们的成长。

A. 很　　B. 非常　　C. 太　　D. 真

9. 晚上吃完饭以后，我觉得肚子______难受。

A. 真　　B. 很　　C. 太　　D. 挺

10. 你说的话______有道理呀！

A. 真　　B. 大　　C. 太　　D. 再

二、HSK 仿真题：将下面句后（　　）中的词语放在唯一合适的地方。

1. 我们 A 很 B 喜欢 C 在家里 D 开晚会。（都）
2. 大家 A 看到那个女孩，B 都 C 觉得她 D 可爱的。（挺）
3. 我的朋友 A 都 B 在外面 C 努力地 D 学习和工作。（很）
4. 孩子们 A 往往 B 对这样的 C 童话故事 D 感兴趣。（很）

三、判断下列句子的对错，对的打"√"，错的打"×"并改正。

1. 主人准备了很多饭菜，热情地招待我们。

2. 孩子们真开心地玩着。

3. 我昨天看了一部很精彩的小说。

4. 书架放在这里挺好的。

5. 他们说着、笑着，一直到太晚。

6. 这里是一个很美丽的地方。

四、HSK 仿真题：选出每段话中有错误的一部分。

1. 刘华不仅长得帅，人品也太好，又很会赚钱，正是女孩子心目中的白马王子。

A 刘华不仅长得帅　B 人品也太好　C 又很会赚钱　D 正是女孩子心目中的白马王子

2. 王平初中二年级就离开学校，不肯学习，整天跟坏人在一起，父母对他也真头疼。

A 王平初中二年级就离开学校　B 不肯学习　C 整天跟坏人在一起　D 父母对他也真头疼

3. 他是个太懒的人，每天睡懒觉，上课常常迟到，从来不做作业。

A 他是个太懒的人　B 每天睡懒觉　C 上课常常迟到　D 从来不做作业

4. 我是和丈夫一起来中国的，今天看日历才发现，我来这儿已经一个多月了，时间真快地过去了。

A 我是和丈夫一起来中国的　B 今天看日历才发现　C 我来这儿已经一个多月了　D 时间真快地过去了

参考答案

一、1. C 2. A 3. D 4. A 5. B 6. A 7. B 8. C 9. B 10. A

二、1. A 2. D 3. C 4. D

三、1. √

2. ×,应改为:孩子们很/非常开心地玩着。

3. √

4. √

5. ×,应改为:他们说着、笑着,一直到很晚。

6. √

四、1. B,应改为“人品也很好”。“太”一般不用于客观陈述句。

2. D,应改为“父母对他也很头疼”。这里是客观的叙述,不能用“真”。

3. A,应改为“他是个很懒的人”。“太”一般不用于客观陈述句。

4. D,应改为“时间很快地过去了”。这里是客观的叙述,不能用“真”。

第七课　有点儿　一点儿

试一试

请用"一点儿""有点儿"填空。

1. 我买了______水果。
2. 我做了______吃的。
3. 今天的考试______难。
4. 这事______麻烦。
5. 我觉得这件衣服你穿小了______。
6. 这件衣服你穿______小。
7. 这间屋子比那间大______。
8. 咱们好像来得晚了______,已经开始上课了。
9. 考试前我______也没复习。

讲一讲

"一点儿"和"有点儿"都表示少量的意思,但是词义和用法几乎完全不同,不能通用。

1. "一点儿"是数量词组,表示"少而不定"的数量,可以修饰名词做定语。如:

　　我买了一点儿水果。

　　我做了一点儿吃的。

"一点儿"加上名词可以做动词的宾语,"一"可以省略,有时名词也可以省略。"(一)点儿"也可以单独做宾语,如"吃点儿""看点儿"等等。

2. "有点儿"是副词,表示程度不高,不能修饰名词,可以修饰形容词或心理动词。一般修饰对说话人来说是不如意的、消极意义的形容词或动词。如:

　　今天的考试有点儿难。

　　这事有点儿麻烦。

"有点儿"一般不修饰积极意义的形容词。下面的句子是错的:

　　*他有点儿聪明。

　　*这个地方有点儿舒服。

　　*我听了有点儿高兴。

否定式是"有点儿+不+形容词/动词"。这里的形容词或动词就应该是积极的或褒义的,如"有点儿不痛快""有点儿不舒服""有点儿不高兴"等等。

但是“我还有点儿钱”和“锅里还有点儿饭”这样的句子中，“有点儿”不是副词，而是动词“有”+“(一)点儿”，“(一)点儿”限制的还是名词性成分。

3. “一点儿”可以放在形容词或心理动词之后，表示程度不高。“一点儿”与“有点儿”的区别是：

(1) “一点儿”要放在形容词后边，“有点儿”则必须放在形容词之前。如：

这件衣服你穿小了一点儿。

这件衣服你穿有点儿小。

(2) 在比较句中，如果差距不大，“一点儿”可以作补语，“有点儿”不可以。如：

他比你胖一点儿。

这间屋子比那间大一点儿。

*他比你有点儿胖。

*这间屋子比那间有点儿大。

(3) “形容词+一点儿”可放在动词前，也可放在动词后，表示的意思不一样。如：

请大家明天早点儿来。(命令句，动作还没有发生，说话人希望早)

咱们好像来得晚了一点儿，已经开始上课了。

(动作已经发生，超过了规定或说话人的标准，形容词后要带“了”)

4. “一点儿+也/都+不/没+形容词/动词”的结构。

“一点儿”在否定句中可以用在形容词或心理动词前，表示完全否定，常与副词“也/都”配合。如：

考试前我一点儿也没复习。

他对历史一点儿也不感兴趣。

小结：

词语	用于名词前	用于形容词后	在动词后做宾语	形容词或心理动词前		在比较句中做补语
				条件	色彩选择	
一点儿	+	+	+	在否定句中，与“也/都”配合	自由	+
有点儿	−	−	−	无	贬义	−

练一练

一、用“有点儿”或“一点儿”填空。

1. 我去买________吃的吧。
2. 这个学生笨了________。
3. 你来得________早了。
4. 这本教材比那本教材难________。
5. 找两个聪明________的学生。
6. 有时间就学________外语。
7. 这个人做事________也不痛快。
8. 照相的时候高兴________。

9. 第一次上讲台，她________也不紧张。

10. 不知道为什么，我总________担心。

二、HSK 仿真题：将下面句后(　　)中的词语放在唯一合适的地方。

1. 我的女朋友 A 半个月 B 没来信了，我暗暗 C 着急 D。(有点儿)
2. 请你 A 说得 B 慢 C，大家听不懂 D 你的话。(一点儿)
3. 大家考试时 A 要仔细 B，做完了好好 C 检查 D。(一点儿)
4. 在这么多 A 人面前 B 讲话，我 C 紧张 D。(有点儿)
5. 她 A 好像 B 也不 C 知道 D 这件事。(一点儿)

三、判断下列句子的对错，对的打"√"，错的打"×"并改正。

1. 你说得快了一点儿。

2. 明天来得一点儿早。

3. 这么晚她还没回来，我心里有点儿不安。

4. 你应该干一点儿好事。

5. 这间屋子比那间有点儿大。

6. 他的腿好了一点儿，现在可以走一点儿路了。

四、组词成句。

1. 紧张　放松　别　一点儿

2. 大家　请　明天　一点儿　来　早

3. 英语　她　说　好　比　一点儿　你　得

4. 今天　了　晚　起床　迟到　一点儿　了

5. 好像　今天　她　不　有点儿　高兴

第一单元

参考答案

一、1. 一点儿　2. 一点儿　3. 有点儿　4. 一点儿　5. 一点儿　6. 一点儿　7. 一点儿　8. 一点儿　9. 一点儿　10. 有点儿

二、1. C　2. C　3. B　4. C　5. B

三、1. √

2. ×，应改为：明天来得早一点儿。

3. √
4. √
5. ×,应改为:这间屋子比那间大一点儿。
6. √

四、1. 别紧张,放松一点儿!
2. 请大家明天早一点儿来。
3. 她英语说得比你好一点儿。
4. 今天起床晚了一点儿,迟到了。
5. 她今天好像有点儿不高兴。

第八课 又$_1$ 再$_1$(一)

试一试

一、请用"再"或"又"填空,并比较两者的区别。

1. 衣服没洗干净,得______洗一遍。
2. 昨天我洗了很多衣服,______打扫了房间。
3. 我没听清楚,想______听一遍。
4. 这音乐很好听,我______听了一遍。
5. 这个人昨天来过,今天______来了。
6. 他不在,你明天______来吧。
7. 这个语法很难,您______教教我吧。
8. 你要是______不走,就来不及了。

讲一讲

一、又$_1$

1. 表示同一性质,不同的动作或不同的状态同时存在。可以单用一个"又",也可以用"又……又……"或"既……又……"。如:

那个男孩没什么文化,长得又不帅,我不喜欢。

听到这个消息以后,大家又喜又怕。

这个店里的东西既便宜又好看。

提示

如果是相反的情况的并存,一般表示矛盾的状态。如:

我既想见他又怕见他。

这件事对我们来说,又重要又不重要。

2. 表示添加。如:

女儿生日的时候,我给她买了蛋糕,又买了一只书包。(蛋糕+书包)

我们昨天已经得了一块金牌,今天又得了一块银牌。(金牌+银牌)

3. 表示重复。如:

(1) 动作的回复。一般是已经发生的动作,动词后带表示完成的补语和"了"。如:

她回头看了我一眼，又回过头去。

他把借来的杂志又还回去了。

（2）预计某种情况将重复出现，有的是有规律的，有的没有规律，这类句中“又”后一般带表示将要的“要”或者“是”以及助动词，句尾常带“了”。如：

明天又是星期天了。

这么晚回去，妈妈又该骂我了。

听说过两天又要下雨了。

（3）以前已经发生的动作或状态重复发生，句尾一般要带“了”。如：

她又去医院了。

我的钥匙又找不到了。

这个字你怎么又写错了？

（4）表示多次重复。“又”多位于同一个动词、动量词或名词和量词之间，前一个动词一般要有“了”，后面还要有后续句。如：

我改了又改，用了两天时间才把文章写好。

她唱了一首又一首，直到唱不动为止。

二、再$_1$

1. 表示动作的重复或状态的继续，多指未实现的情况。如：

你能再说一遍吗？

别急，再等一会儿。

希望你以后再来看我们。

2. 表示动作将要在某个时点或动作后发生。如：

今天来不及了，明天再讨论吧。

这件事等他来了再说吧。

3. 也可以表示动作的顺序。如：

你先洗澡，然后再吃饭。

4. 表示假设或让步。如：

你要是再哭，我就不理你了。

（无论）你再怎么说，他还是不听。

三、“再$_1$”与“又$_1$”意义上的不同

1. “再”的基本语义是“重复”，“又”的基本语义是“添加”。如：

衣服没洗干净，得再洗一遍。

昨天我洗了很多衣服，又打扫了房间。

2. “又”有时也表示重复，和“再”的区别是：“再”表示主观性，常用来表示说话人自己重复或继续某动作的打算、愿望，或要求、命令听话人重复或继续某动作；而“又”表示客观性，多用于已完成的情况。如：

你再坐一会儿吧。（主观—请求）

我又坐了一会儿。（客观—事实）

我没听清楚，想再听一遍。（主观—愿望）

这音乐很好听，我又听了一遍。（客观—事实）

四、“$再_1$”与“$又_1$”用法上的不同

1. 因为“再”多用于未发生的事，“又”多用于已发生的事，动词后要有“了”。句中所用时间词也不同。如：

这个人昨天来过，今天又来了。

他不在，你明天再来吧。

2. “再”可以用于祈使句、假设句；“又”一般不可以。如：

这个语法很难，您再教教我吧。

*这个语法很难，您又教教我吧。

你要是再不走，就来不及了。

*你要是又不走，就来不及了。

3. “又”可表示根据规律或经验估计会重复出现的情况，可用于对将要出现情况的估计或说明。后边一般有“是”或“要、可以、得、该”等助动词。如：

时间过得真快，明天又是周末了。

夏天到了，天气又要热了。

你不回家，她又该生气了。

“再”不能表示这类重复，“再”一般用于表示说话者希望某个动作重复时，句中如有助动词，应放在“再”之前。如：

你能再说一遍吗？

太粗心了，你应该再检查一下。

“再”多用于未发生的事。但有时表示过去前后发生的两个情况或动作的第二个（离说话时近的）动词前可以用“再”，这样的“再”所在的句子不能单独出现，一般前面都要有表示前一情况、动作已经发生过的句子。如：

十年前我们到这里时，这儿还是一片农田，五年后再来，这儿已经是一个新城市了。

小结：

词语	意义	用法					
		特点	常用场合	时态	用“了”	出现在助动词	出现在否定词
$又_1$	添加	客观的	叙述	用于过去	+		
	重复	客观的	叙述	用于过去	+	前	前
	重复	根据客观规律和经验会重复	估计	用于将来	+	前	
$再_1$	重复	主观的	祈使、假设	用于将来	–	后	前或后

练一练

一、在下列句中填上适当的副词。

1. 我的书包______大______漂亮。
2. 明天的旅游我______想去______不想去。
3. 昨天她去医院了，今天她______去医院了。

4. 明天______是星期天了。
5. 这个字你怎么______写错了?
6. 她唱了一首______一首,直到唱不动为止。
7. 这么晚回去,妈妈______该骂我了。
8. 对不起,我们下班了,你明天______来看吧。
9. 做菜的时候,先放油,______放菜,最后放盐。
10. 你吃得太少了,______吃一点儿吧。
11. 风______大,我也要去看妈妈。

二、组词成句。

1. 菜 便宜 饭店 这家 的 又 好吃 又

2. 刚 他 又 跑 回来 了 出去

3. 了 考试 又 下星期 要 听说

三、HSK 仿真题:将“又”放在下面句中唯一合适的地方。

1. 他昨天还 A 说得 B 好好儿的,C 今天怎么 D 改变主意了?
2. 老人 A 睡眠一直 B 不好,昨天 C 夜里 D 失眠了。
3. 我们大家 A 一次 B 一次地 C 举杯,D 祝她生日快乐。
4. 她在时,A 大家觉得她 B 吵,她不在,大家 C 觉得 D 寂寞。
5. A 我们 B 可以 C 在一起 D 打篮球了。

四、HSK 仿真题:将“再”放在下面句中唯一合适的地方。

1. 这部电影 A 我 B 想 C 看 D 一遍,可以吗?
2. 时间还 A 早,B 我们 C 等她 D 一会儿。
3. 这盒 A 牛奶是否 B 要 C 煮一下儿 D 喝?
4. 老王 A 说 B 过了新年以后 C 给我们 D 答复。
5. 家里 A 没人照顾你,B 还是 C 等病好了 D 出院吧。
6. 这次机会要是 A 抓不住,以后 B 就 C 没有 D 机会了。
7. 你 A 到那里,先 B 找住处 C 住下,然后 D 找工作。

五、用“再”或“又”填空,并体会两者的区别。

1. 这部电影很好看,我打算______看一遍。
2. 这部电影很好看,我今天______看了一遍。
3. 快开学了,姐姐______要离开家了。
4. 作业写好以后,应该______检查一下。
5. 肚子要是______疼,就该去医院检查一下了。
6. 纸用完了,______拿点过来。
7. 周末了,我______可以睡懒觉了。
8. 坐这趟火车既快______便宜。
9. 十年前他还是个小不点,去年______看到他,已经是个挺帅的小伙子了。
10. 今天我洗了很多衣服,______做了饭,累死了。

六、组词成句。

1. 两瓶　我　啤酒　再　能　喝

2. 看　他　一遍　了　一遍　又　才　放下

3. 就　我们　走　十分钟　再　等

4. 考试　这两天　要　了　又

5. 开学　又　老师　能　了　同学们　和　了　看到

七、判断下列句子的对错,对的打"√",错的打"×"并改正。

1. 这么晚起床,今天又要迟到了。

2. 欢迎你们再来中国!

3. 下星期天我和朋友能又见面了。

4. 写完以后,你应该再检查检查。

5. 这部电影很好看,我有时间再想看一遍。

6. 你要是又迟到,以后就别来了。

7. 时间还早,我又坐了一会儿。

8. 秋天快到了,树叶再要落了。

参考答案

一、1. 又/既　又　2. 又/既　又　3. 又　4. 又　5. 又　6. 又　7. 又　8. 再　9. 再　10. 再　11. 再

二、1. 这家饭店的菜又便宜又好吃。
　2. 他刚回来又跑了出去。或:他刚出去又跑了回来。
　3. 听说下星期又要考试了。

三、1. D　2. D　3. B　4. C　5. B

四、1. C　2. C　3. D　4. C　5. D　6. A　7. D

五、1. 再　2. 又　3. 又　4. 再　5. 再　6. 再　7. 又　8. 又　9. 再　10. 又

六、1. 我能再喝两瓶啤酒。
　2. 他看了一遍又一遍才放下。

3. 我们再等十分钟就走。

4. 这两天又要考试了。

5. 开学了,又能看到老师和同学们了。

七、1. √

2. √

3. ×,应改为:下星期天我和朋友又能见面了。

4. √

5. ×,应改为:这部电影很好看,我有时间想再看一遍。

6. ×,应改为:你要是再迟到,以后就别来了。

7. √

8. ×,应改为:秋天快到了,树叶又要落了。

第九课　还

试一试

请用“再”“还”或“又”填空。

1. 你下个星期______来吗?
2. 欢迎你______来中国。
3. 十月了,天气______很热。
4. 我有点累,______想躺一会儿。
5. 我们叫他不要唱了,可他______要唱。
6. 这个问题很麻烦,我们______研究研究。
7. 这个地方太脏了,没办法______住下去了。
8. 今天你没时间跟我谈的话,我明天______来。
9. 你不答应,我明天______来。

讲一讲

一、“还”的用法和意义

1. 表示说话前已有的状态和已在进行的动作持续不变。如:

　　他还在办公室。

　　已经十月了,天气还很热。

　　他怎么还在喝酒啊?

2. 表示添加,可以单独使用。如:

　　我们那天吃了火锅,还喝了很多酒。

　　他拿走了我的钱,还偷了我的手机。

“还”也可以和介词“除了”或连词“不但”“不仅”等连用(详见《介词》分册和《关联词语》分册)。

二、与“再$_1$”的区别

“还”的基本语义是“持续不变”,前后动作不间断;“再”的基本语义是“重复”,前后动作是间断的。所以,“再”一般不用于询问动作将来是否持续,“还”不用于有间歇的动词前。下面的句子是错的:

　　＊你下个星期再来吗?

　　改:你下个星期还来吗?

＊欢迎你还来中国。

改：欢迎你再来中国。

“还”可以用在形容词谓语前，表示状态持续不变；“再”不行。如：

＊十月了，天气再很热。

提示

句中有助动词时，“还”要出现在助动词前；而“再”一般出现在助动词后。如：

你身体没有完全好，还得休息几天。（这里还是表示持续不变，不是重复）

你身体没有完全好，得再休息几天。

“再”有时可表示“持续不变”，但和“还”有不同之处：

“还”后边常常跟“要、想”等词，动词可以是简单的，也可以是复杂的，多表示希望动作持续不变；“再”后边的动词不能是简单的，或者是动词重叠，或者带补语或其他成分，或者用于假设分句，多表示不希望动作持续下去。如：

我有点累，还想躺一会儿。（带补语，说话人希望动作再持续）

我们叫他不要唱了，可他还要唱。（动词是简单的，动作者希望动作再持续）

这个问题很麻烦，我们再研究研究。（动词重叠，说话人希望动作再持续）

这个地方太脏了，没办法再住下去了。（带补语，说话人不希望动作再持续）

你再这么干下去，会出问题的。（带补语，说话人不希望动作再持续）

有时，形容词也可以出现在“再”或“还”后，用法也有些不同。如：

天再这么热下去，我可受不了了。（假设句，带“这么”和补语，说话人不希望状态再持续）

他的身体怎么还这么差？（疑问句，说话人奇怪为什么状态仍持续不变）

句子形式一样，但用“再”和用“还”的意义及口气有区别。如：

今天你没时间跟我谈的话，我明天再来。（口气平和）

你不答应，我明天还来。（带有威胁的口气）

三、与“又$_1$”的区别

“还”表示“添加”，“又”表示“加合”，在有些句中可以互换。如：

星期天我洗了衣服，还（又）打扫了房间。

他买了面包，还（又）买了两斤苹果。

“还”经常带“要”（表示意愿或需要），可以用于陈述句，也可以用于疑问句。“又”带“要”（表示将要）表示重复动作或状态，说话者觉得动作重复的次数过多时用。“还”没有这种语气。如：

还要吃点什么？（询问需要）

我还要去开个会，不能送你了。（一般的说明）

又要开会了。（觉得动作重复的次数多了，句尾一般用“了”。下同）

怎么又要考试了？

练一练

一、HSK 仿真题：在下面 ABCD 中选择唯一正确的填入空中。

1. 他的酒喝完了，______给他倒点儿。

A. 再　　B. 又　　C. 还　　D. 也

2. 老师，你可以______讲一次吗？

A. 又　　B. 还　　C. 再　　D. 也

3. 回国后，______能看到朋友们了。

A. 再　　B. 又　　C. 还　　D. 也

4. 他不在，你明天______来吧。

A. 又　　B. 还　　C. 再　　D. 也

5. 我弟弟现在______在读中学呢。

A. 又　　B. 还　　C. 再　　D. 也

6. 这次考试没通过，得______考一次。

A. 又　　B. 还　　C. 再　　D. 也

7. 都八点了，你怎么______不起？

A. 又　　B. 还　　C. 再　　D. 也

8. 我既恨他______爱他。

A. 又　　B. 还　　C. 再　　D. 也

9. 这棵树没死，______活着。

A. 再　　B. 又　　C. 还　　D. 也

10. 别客气，______多吃一点儿。

A. 又　　B. 还　　C. 再　　D. 也

11. 我们都不让他吃了，可他______要吃。

A. 又　　B. 还　　C. 再　　D. 也

12. 再过一个星期，______要放假了。

A. 又　　B. 还　　C. 再　　D. 也

13. 昨天我们去看了电影，______吃了肯德基。

A. 才　　B. 还　　C. 再　　D. 都

14. 她走下楼，停了一会儿，______上去了。

A. 又　　B. 还　　C. 再　　D. 也

15. 事情没办完，______得去一次。

A. 再　　B. 又　　C. 还　　D. 也

二、组词成句。

1. 还　听　我　音乐　想　一会儿

2. 病　几天　休息　得　没　还　好　他　再　的

3. 就　我们　走　十分钟　再　坐

4. 要　复习　再　一遍　我

5. 既　便宜　那件　衣服　漂亮　又

三、判断下列句子的对错，对的打“√”，错的打“×”并改正。

1. 你还要吃点什么？

2. 事情没办成，得再去一次。

3. 快考试了，妹妹再要玩。

4. 吃完这些药，你还来一次吧。

5. 这件事该怎么办，你再考虑考虑吧。

四、HSK 仿真题：选出每段话中有错误的一部分。

1. 他们每次总是吵过后就和好，和好后会又争吵，而最终仍然和好，甚至比以前更好。
A B C D

2. 我们朋友之间有个约定，谁有什么喜事就请客，李丽最近当了校长，这回又该请客。
A B C A

3. 社会变化太快，电器不买好一点儿，过两年还再得买新的，你说麻烦不麻烦？
A B C D

4. 上个星期我朋友请我去“四川火锅”店吃了一顿火锅，太好吃了，所以今天下课以后，
A B C
我们再去那个火锅店了。
D

参考答案

一、1. A　2. C　3. B　4. C　5. B　6. C　7. B　8. A　9. C　10. C　11. B　12. A　13. B　14. A　15. C

二、1. 我还想听一会儿音乐。
2. 他的病还没好，得再休息几天。
3. 我们再坐十分钟就走。
4. 我要再复习一遍。
5. 那件衣服既便宜又漂亮。

三、1. √

2. √

3. ×,应改为:快考试了,妹妹还要玩。

4. ×,应改为:吃完这些药,你再来一次吧。

5. √

四、1. B,应改为“和好后又会争吵”。助动词用在“又”的后面。

2. D,应改为“这回又该请客了”。“又”可以带上助动词表示根据规律重复动作或状态,句尾一般用“了”。

3. C,应改为“过两年还得再买新的”。助动词应用在“再”的前面。

4. D,应改为“我们又去那个火锅店了”。过去的重复应该用“又”。

第十课 也$_1$

试一试

用"也"或"又"填空。

1. 小王生病了，小张______生病了。
2. 小王不是刚生过病吗，怎么______生病了？
3. 对不起，我______忘了带证件。
4. 她昨天去了，今天______去了。
5. 新造的教学楼______高______大。
6. 黄老师既懂英语______懂韩语。

讲一讲

一、"也$_1$"的意义和用法

1. "也"的基本意义是"类同"。使用"也"时，前后两句中至少有一个成分是不同的。如：

你是苏州人，我也是苏州人。（主语不同）

雨也停了，天也亮了。（主语、谓语都不同）

我们一起看了电影，也吃了饭。（谓语不同）

我们学语法，也学口语。（宾语不同）

她上午来了，下午也来了。（附加成分不同）

2. 两个"也"连用。

（1）表示两种情况同时存在。如：

我们也是母女，也是朋友。

风也停了，雨也停了。

（2）表示不管假设的条件怎么样，结果都不会变。如：

你去也行，不去也行，都没关系。

输（shū）也好，赢（yíng）也好，都跟我没关系。

二、与"又$_1$"的区别

"也"和"又"有时可以互换使用，但是意思完全不一样。"也"主要表示"类同"，强调不同主体的相似性，所以主语不同时，一般用"也"；"又"主要表示"重复"，表示同一主体有关情况的重复，所以它的主语一般是相同的。如：

小王生病了,小张也生病了。(主体不同,特征相同:生病)

小王不是刚生过病吗,怎么又生病了?(主体相同,“生病”重现)

“也”也有主体相同的时候,但语义和“又”有所不同。试比较:

对不起,我也忘了带证件。　她昨天去了,今天也去了。(类同)

对不起,我又忘了带证件。　她昨天去了,今天又去了。(重复)

“也”可以构成“也……也……”的方式,“又”可以构成“又……又……”的方式,都可以表示两种动作或状态同时存在,但用法不同,一般不能换用。

“又……又……”既可以连接形容词,也可以连接动词,较常用。如:

新造的教学楼又高又大。

黄老师又懂英语又懂韩语。

*新造的教学楼也高也大。

*黄老师也懂英语也懂韩语。

“也……也……”不太常用。一般用在转折复句的前一分句,连接两个不同的动词,后面一定要有表示转折意义的句子,说明虽然和别的主体动作相类同,但是后面却有与别人不同的情况。如:

虽然他也说也笑,但总好像有什么心事。(与别人相比类同)

我虽然也复习也预习,可考试成绩总是没有他好。

提示

“既……也……”和“既……又……”的意思基本相同,都表示同时具有两方面的性质,一般可以通用。如:

黄老师既懂英语又/也懂韩语。

她既不同意也/又不反对,真奇怪。

练一练

一、用“也”改写句子。

1. 我去了虎丘,她去了虎丘。

2. 啤酒我喜欢喝,葡萄酒我喜欢喝。

3. 一个小时以后,风停了,雨停了,太阳出来了。

4. 这样做对大家有好处,对自己有好处。

5. 你可以同意,可以不同意,我都要和她结婚。

6. 我们是朋友,我们是对手。

二、HSK 仿真题：在下面 ABCD 中选择唯一正确的填入空中。

1．他们婚______结了，孩子______生了，但总是吵架。

A．既　又　　B．又　又　　C．也　也　　D．既　还

2．老师表扬了成绩好的同学，______批评了不认真学习的同学。

A．都　　B．也　　C．就　　D．再

3．我在海边买了房子，她______在那里买了房子。

A．又　　B．都　　C．再　　D．也

4．张老师生了一个儿子，______白______胖，真可爱。

A．又　又　　B．也　也　　C．又　也　　D．连　也

5．你______不愿意做，她______不愿意做，那么这件事谁做呢？

A．又　又　　B．也　也　　C．既　也　　D．既　又

6．你不是刚吃过饭吗？怎么______开始吃东西了？

A．又　　B．都　　C．再　　D．也

7．对不起，赵老师忘了带钥匙，我______忘了带了，请帮我们开一开门吧。

A．又　　B．也　　C．再　　D．都

8．她说这一次考试一定会通过的，可是______没通过。

A．都　　B．也　　C．又　　D．再

9．妈妈到苏州来看我，爸爸______来了。

A．又　　B．都　　C．再　　D．也

10．下课以后，我______去操场运动了一会儿才回宿舍。

A．都　　B．也　　C．又　　D．再

三、判断下列句子的对错，对的打"√"，错的打"×"并改正。

1．大家又说又笑，热闹了一个晚上。

2．昨天看了一遍，今天也看了一遍，还是没看出问题来。

3．你同意也好，不同意也好，我不在乎。

4．她又会唱歌，又会跳舞，本事大着呢。

5．欧尚超市的东西也多也便宜。

四、HSK 仿真题：将下面句后（　　）中的词语放在唯一合适的地方。

1．李经理说 A 等 B 过了春节以后 C 跟我们 D 一起去北京出差。（再）

2．刘明打电话 A 跟我说，王平昨天 B 跟他在 MSN 上聊过天，今天 C 就听说他 D 去世了。（还）

3．我 A 看见她刚才 B 还是短头发，C 怎么一下子 D 变成长头发了？（又）

4．张医生虽然 A 非常爱她的丈夫，可是如果病人 B 有需要，她会 C 扔下丈夫，马上 D 回到病人身旁。（又）

5．食堂让大家自带饭盒，为的 A 是讲究卫生，B 减少疾病传染的机会，C 同时 D 可以节

约洗碗消毒的费用。(也)

参考答案

一、1. 我去了虎丘,她也去了虎丘。
2. 啤酒我喜欢喝,葡萄酒我也喜欢喝。
3. 一个小时以后,风停了,雨也停了,太阳出来了。
4. 这样做对大家有好处,对自己也有好处。
5. 你可以同意,也可以不同意,我都要和她结婚。
6. 我们是朋友,也是对手。

二、1. C 2. B 3. D 4. A 5. B 6. A 7. B 8. C 9. D 10. C

三、1. √
2. ×,应改为:昨天看了一遍,今天又看了一遍,还是没看出问题来。
3. √
4. √
5. ×,应改为:欧尚超市的东西又多又便宜。

四、1. C 2. B 3. D 4. D 5. D

第十一课 不 没(一)

副词

试一试

一、请用"不"或"没"填空。

1. 我今天______太舒服,______想去上课了。
2. 我昨天______太舒服,______去上课。
3. ——今天下午我们去唱歌,你去不去?
   ——______去。
4. ____同学们都去唱歌了,你怎么还在这儿看书?
   ——我很想去,可是作业______做完,所以______去。
5. ——他姐姐漂亮吗?
   ——______漂亮。
6. 这两天一直下雨,衣服还______干。
7. 他从来______抽烟也______喝酒。
8. 我______知道选什么衣服好。
9. 小李常常______去上课。
10. 我______有这样的衣服。
11. 你______应该花他的钱。
12. 听说这部电影很恐怖(kǒngbù),我______敢看。
13. 他昨天心情不好,我______敢告诉他这件事。我不能说服他。
14. 我还是______能说服他。

二、给"不""没"选择合适的位置填空。

1. ——作业做完了吗?
   ——______还______做完。
2. 我没有钥匙,______进______去。
3. ______吃______下就不要吃了。
4. ——箱子打开了吗?
   ——______打______开呢。

讲一讲

1. "不"用在动词前，否定没有时间限制的动作。否定一次性动作时，多用于表示主观愿望。如：

我今天不太舒服，不想去上课了。

——今天下午我们去唱歌，你去不去？

——不去。

"不"常用来否定经常性、习惯性动作或非动作性动词，如"是、认识、知道、像、属于(shǔyú)"等，这类动词不能用"没"否定。如：

小李常常不去上课。（经常性动作的否定）

他从来不抽烟，也不喝酒。（习惯性动作的否定）

我不知道选什么衣服好。（非动作性动词）

2. "没"用于动词前，否定某个时点之前的动作。"没"和"不"的最大区别是有没有时间限制。"没"常用于否定过去或过去某个时点前的动作的发生，多用于客观叙述。句中常有表示过去的时间词，如果没有，就是指说话前。如：

我昨天不太舒服，没去上课。

——同学们都去唱歌了，你怎么还在这儿看书？

——我很想去，可是作业没做完，所以没去。

上高中的时候他曾经有机会去国外旅行，可是他没去。

"没"有时也可用于否定将来某个时点前动作的发生，多用于主观估计。如：

明天是星期天，你要是早上八点去找他，他大概还没起床呢。（将来某个时点之前）

提示

动词"有"的否定用"没"或者"没有"。如：

我没有这样的衣服。

我现在没有钱。

他还没有女朋友。

3. "不"可以否定所有的助动词，而"没"只能用于"能(够)""敢"等少数几个助动词前，和用"不"否定意思也有点儿不一样。如：

听说这部电影很恐怖，我不敢看。（否定主观的意愿，包括将来也不敢）

听说这部电影很恐怖，我没敢看。（客观地说明到说话前，没有勇气看）

我不能说服他。（否定动作的能力，包括将来）

我还是没能说服他。（客观说明曾去说服过他，但到说话前没能完成这个动作）

4. "不"用于形容词前表示对性质的否定，"没"用于形容词前否定变化的发生或完成。如：

这两天一直不下雨，地上很干。（否定性质）

这两天一直下雨，衣服还没干。（否定变化）

5. 结果补语的否定式用“没”，可能补语的否定式用“不”，“不”的位置在动词和补语的中间。如：

作业做完了吗？——还（没）做〈完〉。（结果补语）

箱子打开了吗？——没打〈开〉。（结果补语）

吃〈不下〉就不要吃了。（可能补语）

我没有钥匙，进〈（不）去〉。（可能补语）

常用的可能补语形式有“记不住、听不清、看不完”等等。

小结：

词语	语义		时间与时态		常否定		
	否定	侧重点	有无时点限制	否定的动作的时态、特点	经常性、习惯性动作及非动作性动词	助动词	补语否定式
不	动作的发生、状态、性质	主观意愿	无	过去（一贯）、现在、将来	+	所有	可能补语中
没	动作的发生、完成	客观叙述	有	过去（一次性）、将来某时点前	– （表示领有、存在等的“有”除外）	能、敢、肯、想、要	结果补语前

练一练

一、用“不”或“没”填空。

1. 考试______通过的同学，是______能毕业的。
2. 昨天我______找过你。
3. 这本书你看完了吗？——还______看完呢。
4. 这种冰箱的质量______太好。
5. 我的病还______好，还______能去上班。
6. 饭______熟，再烧一会儿吧。
7. 我现在还______饿呢，你先吃吧。
8. 天气预报说明天会下雨，运动会______开了。
9. 我______认为这么做有什么好处。
10. 我们俩毕业后______常见面。

二、HSK 仿真题：找出下面每段话中有错误的一部分，并说明理由。

1. <u>照片上的这个人是我小学时的同学</u>（A），<u>她是我非常好的朋友</u>（B），<u>从考上中学到现在</u>（C），<u>我们不见过面</u>（D）。

2. <u>我从来不说过这样的话</u>（A）。<u>你怎么说是我说的</u>（B）？<u>是你记错了</u>（C），<u>还是谁告诉你的</u>（D）？

3. 马克昨天不做作业，今天老师让我们交作业时，他说本子在宿舍里，忘了带了。
A　　　　B　　　　C　　　　D

4. 今天有考试，可是玛丽准备不好，考得很不好，所以她很不高兴。
A　　　　B　　　　C　　　　D

5. 他饿得不得了，吃了三碗饭，桌上的三个菜也全都吃了，什么也不留下。
A　　　　B　　　　C　　　　D

6. 星期天我和朋友一起上街，看到一件衣服很漂亮，但是太贵了，所以我买不成了。
A　　　　B　　　　C　　　　D

参考答案

一、1. 没　不　2. 没　3. 没　4. 不　5. 还　不　6. 没　7. 没　8. 不　9. 不　10. 不

二、1. D，应改为“我们没见过面”。否定过去或过去某个时点前的动作的发生应该用“没”。

2. A，应改为“我从来没说过这样的话”。动词后有“过”，是对过去的否定，应用“没”。

3. A，应改为“马克昨天没做作业”。否定过去的动作的发生应该用“没”。

4. B，应改为“可是玛丽没准备好”。否定结果补语应该用“没”。

5. D，应改为“什么也没留下”。否定过去的动作的发生应该用“没”。

6. D，应改为“所以我没买成”。这里应该用结果补语，所以用“没”。

第十二课　不　没(二)

试一试

一、选择“不”或“没”填空。

1. 今天她又______赶上班车。
2. 妈妈从来______去过国外。
3. 大卫差点儿______通过这次考试。
4. 我们永远______会忘记您对我们的帮助。
5. 来我们这儿的______光是韩国留学生,还有很多日本留学生。
6. 你______亲口尝尝,怎么知道它的味道呢?
7. 这次开会我们的收获______太大,白来。
8. 你先回去吧,我们______马上走。
9. 毕业后,我______跟他见过面。
10. 孩子在外面,妈妈没有一天______为他担心的。
11. 我______去日本留过学。
12. 他______让我告诉你。
13. 我们这儿没有人______喜欢她。

二、“不”可以放在下面 A 或 B 两处,你知道它们的区别吗?

1. 我们______都______是大学生。
2. 这个人____太______讲道理。
3. 这么做______一定______及格。
4. 里的环境______很______理想。

讲一讲

这一课主要讲否定副词和其他副词以及介词短语在句中共现时的位置。

1. 只能用在别的副词后,这是最常见的情况。除了下面各例以外,这类副词还有很多,尤其是时间副词、语气副词和情态副词等,如“未必、根本、反正、简直、仍然、几乎、忽然”等等。如:

今天她又没赶上班车。

妈妈从来没去过国外。

大卫差点儿没通过这次考试。

我们永远不会忘记您对我们的帮助。

这种事不可能发生,我才不相信呢!

2. 只能出现在其他副词前。这类副词除了下面各例中的,还有"一起(一块儿、一道)、只(光、仅仅、单)、马上(立刻)、曾"等。如:

来我们这儿的不光是韩国留学生,还有很多日本留学生。

你不亲口尝尝,怎么知道它的味道呢?

这次开会我们的收获不太大,白来。

你先回去吧,我们不马上走。

提示

"曾(曾经)"在汉语中的否定形式是"不曾"或"未曾"。

3. 不定词"不"和副词"都""太"有两个位置,但意思不一样。试比较:

我们(不)都是大学生。("不都"是否定一部分)

我们都(不)是大学生。("都不"是否定全部)

那里的环境(不)太理想。("不太"的程度低)

那里的环境太(不)理想了。("太不"的程度高)

4. 否定副词与介词短语同时出现在句中时,否定副词一般用在介词前,常构成"不(没)+介词短语+动词/形容词"形式。如:

毕业后,我没跟他见过面。

孩子在外面,妈妈没有一天不为他担心的。

提示

如果句中还有别的副词,否定副词仍然要放在介词前。如:

去年圣诞节我们没一起过。

去年圣诞节我没跟她一起过。

5. 在连动句中否定副词一般用在第一个动词前。如:

我没去日本留过学。

今天中午我没去食堂吃饭,我带饭了。

6. 兼语句中"不/没"一般用在第一个动词前。如:

他没让我告诉你。

我没帮他接电话。

7. 双重否定句可以表达强烈的语气,常见的形式有"不得不""无不/不无""非……不可"等等。如:

我们这儿没有人不喜欢她。

我今天非要买到票不可。

练一练

一、HSK 仿真题：将下面句后(　　)中的词语放在唯一合适的地方。

1. 你 A 再劝他，他 B 也 C 会 D 改变主意。(不)
2. 你要是再不来，我们 A 可 B 等 C 你了 D。(不)
3. 我吃了两块面包，后来 A 又 B 吃了一个鸡蛋，可是 C 还 D 吃饱。(没)
4. 我们 A 都 B 同意这个建议，所以 C 还 D 要商量商量。(不)
5. 如果你 A 把 B 我 C 当 D 朋友，我就不想再说什么了。(不)
6. 她 A 请 B 朋友 C 来 D 参加婚礼。(没)
7. 他说 A 她 B 去中国 C 学过汉语 D。(没)
8. 我 A 跟 B 任何人 C 提起 D 这件事。(没)
9. 她现在也该回来了，A 你 B 再 C 打个电话 D 试试？(不)
10. 这么重要的事应该早一点 A 告诉我，而 B 应该 C 到现在才 D 说！(不)

二、HSK 仿真题：找出下面每段话中有错误的一部分。

1. 我现在的听力很不好(A)，老师说的话都听不懂(B)，语法也不太明白(C)，所以打算不报名参加 HSK(D)。

2. 玛丽的丈夫要去国外工作了(A)，听说玛丽还在国内生活(B)，他们一起不出国(C)，很奇怪(D)。

参考答案

一、1. C　2. B　3. D　4. B　5. A　6. A　7. B　8. A　9. B　10. B

二、1. D，应改为"所以不打算报名参加 HSK"。否定动词时，"不"应放在动词前面。

2. C，应改为"他们不一起出国"。否定副词只能放在"一起"前。

单元练习

一、判断下面句子的意思。

1. 说话人认为动作发生得早的，在“早”上打√；认为发生得晚的，在“晚”上打√。

（1）他下午两点才吃午饭。（早　晚）

（2）我一年前就认识大卫了。（早　晚）

（3）他病好了才告诉妈妈。（早　晚）

（4）姐姐四十岁才结婚。（早　晚）

（5）他大学毕业才十八岁。（早　晚）

（6）他一下课就去玩电脑游戏。（早　晚）

2. 说话人认为动作发生得快的，在“快”上打√；认为发生得慢的，在“慢”上打√。

（7）这么多生词她看了两遍就记住了。（快　慢）

（8）我找了他几次他才来。（快　慢）

（9）老师说了好几遍我才明白。（快　慢）

3. 说话人认为数量多的，在“多”上打√；认为数量少的，在“少”上打√。

（10）光我一个人就买了三件衣服。（多　少）

（11）他才喝了一杯酒就醉（zuì）了。（多　少）

（12）她进步很大，这次考试就错了三个字。（多　少）

（13）她睡了五个小时就起床了。（多　少）

（14）三个人才把那块蛋糕吃掉。（多　少）

二、HSK 仿真题：在下面 ABCD 中选择唯一正确的填入空中。

（一）选择合适的副词填空。

1. 这么多大米他吃了半个月______吃完了。

A. 才　　B. 就　　C. 只　　D. 光

2. 我找了一个多小时______找到你家。

A. 才　　B. 就　　C. 都　　D. 也

3. 他昨天心情不好，我______敢告诉他这个坏消息。

A. 不　　B. 非　　C. 没　　D. 无

4. 听到女儿考上大学的消息，妈妈的脸上______笑开了花。

A. 就　　B. 马上　　C. 立刻　　D. 顿时

5. 老师讲了半天我______明白。

A. 才　　B. 再　　C. 也　　D. 就

6. 我的毕业论文______写好，______能跟你一起去旅行了。

A. 还不　不　　B. 还没　不　　C. 再不　没　　D. 再没　不

7. 对不起，我______忘了把你要的书带来。

A. 又　　B. 再　　C. 也　　D. 还

8. 我叫了他几次，他______起床。

A. 只　　B. 才　　C. 就　　D. 光

9. 打了一个月的工，______挣了那么多钱，真开心。

A. 也　　B. 才　　C. 就　　D. 都

10. 大家______说______笑，高兴了一个晚上。

A. 又　又　　B. 也　也　　C. 也　又　　D. 又　也

11. 这个商店在打折(zhé)，光我一个人______买了五件衣服，三条裙子，还有四双鞋子。

A. 才　　B. 就　　C. 都　　D. 也

12. 你______怎么说他，他也不会听你的。

A. 又　　B. 也　　C. 再　　D. 还

13. 我______打了弟弟一下，他就大叫起来。

A. 才　　B. 再　　C. 也　　D. 又

14. 你要是______不来，我们可不等你了。

A. 也　　B. 还　　C. 又　　D. 再

15. 我吃了两块面包，后来______吃了一个鸡蛋，可是还没有吃饱。

A. 也　　B. 再　　C. 又　　D. 还

16. 他家出事了，请你______打电话告诉他。

A. 就　　B. 又　　C. 顿时　　D. 立刻

17. 你这次成绩这么差，妈妈______该骂你了。

A. 也　　B. 再　　C. 又　　D. 还

18. 我______找了一遍，还是没找到。

A. 也　　B. 又　　C. 再　　D. 还

19. 这个问题很麻烦，我们______研究研究。

A. 也　　B. 又　　C. 再　　D. 还

20. 这个词我讲过两遍了，你怎么______不懂？

A. 又　　B. 再　　C. 也　　D. 还

21. 天阴得这么厉害，看样子______就要下雨了。

A. 马上　　B. 就　　C. 立刻　　D. 顿时

22. 今天______迟到了，真对不起。

A. 也　　B. 还　　C. 再　　D. 又

23. 他吃饱了饭，往床上一躺，______就睡着了。

A. 立刻　　B. 马上　　C. 顿时　　D. 正在

24. 他的病还______好，得再休息几天。

A. 很　　B. 挺　　C. 没　　D. 不

25. 明天______迟到，就别来了。

A. 又　　B. 再　　C. 也　　D. 还

26. 爸爸很注意身体健康，既______抽烟也______喝酒，只喜欢喝茶。

A. 不　没　　B. 没　没　　C. 没　不　　D. 不　不

27. 你______就是三十岁的人了，怎么干什么事都要别人帮忙？

A. 马上　　　　B. 顿时　　　　C. 立刻　　　　D. 正在

28. 上高中的时候，他曾经有机会去国外旅行，可是他______去。

A. 不　　　　B. 又　　　　C. 没　　　　D. 还

29. 我们叫他不要唱了，可他______要唱。

A. 也　　　　B. 又　　　　C. 再　　　　D. 还

30. 你______不愿意做，她______不愿意做，那么这件事谁做呢？

A. 又　又　　　　B. 也　也　　　　C. 既　也　　　　D. 既　又

（二）选择正确的答案填入空中。

31. 我喝了好几口________。

A. 喝完这瓶药

B. 才喝完这瓶药

C. 就没喝完这瓶药

32. 我们这儿骑摩托车比较方便，所以________。

A. 我们每家全有一辆摩托车

B. 我们每家全部有一辆摩托车

C. 我们每家都有一辆摩托车

33. 大卫喜欢吃中国菜，________。

A. 什么菜都想尝尝

B. 什么菜想吃吃

C. 什么菜也想尝

34. 在我们学院，________。

A. 都老师对学生很热情

B. 老师都对学生很热情

C. 老师对学生都很热情

35. 再等一会儿，________。

A. 我立刻就写完了

B. 我马上就写完了。

C. 我顿时就写完了。

36. 我去的时候，________。

A. 他们正在楼上吃饭。

B. 他们已经在楼上吃了饭了。

C. 他们已经正在楼上吃着饭。

37. ________，很多男同学都喜欢她。

A. 她是非常漂亮的女生

B. 她是太漂亮的女生

C. 她是真漂亮的女生

38. 马克虽然醒了，但是他觉得很累，________。

A. 再想躺一会儿

B. 又想躺一会儿

C. 还想躺一会儿

第一单元

39. ________？外面有人在大声叫你的名字。

A. 你不听见吗

B. 你没听见吗

C. 你听不听见

40. 姐姐有点儿累，休息了半个小时，________。

A. 再开始读书了

B. 还开始读书了

C. 又开始读书了

三、HSK 仿真题：将下面句后（　　）中的词语放在唯一合适的地方。

1. A 这篇课文 B 他 C 读了十分钟 D 记住。（才）
2. 这么多衣服 A 妈妈 B 一个小时 C 洗 D 完了。（就）
3. 只要 A 一 B 感冒 C 我 D 会咳嗽。（就）
4. A 来我们这的 B 光 C 是韩国留学生，还有 D 很多日本留学生。（不）
5. 去年圣诞节我 A 跟 B 她 C 一起 D 过。（没）
6. A 听见警察叫他站住，B 他 C 紧张起来，D 头上都冒汗了。（立刻）
7. A 考试前，我们希望王老师 B 能 C 给大家 D 复习复习。（再）
8. 房子 A 已经 B 租好了，C 行李也搬进去了，D 电话没开通。（就）
9. A 笔和本子 B 都有了，C 得 D 买一本汉语辞典。（还）
10. 我 A 跟大卫的爱好 B 完全一样，C 他喜欢的我 D 喜欢。（都）

四、组词成句。

1. 好像　不　她　事情　知道　这　也　件　一点儿

2. 脸　山木　一　就　喝　酒　红

3. 她　试　了　件　衣服　这　才　买　几次

4. 爬　我们爬山　了　一会儿　了　累　就

5. 走　他　的　以后　了　他　我　想起　名字　才

6. 没有　妈妈　不　孩子　一天　为　担心

五、HSK 仿真题：选出每段话中有错误的一部分。

1. 他一边打工，一边学习，有时作业多的时候，真难完成。
   A　B　D　D

2. 马克给妹妹没买生日礼物，妹妹很不高兴，他只好对妹妹说："我马上去买！"
   A　B　C　D

3. 父母希望我大学毕业后能马上找到工作，等我找到工作，离开他们的时候，他们会又为我担心。
A B C D

4. 看到大卫在前面走，我正跑上去准备叫他，一个孩子拉住我的衣服，求我帮忙。
A B C D

5. 爷爷年轻时去过很多国家，买回来很多国家的钥匙圈，这些钥匙圈不都相同，各有特点。
A B C D

6. 她以前很喜欢写信，有很多笔友，可是结婚以后，她没写信了。
A B C D

7. 对不起，您能说得慢一点儿吗？刚才的话我不听懂，请再说一遍。
A B C D

8. 她在练习书法，不过她写得太不好，只能算一般水平吧，但也不是很差的。
A B C D

9. 我刚来中国的时候，一个朋友也没有，谁也没认识，现在有很多朋友了。
A B C D

10. 我和玛丽没去那天公园，因为天气不好，又刮风，又下雨的。
A B C D

11. 这个工厂离我家很远，工作也很辛苦，但为了锻炼自己，我干得太认真！
A B C D

12. 我们的汉语老师叫何小华，好像年轻，大概二十多岁，我很喜欢她。
A B C D

13. 你说李丽好，特别相信她，可是我觉得她说的话很多不是真的，我不才相信她呢。
A B C D

14. 我的朋友几年来一直正在学习汉语，他很忙，但有时间就学习，真了不起。
A B C D

15. 那个电影真不错，我再想看一遍，你有没有兴趣，跟我一起去？
A B C D

第一单元

16. 这两个月太干了，一滴雨也下不了，今天总算下雨了，大家高兴极了。
　　A　　　　B　　　　C　　　　D

参考答案

一、1. (1)晚　(2)早　(3)晚　(4)晚　(5)早　(6)早
　2. (7)快　(8)慢　(9)慢
　3. (10)多　(11)少　(12)少　(13)少　(14)多

二、(一) 1. B　2. A　3. C　4. D　5. A　6. B　7. A　8. B　9. C　10. A　11. B　12. C　13. A　14. D　15. C　16. D　17. C　18. B　19. C　20. D　21. A　22. D　23. A　24. C　25. B　26. D　27. A　28. C　29. D　30. B
　(二) 31. B　32. C　33. A　34. C　35. B　36. A　37. A　38. C　39. B　40. C

三、1. D　2. C　3. D　4. B　5. A　6. C　7. C　8. D　9. C　10. D

四、1. 她好像一点儿也不知道这件事情。
　2. 山木一喝酒就脸红。
　3. 这件衣服她试了几次才买。
　4. 我们爬山爬了一会儿就累了。
　5. 他走了以后我才想起他的名字。
　6. 妈妈没有一天不为孩子担心。

五、1. D，应改为“很难完成”。客观陈述时用“很”。
　2. A，应改为“马克没给妹妹买生日礼物”。否定词应放在表示对象的介词“给……”前。
　3. D，应改为“他们又会为我担心”。“又”应放在助动词前面。
　4. B，应改为“我正准备跑上去叫他”。“正”应放在心理动词前。
　5. C，应改为“这些钥匙圈都不相同”。因为是“各不相同”，所以应该是全部否定。
　6. D，应改为“她不写信了”。这里表示停止做某事，用“不……了”。
　7. C，应改为“刚才的话我没听懂”。
　8. B，应改为“不过她写得不太好”。如果只是“水平一般”，用“不太好”。
　9. C，应改为“谁也不认识”。“认识”不是一次性动作动词，应用“不”否定。
　10. A，应改为“那天我和玛丽没去公园”，或“我和玛丽那天没去公园”。
　11. D，应改为“我干得很认真”。客观陈述时用“很”。
　12. B，应改为“好像很年轻”。形容词谓语前应用“很”。
　13. D，应改为“我才不相信她呢”。否定副词应用在语气副词“才”后面。
　14. A，应改为“我的朋友几年来一直在学习汉语”。“正在”不能和“一直”一起用。
　15. B，应改为“我想再看一遍”。表示重复的“再”应放在助动词“想”的后面。
　16. B，应改为“一滴雨也没下”。

·第二单元·

第一课 更加 更

试一试

比较下列句子，指出副词使用不当的地方。

1. 今天的温度更加高了。(　　)
   今天的温度更高了。(　　)
2. 游泳跟爬山比起来，我更喜欢游泳。(　　)
   游泳跟爬山比起来，我还喜欢游泳。(　　)
3. 这件行李比那件行李更重十公斤。(　　)
   这件行李比那件行李还重十公斤。(　　)
4. 她没有钱读大学，还不可能到国外去留学。(　　)
   她没有钱读大学，更不可能到国外去留学。(　　)
5. 那个微型照相机非常小，比火柴盒更小。(　　)
   那个微型照相机非常小，比火柴盒还小。(　　)

讲一讲

一、"更加"与"更""还"的区别

1. 这三个副词都可以表示比较，"更加"一般只修饰双音节词，而"更""还"没有这种限制。下面的句子是错的：

　　＊听说今天的温度更加高了。

　　改：听说今天的温度更高。

　　改：听说今天的温度还要高。

　　＊搬进新的办公室，可以更加好地工作了。

　　改：搬进新的办公室，可以更好地工作了。

2. "更"和"更加"可以用于助动词"会"后，表示对将来可能进一步出现的情况的估计。"还"不能，"还"得用在助动词"要"前表示类似的意义。下面的句子是错的：

　　＊水的问题不解决，以后会还麻烦的。

改:水的问题不解决,以后会更/更加麻烦的。

改:水的问题不解决,以后还要麻烦。

二、“更”和“还”的区别

1. “更”和“还”都可以用于“A 比 B……”的比较句中修饰形容词谓语或补语。“更”只是一种客观情况的介绍。“还”则带有说话人主观强调、夸张的语气,常说明比较结果超出一般常规,或是超出了说话人或听话人的预想,句末可用夸张意味的语气词“呢”。“更”没有这种意味。如:

他比运动员跑得更快。(说明客观事实)

他比运动员跑得还快呢。(按照一般的常规,运动员跑得快。暗示超出常规)

北京的人口比天津的多,上海的人口比北京更多。(说明客观事实)

北京的人口比天津的多,上海的人口比北京还多呢。(暗示超出了原来的想象)

2. 如果“A 比 B……”的形容词谓语后带确定、具体的数量词,一般用“还”而不用“更”。下面的句子是错的:

*这件行李比那件行李更重十公斤。

改:这件行李比那件行李(还)重十公斤。

*我比她更高两公分。

改:我比她还高两公分。

如果“A 比 B……”形容词谓语后是表示不定数量的“一些/一点儿”,既可用“还”,也可用“更”。如:

她比我更聪明些。

她比我还聪明些。

3. “还”一般只用于“A 比 B + 形容词”的句中;“更”可以用于各种形式的比较句,还可以单独修饰形容词或动词表示比较。如:

弟弟比哥哥还高。	弟弟比哥哥更高。
*弟弟还高。	弟弟更高。
*从此以后,我还喜欢他了。	从此以后,我更喜欢他了。

4. 因为在比较方面“更”受到的限制少,所以“更”的使用频率比“还”高。下面几种常用“更”的句型不能用“还”:

(1) 在“跟……比起来”后一句中一般用“更”。如:

游泳跟爬山比起来,我更喜欢游泳。

*游泳跟爬山比起来,我还喜欢游泳。

(2) “更 +(助动词)形容词”这类无标记的比较句有的是纵向比较(和以前比较,或将来与现在比较),有的是横向比较(同时与其他事物或人相比)。这类形式不仅可以作谓语,也可以作定语,有时加上“的”形成“的字结构”还可以作主语。如:

那件事情以后,奶奶的病更重了。(作谓语)

这件事不做好,今后我们遇到的麻烦会更多。(作谓语)

失恋不要紧,我给你找一个(更漂亮的)女朋友。(作定语)

更让人意外的是他没有来参加这次比赛。(作主语)

除了这个以外,更重要的是一定要注意安全。(作主语)

(3) “没有比 A + 更 + 形容词/助动词”这类形式表示程度最高,也不能用“还”代替

"更"。如：

我觉得没有比游泳更开心的事了。

我们这儿没有比她更好的设计师了。

(4)"更"可以和"不"一起修饰形容词、助动词、心理动词或认识、了解类的动词，"还"不能。如：

你这么说就更不对了。

骂孩子不好，打孩子就更不应该了。

听她这么一说，我更不明白了。

他是一班的学生，一班的老师不知道他去哪儿，我就更不知道了。

(5)"更"不能直接修饰动作动词。如：

*下个星期就要比赛了，这几个运动员比以前更练习。

改：这几个运动员比以前更刻苦地练习，因为下个星期就要比赛了。

改：下个星期就要比赛了，这几个运动员比以前练得更刻苦了。

4."还"在不用"比"的句中，有时只表示程度浅。常修饰积极意义或中性的形容词，表示程度略底或勉强达到说话人预想的标准或要求，常和量词"一点儿"、副词"稍微""有点儿"等一起用，有时后面带"算"，增加了"勉强达到"的语气。这类用法是"更"没有的。如：

她这个人还算有良心。

这件衣服还稍微便宜点儿。

这里的条件还算可以。

5."还"用于"不如"前，表示比较后的选择，不表示程度的增加。"不如"后一般只跟动词(短语)。如：

堵车的时候，汽车还不如自行车快呢。

现在去不如明天去。

6."还"和"更"都可以用于递进关系的复句中，但是表示的意义有差异。"更"表示程度加深，"还"表示补充。如：

她没有钱读大学，更不可能到国外去留学。("更"表示程度加深，下同)

姐姐能干，妹妹更能干。

这里山美，水美，人更美。

她不但会唱歌，还会弹钢琴。("还"表示补充，下同)

评价一个人不但要看怎么说，还要看他怎么做。

7."还"可以表示比拟，不是作比较，而是把B作为一种比照物来衬托A。"更"没有这种意思和用法。如：

那个微型照相机非常小，比火柴盒还小。(衬托照相机小)

爸爸的手臂比我的腿还粗。(衬托手臂粗)

宝宝的脸比苹果还红。(衬托脸红)

我吃过的盐比你吃过的米还多。(衬托吃过的盐多，比喻经历多)

小结：

<table>
<tr><th colspan="3">词语</th><th>更</th><th>还</th></tr>
<tr><td rowspan="3">意义</td><td colspan="2">比较</td><td>+</td><td>+</td></tr>
<tr><td colspan="2">比拟</td><td>−</td><td>+</td></tr>
<tr><td colspan="2">语气</td><td>客观说明
句末不可加“呢”</td><td>强调超出常规或预想
语气夸张句末可加“呢”</td></tr>
<tr><td rowspan="11">用法</td><td rowspan="5">“比”字句</td><td>A 比 B + 更/还 + 形容词</td><td>+</td><td>+</td></tr>
<tr><td>只出现一项</td><td>+</td><td>−</td></tr>
<tr><td>谓语成分后加确切数量</td><td>−</td><td>+</td></tr>
<tr><td>谓语成分后加不定数量</td><td>+</td><td>+</td></tr>
<tr><td>没有比 A + ( ) + 形容词/助动词</td><td>+</td><td>−</td></tr>
<tr><td></td><td>在“跟……比起来”</td><td>+</td><td>−</td></tr>
<tr><td rowspan="4">没有“比”的比较句</td><td>单独修饰形容词/动词表示</td><td>比较</td><td>只表示程度浅</td></tr>
<tr><td>作定语</td><td>+</td><td>−</td></tr>
<tr><td>作主语</td><td>+</td><td>−</td></tr>
<tr><td>修饰形容词/动词的否定式</td><td>+</td><td>−</td></tr>
<tr><td>递进复句</td><td></td><td>程度加深</td><td>补充</td></tr>
</table>

练一练

一、请用“更”或“还”填空。

1. 你说他画的像老虎，我看______像猫。
2. 这次行动，______重要的是，一定要注意安全。
3. 他比我______小一岁呢。
4. 难道你比专家知道得______多？
5. 比起以前来，他______成熟了。
6. 我觉得没有比小柳______可爱的人了。
7. 桌子上的书堆得比小山______高。
8. 写信______不如直接打电话呢。
9. 希望你以后能______努力一些。
10. 他坐在这里很难受，听这些人说话就______难受了。
11. 这条公路改造好以后，从这里通过的车会______多。
12. 湖西的房价已经很高了，没想到湖东的房价______要高。
13. 南方和北方比起来，我______喜欢南方。

二、HSK 仿真题：将下面句后(　　)中的词语放在唯一合适的地方。

1. 你 A 夜间行车 B 应该注意 C 交通 D 安全。(更)
2. 世界上 A 有什么 B 比做母亲 C 幸福和 D 甜蜜呢？(还)

3. 野狗会 A 变成狼,B 变成比 C 狼 D 凶恶的狼。(还)

4. 社会上人和人的关系 A 比学校 B 要 C 复杂得 D 多。(还)。

5. 如果 A 用加工好的食品,做饭 B 会 C 快 D 一点儿。(更)

6. 为什么一定 A 要 B 开车呢,骑车 C 不 D 自由吗?(更)

7. 我觉得 A 没有 B 比他 C 不 D 讲道理的人了。(更)

8. 我 A 没敢让他再讲话,B 怕他说出 C 无知 D 可笑的话来,让人笑话。(更)

9. 他 A 没有钱买自行车,B 不 C 可能 D 买汽车。(更)

10. 这只西瓜 A 比那只西瓜 B 重 C 一公斤 D 多。(还)

三、判断下列句子的对错,对的打"√",错的打"×"并改正。

1. 我觉得世界上没有比这个还好吃的东西了。

2. 希望你们能创作出更加好更加多的作品来。

3. 这儿山美,水美,人更美。

4. 奶奶经常生病,在生活极其困难的条件下,她又收养了我,生活更加困难,好不容易才将我养大。

5. 送电引水的那天,我们村比过年过节还要热闹,全村老少几乎全涌到了村头井旁。

四、HSK 仿真题:选出每段话中有错误的一部分,并说明理由。

1. <u>那条路上的路灯全坏了</u>(A),<u>到了晚上漆黑一片</u>(B),<u>再加上那个可怕的消息</u>(C),<u>姑娘们还不敢出门了</u>(D)。

2. <u>这儿的房子比较小</u>(A),<u>条件也一般</u>(B),<u>可房租比原来的地方更要贵一点儿</u>(C),<u>我想想还是放弃了</u>(D)。

3. <u>在国内读研究生比较方便</u>(A),<u>去国外的话生活会辛苦得多</u>(B),<u>但可以提高语言能力</u>(C),<u>所以我还愿意去国外读研究生</u>(D)。

4. <u>我们的表演得了一等奖</u>(A)。<u>这次比赛虽然结束了</u>(B),<u>但我们还要更练习</u>(C),<u>因为下个月还要参加全国的比赛</u>(D)。

5. 大卫是美国人，马克是德国人，大卫跟马克比起来，对人还热情。
A　　B　　C　　D

参考答案

一、1. 更 2. 更 3. 还 4. 还 5. 更 6. 更 7. 还 8. 还 9. 更 10. 更 11. 更 12. 还 13. 更

二、1. B 2. C 3. D 4. B 5. C 6. D 7. C 8. C 9. B 10. B

三、1. ×，应改为：我觉得世界上没有比这个更好吃的东西了。
2. ×，应改为：希望你们能创作出更好更多的作品来。
3. √
4. √
5. √

四、1. D，应改为"姑娘们更不敢出门了"。"还"在没有"比"的句子中不表示比较。
2. C，应改为"可房租比原来的地方要更贵一点儿"。"更"应放在助动词"要"后面。
3. D，应改为"所以我更愿意去国外读研究生"。"还"在没有"比"的句子中不表示比较。
4. C，应改为"但我们还要更刻苦地练习"。"更"不能直接修饰动作动词。
5. D，应改为"对人更热情"。"还"不能用在没有"比"的比较句中。

第二课 稍微 稍稍(稍) 略微

试一试

判断下列句子的正误。

1. A. 今天比昨天稍微凉快。(　　)
   B. 今天比昨天稍微凉快一点儿。(　)
   C. 今天比昨天稍微有点儿凉快。(　)
2. A. 汽车在门口稍微停就开走了。(　)
   B. 汽车在门口稍微停了停就开走了。(　)
3. A. 这几个汉字很复杂,不稍注意就会写错。(　　)
   B. 这几个汉字很复杂,稍不注意就会写错。(　　)

讲一讲

“稍微、稍稍(稍)、略微”的意思基本相同,都表示程度不深、时间不长、数量不多。它们的区别是,“稍”多用于单音节词语前,“略微”多用于书面语。但是这类副词一般不修饰动词或形容词的单纯形式。下面介绍一下“稍微”经常使用的格式。

1. 稍微+动词+一下/一点儿/一些/一会儿。如:
   你稍微吃一点儿吧,不然身体会吃不消的。
   时间还早,你再稍微坐一会儿吧。
   下课了,大家稍微休息一会儿。
2. 稍微+动词重叠式(或动词前有“一”)。如:
   您稍微再等等,他马上就回来。
   汽车在门口稍微停了停就开走了。
   现在竞争很激烈啊,只要稍微一松劲就会落后。
3. 稍微+形容词+(了)+一点儿/一些。

这一形式既可以表示在程度上轻微地超出了预期的标准(但形容词没有积极、消极的限制),也可以表示比较与变化。如:

汤稍微咸了一点儿。(超出了预期的标准)
听了他的话以后,我的心情稍微平静了一些。(表示变化)
今天比昨天稍微凉快一点儿。(表示比较)

4. 稍微+有点儿+形容词。

这一形式表示轻微地超出了预期的标准，带有不太满意的语气。“有点儿”一般修饰消极意义的形容词。如：

她这个人稍微有点儿固执(gù · zhi)。

这里的环境稍微有点儿差。

5. 稍(微)+不+形容词/动词+就。

出现在这个格式中的词语仅限于“注意、小心、留神”。如：

这几个汉字很复杂，稍不注意就会写错。

最近感冒流行，稍不注意就可能传染(chuánrǎn)上。

路很滑，稍微不小心就会摔倒。

练一练

一、HSK 仿真题：在下面 ABCD 中选择唯一正确的填入空中。

1. 她不喜欢家里有人来，来个人儿______坐长了一会儿，她就生气了。

A. 稍微　　B. 挺　　C. 很　　D. 有点儿

2. 今天，天气______闷热，______不舒服。

A. 挺　真　　B. 很　真　　C. 很　太　　D. 稍微　有点儿

3. 比起到外面玩，我______喜欢一个人在房间里看书。

A. 稍微　　B. 有点儿　　C. 最　　D. 更

4. 这本书比那本书______贵了一点儿。

A. 太　　B. 很　　C. 稍微　　D. 真

5. 对我来说，汉语的发音并不难，可汉语的听力______难。

A. 更　　B. 非常　　C. 略微　　D. 稍微

6. 病虽然好了，脸色还是______苍白。

A. 挺　　B. 有点儿　　C. 稍微　　D. 太

7. 在上下班的时候，路上汽车太多，有时候骑自行车反而比坐汽车______快。

A. 很　　B. 稍微　　C. 有点儿　　D. 还

8. 大雨过后，空气______清新，我们的心情也______好。

A. 很　真　　B. 稍微　很　　C. 非常　很　　D. 有点儿　很

9. 我______头晕，得去一趟医院拿点儿药。

A. 一点儿　　B. 稍微　　C. 有点儿　　D. 不太

10. 这件衣服比那件衣服稍微肥______。

A. 一点儿　　B. 稍微　　C. 有点儿　　D. 不太

二、判断下列句子的对错，对的打“√”，错的打“×”并改正。

1. 今天比昨天稍微一点儿热。

2. 汽车在站台前稍微停了停就开走了。

3. 请稍等，我马上就来。

4. 你只要稍微准备就能通过考试。

5. 她英语说得比我稍微流利了一点儿。

6. 这两本书的内容稍微有点儿不一样。

7. 考试题目出得稍微难一点儿，学生考得都不太好。

三、HSK 仿真题：将下面句后（　　）中的词语放在唯一合适的地方。

1. 没醉，我 A 只不过 B 多 C 喝了 D 一点儿，吐了就好了。（稍微）
2. 小时候我们家生活一直 A 很艰苦，后来日子才 B 好了 C 一点儿 D。（稍微）
3. 如果她 A 侧 B 一下儿 C 头就可以 D 发现我了。（稍微）
4. 汉语的副词 A 比较复杂，B 不 C 注意就可能 D 用错。（稍微）
5. 只要把这种食品 A 放到水里 B 一 C 煮，然后取出来就可以 D 吃了。（稍微）
6. 汤里 A 放了 B 一点儿 C 胡椒粉，所以 D 有点儿香味。（稍微）
7. 用我的被子吧，他那条 A 旧 B 了 C 一点儿 D。（稍微）

四、HSK 仿真题：选出每段话中有错误的一部分。

1. 以前家里的网速太慢了（A），打开一个网页要好几分钟（B），装了宽带以后（C），上网比以前稍微方便了（D）。

2. 我以前在国内稍微学过汉语（A），到了中国以后（B），我才发现我的汉语水平很低（C），我想呆在苏州学习汉语（D）。

3. 路上的情况太复杂了（A），开车时（B），不稍微注意就会发生交通事故（C），所以开车前一定不能熬夜（D）。

4. 我出门的时候（A），正好看到 70 路公交车来了（B），可它在车站稍微停就开走了（C），我只能继续在那里等（D）。

5. 要我说嘛（A），别的菜都做得很好（B），就是这个红烧鸡块稍微一点儿咸（C），不过味道还可以（D）。

参考答案

一、1. A 2. B 3. D 4. C 5. B 6. B 7. D 8. C 9. C 10. A

二、1. ×,应改为:今天比昨天稍微热一点儿。

2. √

3. √

4. ×,应改为:你只要稍微准备一下儿就能通过考试。

5. √

6. √

7. √

三、1. B 2. B 3. A 4. B 5. B 6. A 7. A

四、1. D,应改为“上网比以前稍微方便了一些”。“稍微”一般不修饰形容词的单纯形式。

2. A,应改为“我以前在国内稍微学过一点儿汉语”。“稍微”不修饰动词的单纯形式。

3. C,应改为“稍微不注意就会发生交通事故”。

4. C,应改为“可它在车站稍微停了停就开走了”。“稍微”不修饰动词的单纯形式。

5. C,应改为“就是这个红烧鸡块稍微咸了一点儿”,或“就是这个红烧鸡块稍微有点儿咸”。

第三课 最 顶 极其 极

试一试

请用(　　)里的词语填空。

1. 她是我们班______漂亮的女孩。(最　极其)
2. 我觉得还是妈妈做的饭______好吃,爸爸做的不好吃。(极其　顶)
3. 这是一部______受欢迎的电视剧。(稍微　极其)
4. 今天的比赛精彩______了。(极　顶)

讲一讲

“最”“顶”“极其”“极”这四个词都表示程度很高,没有更高的程度。其区别在于:

1. “最”和“顶”含有比较,是指在同类事物中,超过其他,达到顶点;而“极”和“极其”只表示程度达到顶点,不用于比较。如:

　　她是我们班最漂亮的女孩。

　　我觉得还是妈妈做的饭顶好吃,爸爸做的不好吃。

　　这是一部极其受欢迎的电视剧。

2. “最”和“顶”只能作状语,不能单独作补语;“极 + 了”可以单独作补语。如:

　　我最(顶)喜欢看足球赛。

　　我极(极其)喜欢看。

　　*今天的比赛精彩最了。

　　今天的比赛精彩极了。

3. “最”和“顶”的意思基本相同,一般可以互换。区别是:

(1)“顶”多用于口语,“最”口语和书面语都用。

(2)“最”和“顶”都可以与部分单音节形容词连用,表示说话人做最大限度的估计,但“最”还可以和单音节形容词连用后直接修饰名词,如“最高气温”“最大限度”等,而“顶”和“极其”“极”都没有这种用法。

4. “极其”和“极”的区别是:

(1)“极其”多用于书面语,“极”口语、书面语都用。

(2)“极其”主要修饰双音节动词或形容词,“极”没有这个限制。

(3)“极”可以作补语,“极其”不可以。

小结：

词语	用于比较	修饰单音节	修饰双音节	做补语	+单音节形容词直接修饰名词	加形容词后表示估计
最	+	+	+	−	+	+
顶	+	+	+	−	−	+
极其	−	−	+	−	−	−
极	−	+	+	+	−	−

练一练

HSK 仿真题：在下面 ABCD 中选择唯一正确的填入空中。

1. 在最近流行的歌曲中，我______喜欢这一首。
A. 极　　B. 极其　　C. 最　　D. 稍微

2. 这次出差______多十几天我就回来了。
A. 极　　B. 顶　　C. 极其　　D. 更

3. 他跑得______快，简直像个运动员。
A. 极其　　B. 有点儿　　C. 还　　D. 极

4. 她为《谈天说地》一书写了篇______精彩的序言。
A. 极其　　B. 最　　C. 其实　　D. 顶

5. 这种牌子的汽车______快速度是每小时 180 公里。
A. 极　　B. 顶　　C. 最　　D. 很

6. 你送给我女儿的那件礼物她喜欢______了。
A. 极　　B. 极其　　C. 最　　D. 顶

7. 在长期的生活实践中，中国古代积累了______丰富的生物学知识。
A. 最　　B. 极其　　C. 多　　D. 顶

8. 周大明长得很结实，个子在队里不算______高，可是比中等个子的人高出半头。
A. 极　　B. 极其　　C. 有点儿　　D. 最

9. 这两句话对中国知识分子产生了______深远的影响。
A. 极　　B. 极其　　C. 最　　D. 顶

10. 昨天的足球比赛精彩______了。
A. 极　　B. 顶　　C. 最　　D. 极其

参考答案

1. C　2. B　3. D　4. A　5. C　6. A　7. B　8. D　9. B　10. A

第四课 常常 往往

试一试

判断下列句子的正误,并找出其中的规律。

1. 过分热情往往会带来另一种结果。(　　)
   过分热情常常会带来另一种结果。(　　)
2. 骄傲的人往往是比较能干的人。(　　)
   骄傲的人常常是比较能干的人。(　　)
3. 我一定往往来。(　　)
   我一定常常来。(　　)
4. 我希望以后还能往往见到你。(　　)
   我希望以后还能常常见到你。(　　)
5. 一到星期天他往往睡懒觉。(　　)
   一到星期天他常常睡懒觉。(　　)
6. 她往往回家看母亲。(　　)
   她常常回家看母亲。(　　)
   每到周末,她往往回家看母亲。(　　)
7. 他往往很晚回家。(　　)
   他常常很晚回家。(　　)
   他每天早晨很早就出门,往往到九十点钟才回家。(　　)
8. 他往往看书。(　　)
   他常常看书。(　　)
   为了不被别人发现,他往往躲到仓库后面去看书。(　　)
9. 我往往说别人好话。(　　)
   我常常说别人好话。(　　)
   我这个人一般不轻易说别人好话,往往大家说好我才说好。(　　)
10. 我们不常见面。(　　)
    我们不常常见面。(　　)
    我们不往往见面。(　　)

第二单元

讲一讲

“常常”“经常”“往往”“通常”都表示某种情况多次发生。如：

小明常常(经常、往往、通常)不吃早饭就去上学，所以胃不太好。

这里大都是原始森林，常常(经常、往往、通常)走了四五十公里还看不到人。

但是，四者也有一定的区别，我们将分两课进行讲解。本课先讲讲“常常”和“往往”在语义和用法上的差别。

1. “往往”是对到现在为止出现的情况的总结，有一定的规律性，所以一般用于客观的情况，不能用于主观意愿。而“常常”单纯强调动作重复出现，不一定有规律，所以可以用于主观意愿。如：

过分热情往往会带来另一种结果。(有规律)

骄傲的人往往是比较能干的人。(有规律)

我一定常常来。(主观意愿)

2. “往往”是对到现在为止出现的情况的总结，所以常用于过去的事情。而“常常”没有这个限制，可以用于经常习惯性的动作或将来的动作，使用频率比较高。如：

我希望以后还能常常见到你。(将来的动作)

一到星期天他常常睡懒觉。(习惯性的动作)

3. “常常”一般不用于说明有规律的行为，只要是多次发生的动作，都可以用“常常”，没有什么限制。如：

我们常常回家看母亲。

他常常很晚回家。

他常常看书。

我常常说别人好话。

而“往往”是说明有规律的行为，所以除了上述总结规律性的句子外，一般用“往往”的句子都要说明跟某种行为的出现有关的条件。如：

每到周末，她往往回家看母亲。(时间)

他每天早晨很早就出门，往往到九十点钟才回家。(时间)

为了不被别人发现，他往往躲到仓库后面去看书。(地点)

我这个人一般不轻易说别人好话，往往大家说好我才说好。(条件)

4. “常常”的否定式是“不常”，“往往”一般不受否定词的修饰。如：

我们不常见面。

小结：

词语	强调规律性	指明条件	将来时	用于主观意愿	否定
常常	−	−	+	+	不常
往往	+	+	−	−	−

练一练

一、请用"常常"或"往往"填空。

1. 妈妈最近脾气很不好,______为一点小事就生气。
2. 现在的年轻人大学毕业以后,______喜欢在外租房,不喜欢跟父母住在一起。
3. 每次有朋友来,我们______去那家咖啡店喝茶。
4. 小毛希望我们周末能______去看她。
5. 雨水多的地方,地下水______也很丰富。

二、组词成句。

1. 来　她　常常　喝　聊天　家　茶　我
2. 感冒　好　她　不　身体　常常
3. 我们　见面　但　住得　常　很　也　不　近
4. 上课　回答　问题　很　常常　回答　她　但　喜欢　错

三、HSK 仿真题:找出下面每段话中有错误的一部分。

1. 意外对于管理者来说(A),就像是考试(B),你没有复习到的、最怕出题的章节(C),常常最容易出题(D)。

2. 虽然他在广东(A),我在北京(B),常常不见面(C),但我们是很好的朋友(D)。

3. 爸爸虽然往往不回家(A),可如果回来(B),家里就像过年一样(C),妈妈一日三餐亲自下厨(D)。

4. 东西放多了(A),时间一长(B),冰箱里常常就会产生一股难闻的臭味(C),用什么方法可以消除臭味呢(D)?

5. 晚上稍微喝酒对身体有好处(A),但不可喝得太多(B)。要是喝得大醉(C),往往会影响第二天的工作(D)。

参考答案

一、1. 常常　2. 往往　3. 往往　4. 常常　5. 往往

二、1. 她常常来我家喝茶聊天。

2. 她身体不好,常常感冒。

3. 我们住得很近,但不常见面。

4. 她上课喜欢回答问题,但常常回答错。

三、1. D,应改为“往往最容易出题”。带有规律性的情况用“往往”。

2. C,应改为“不常见面”。“常常”的否定是“不常”。

3. A,应改为“不常回家”。“往往”没有否定。

4. C,应改为“冰箱里往往就会产生一股难闻的臭味”。有跟某种情况的出现有关的条件时,用“往往”。

5. A,应改为“晚上稍微喝一点儿酒对身体有好处”。

副

词

第五课 经常 通常

试一试

一、请用"经常"或"通常"填空。

1. 他______不吃早饭，一个月里吃两次已经算多了。
2. 我______10 点睡觉，偶尔 11 点睡。
3. 他______10 点睡觉，碰到特殊情况需要开夜车，就会睡得晚一些。
4. 他______不吃早饭，只有在有考试的早上才会吃一点儿。
5. ______我们单位星期三下午开会。
6. 他不喜欢写信，所以不______给家里写信。

二、判断下列句子的正误，并总结规律。

7. 她经常感冒，一感冒就要好几个星期。（　　）
8. 她最近经常发脾气。（　　）
9. 她通常散步。（　　）
   她通常晚饭后散步。（　　）
10. 她通常看书。（　　）
    她通常在办公室里看书。（　　）
11. 男孩子通常主动一些。（　　）
    谈恋爱时男孩子通常比女孩子主动一些。（　　）
12. 我通常回家。（　　）
    我通常坐火车回家。（　　）
13. 去年她通常去英语角。（　　）
    去年她常常去英语角。（　　）
14. 上个学期他通常迟到。（　　）
    上个学期他常常迟到。（　　）
15. 他常常两年回一次老家。（　　）
    他通常两年回一次老家。（　　）
16. 他常常隔几天给我打个电话。（　　）
    他通常隔几天给我打个电话。（　　）
17. 我们这儿常常半年刮一次风。（　　）
    我们这儿通常半年刮一次风。（　　）

讲一讲

1. “经常”和“常常”的用法比较接近，更强调“发生的次数多”，与“偶尔”相对。如：

他经常不吃早饭，一个月里吃两次已经算多了。

我经常10点睡觉，偶尔11点睡。

2. “通常”是形容词，表示“一般、平常”，常用于说明有规律性的情况，与“特殊情况”相对。有时对比的情况不出现，但仍暗含这种意思。如：

他通常10点睡觉，碰到特殊情况需要开夜车，就会睡得晚一些。

他通常不吃早饭，只有在有考试的早上才会吃一点儿。

3. “通常”可以用在主语前，也可以用在主语后；“经常”（包括“常常”）只能用在主语后。如：

通常我们单位星期三下午开会。

4. 用“通常”的句子如果表示否定，“不”只能放在“通常”的后面。而“不”可以放在“经常”的前面或后面，但强调的重点不同。如：

如果不是因为那件事，他通常不会生这么大气。

他不喜欢写信，所以不经常给家里写信。（强调“写信”的次数少）

他很忙，所以不经常做家务。（强调“做”的次数少）

他不喜欢做家务，所以经常不做家务。（强调“不做”的经常性）

5. “通常”因为是形容词，可以作定语。如：

这种帽子与通常的帽子不同。

6. “常常”“经常”表示动作行为发生的频率很高，反义词是“偶尔”。它们不强调动作是否有规律。如果强调动作者的动作行为是有规律、有意识地实行或自然发生的，就用“通常”，因此，使用“通常”时，句子一般表示动作是在有规律的时间、地点，或在有规律的条件下，或以何种方式发生的。这些成分都要放在“通常”的后面。如：

她通常晚饭后散步。（时间）

她通常在办公室里看书。（地点）

我通常坐火车回家。（方式）

谈恋爱时男孩子通常比女孩子主动一些。（条件）

上面的“通常”如换成“常常”“经常”，句子就没有动作是有规律的含义了。当下面的句中有表示动作间隔时间的状语时，一般用“通常”，而极少用“经常”或“常常”。如：

他通常两年回一次老家。

他通常隔几天给我打个电话。

我们这儿通常半年刮一次风。

7. 因为“通常”表示的是动作的一贯性，所以不能表示在某一段时间里动作多次发生，下面的句子只能用“经常”或“常常”。

去年她经常/常常去英语角。

上个学期他经常/常常迟到。

8. “通常”和“往往”都可以表示动作有规律地发生，但由于“通常”是表示一般的情况

（很少有例外），所以大多用于表示已成为常规不变的事实。只有当把握十分大时，才用于根据规律、经验的推测。而“往往”允许情况有一定的例外，比“通常”更多地用于推测。如下面的句子用“通常”就不太合适：

想教育孩子的父母往往会被孩子所教育。

有人说，有钱人家的孩子往往不如穷苦人家的孩子努力，可我们班不少同学家里都很有钱，但他们学习都很努力。

小结：

词语	基本语义		用法				
	强调	与……相对	句首	在“不”的	要有条件	用于某段时间	动作间隔
通常	一般性	特殊情况	+	前	+	−	长
经常	次数多	偶尔	−	前或后	自由	自由	短

练一练

一、请用“经常”或“通常”填空。

1. 我______去圆明园。
2. 真理______掌握在少数人手里。
3. 每逢周末或节假日，我们______到外地去旅行。
4. 一般的感冒发烧，我______不吃药。
5. ______她星期天会去学弹钢琴，这个星期天没学是因为她的钢琴老师病了。
6. 虽然毕业以后在不同的城市工作，但是我们仍______通电话。
7. 她身体不好，______感冒。
8. 他每个月检查一次身体，______他会让我陪他去医院。
9. 一般的人打电话去，他______不回电的。
10. 最近他______不来上课。

二、HSK 仿真题：将下面句后（　　）中的词语放在唯一合适的地方。

1. 毕业以后，A 他 B 在店里 C 给父母 D 帮忙。（经常）
2. 也许 A 和他相比我显得 B 太幼稚，C 可是人一成熟 D 就老了。（往往）
3. 他希望 A 节日或星期天 B 能 C 到公园 D 去玩。（经常）
4. 王平很严厉，A 通常 B 孩子们 C 是 D 进他办公室的。（不）
5. 他 A 住在好朋友家，B 经常 C 几天 D 回家。（不）

三、HSK 仿真题：找出下面每段话中有错误的一部分。

1. 这个地区的人长得常常跟其他汉族人不一样（A），鼻子特别扁（B），而且和嘴唇的距离也比较短（C），一看就知道（D）。

2. 对于大部分人来说（A），心中烦恼（B），经常在脸上可以看得出来（C）；身体舒服也会使脸色和平时

第二单元

不一样。
D

3. 他那个人比较开朗随和，小事情经常过两天就忘了，刚才的事你不用担心，他不会放在心上的。
A B C D

4. 我妈妈记性很不好，通常丢东西，或者东西老找不到，我已经习惯这种情况了。
A B C D

5. 星期五下午大家都没什么课了，所以经常我们单位星期五下午开会，老师们可以交流一下一周来的情况，为以后的工作作准备。
A B C D

参考答案

一、1. 经常 2. 通常 3. 通常 4. 通常 5. 通常 6. 经常 7. 经常 8. 通常 9. 通常 10. 经常
二、1. B 2. D 3. C 4. D 5. D
三、1. A，应改为"这个地区的人长得通常跟其他汉族人不一样"。这里是指一般的、有规律性的情况，用"通常"。
2. C，应改为"通常/往往在脸上可以看得出来"。一般的、有规律性的情况用"通常"。
3. B，应改为"小事情通常过两天就忘了"。一般的、有规律性的情况用"通常"。
4. B，应改为"经常/常常丢东西"。这里说的是常常发生，但不是有规律的情况，所以用"经常"。
5. B，应改为"所以通常我们单位星期五下午开会"。这里是指一般的、有规律性的情况，用"通常"。

第六课　又$_1$　再$_1$(二)

试一试

请用“又”或“再”填空。

1. 她昨天没来，今天______没来。
2. 你怎么______不高兴了？
3. 你骗了我们，我们______也不会相信你。
4. 这首歌唱完就不______唱了。

讲一讲

这一课讲“又”和“再”用在否定句中的情况。

1. 否定词用在“又”后，表示未发生的情况的重复，而不是否定动作没有重复。如：

    她昨天没来，今天又没来。

    你怎么又不高兴了？

2. 否定词可以用在“再”的前后，表示对重复的否定，但有两种情况。如：

    你骗了我们，我们再也不会相信你。

    这首歌唱完就不再唱了。

(1) 客观说明某个动作发生之后，到说话时为止没有重复。有两种固定形式：

形式1：再也 + 没 + 动词。

语气较重，强调动作“一次也没有”重复。如：

　　毕业以后，我再也没见到过他。

形式2：没 + 再 + 动词。

语气一般，说明动作没有重复。如：

　　从那以后，我没再跟他联系。

(2) 主观上将来不打算重复。也有两种固定形式：

形式1：再也 + 不 + (助动词) + 动词。

语气较重，有决心永远不重复动作的意思。如：

　　我再也不想见到你。

形式2：不 + (助动词) + 再 + 动词。

语气一般，主观决定不重复，但没有“永远不”的意思。如：

　　那个地方我们不会再去了。

练一练

一、HSK 仿真题：请给（　　）里的词语选择合适的位置。

1. A 他昨天 B 没 C 回家 D 过夜。（又）
2. 那个鬼地方，A 我 B 也 C 不 D 去了。（再）
3. 最近 A 他 B 又 C 和我 D 说话了。（不）
4. 五年过去了，A 我们 B 再 C 也 D 见面。（没）
5. 他出门时 A 摔了一跤，B 再也 C 没 D 起来过。（就）

二、HSK 仿真题：在下面 ABCD 中选择唯一正确的填入空中。

1. 这个请参看第一章，我们在这里______说明。

A. 再不　　B. 不再　　C. 没再　　D. 再没

2. 早上吃了一包饼干后，就______吃别的，现在很饿。

A. 没再　　B. 不再　　C. 又不　　D. 又没

3. 他的表情______自然了。

A. 没再　　B. 不再　　C. 又不　　D. 又没

4. 我看他______生气了，就放心地回家了。

A. 再不　　B. 不再　　C. 没再　　D. 又没

5. 大卫拿出护照给那位小姐看，她______说什么，气呼呼地走了。

A. 又不　　B. 又没　　C. 没再　　D. 再不

6. 你怎么又骗人了？以后________跟你做朋友了。

A. 不再又　　B. 也不再　　C. 再也没　　D. 再也不

7. 他______没带照相机来，怎么照相呢？

A. 又　　B. 才　　C. 再　　D. 就

8. 和男朋友分手后，我______给他打过电话。

A. 也不再　　B. 再也没　　C. 又没再　　D. 再也不

三、判断下列句子的对错，对的打"√"，错的打"×"并改正。

1. 儿子死了以后，再没见她笑过。

2. 从那以后，她没再唱歌了。

3. 这一生我不会再像那次吃得香了。

4. 今天上课他发现又不带课本，只好跟别人一起看。

四、组词成句。

1. 我　又　带　没　钥匙

2. 明白　不　他　大家　又　上课　来　没　怎么

3. 饭店　我们　不　也　了　去　再　这家　会

4. 出去　他　没　之后　再　回来　也　过

5. 相信　也　李丽　再　的　话　了　不　王平

参考答案

一、1. B　2. B　3. C　4. D　5. B

二、1. B　2. A　3. C　4. B　5. C　6. D　7. A　8. B

三、1. √

2. ×,应改为"从那以后,她不再唱歌了"。

3. √

4. ×,应改为"今天上课他发现又没带课本,只好跟别人一起看"。

四、1. 我又没带钥匙。

2. 大家不明白他怎么又没来上课。

3. 我再也不会去这家饭店了。

4. 他出去之后再也没回来过。

5. 李丽再也不相信王平的话了。或:王平再也不相信李丽的话了。

第七课 全 全部 完全

试一试

请用“全”“全部”“完全”填空。

1. 事情终于______做完了。
2. 今天我们班学生______没来上课。
3. 我今天把一身衣服______换了。
4. 你______误解了我的意思。

讲一讲

1. “全”“完全”可以是形容词(详见《名词与形容词》分册),也有副词用法。“全部”是名词。三个词作状语时,有如下区别:

(1)“全部”和“全”大多可以通用,只是“全部”语义稍重,更强调“无一例外”。试比较:

事情终于全部/全做完了。

这方面的书我全部/全都有。

(2)用“不、没”否定时,通常用“全”,而且否定词放在“全”的前面或后面,意思不同。如:

今天我们班学生全没来上课。(强调一个也没有)

今天我们班学生没全来上课。(有的没来,有的来了)

2. “全”和“完全”大多能通用,意义和用法稍有差别。

“全”侧重表示具体数量的“全部”,总括的人或事物常可用数量词修饰,谓语多是意义比较具体的动作动词,“全”还可以和“都”一起连用。“完全”侧重表示程度,所总括的事物一般较抽象,大多不受数量词修饰,谓语多为意义比较抽象的形容词或动词。如:

我今天把一身衣服全换了。

你完全误解了我的意思。

因此,下面左边的用法是正确的,右边是错误的:

一箱子啤酒全被他们喝光了。	*一箱子啤酒完全被他们喝光了。
她把所有的垃圾全扔掉了。	*她把所有的垃圾完全扔掉了。
她做的和我想的完全一样。	*她做的和我想的全一样。
你的意见完全正确。	*你的意见全正确。
为了安全,完全有必要再检查一遍。	*为了安全,全有必要再检查一遍。

练一练

一、HSK 仿真题：在下面 ABCD 中选择唯一正确的填入空中。

1. 我说的话，她______没记住。

A. 大约　　B. 全部　　C. 全　　D. 再

2. 几年不见，你的样子______变了。

A. 都　　B. 全　　C. 再　　D. 才

3. 哥哥、弟弟______考上大学了。

A. 就　　B. 完全　　C. 都　　D. 才

4. 我们学校个别老师的住房问题没有______解决。

A. 还　　B. 常常　　C. 全部　　D. 完全

5. 任务还没有______完成。

A. 一切　　B. 所有　　C. 全　　D. 整个

6. 大家______误解了我的意思。

A. 完整　　B. 完全　　C. 所有　　D. 一切

7. 刘老师的病______好了。

A. 完成　　B. 都　　C. 全部　　D. 完全

8. 天还没有______黑下来，为什么这么早吃晚饭？

A. 完全　　B. 都　　C. 全　　D. 全部

9. 五百块钱______被她用光了。

A. 完全　　B. 全　　C. 才　　D. 还

10. 他们______否定了我的想法。

A. 全　　B. 一切　　C. 完整　　D. 完

二、组词成句。

1. 被　一箱子啤酒　喝　他们　光　了　全

2. 同学们　习惯　完全　这里的生活　了

3. 上课　学生　我们班　没　全　来　的

三、翻译

1. Mr. Lu's lecture is so interesting that the students are entirely fascinated by it.

2. Today's matter is not entirely his fault. I should also be blamed.

3. He devoted all his knowledge and talent to the scientific undertakings.

参考答案

一、1. C 2. B 3. C 4. D 5. C 6. B 7. D 8. A 9. B 10. A

二、1. 一箱子啤酒全被他们喝光了。

2. 同学们完全习惯了这里的生活。

3. 我们班的学生全没来上课。/我们班的学生没全来上课。

三、1. 陆先生的讲座非常有意思,同学们完全被吸引住了。

2. 今天的事情不全是他的错,我也有责任。

3. 他把全部的知识和技能都献给了科学事业。

第八课 老　总(一)

试一试

一、请用"老"或"总"填空。

1. 你怎么上课______说话？老师都在看你了！
2. 你______是忘这忘那的，真拿你没办法！
3. 我______是想不通，为什么总有不公平的事情存在。
4. 小毛一天到晚______是乐呵呵的。
5. 你______没上我们这儿来了，今天怎么想到过来了？

二、下面的句子意思是否都能成立？如果能成立，意思是否一样？

1. A. 他们老/总不在家吃饭。
   B. 他们不老/总在家吃饭。
2. A. 你别老/总坐着不动，活动活动吧。
   B. 你老/总别坐着不动，活动活动吧。
3. A. 我上中学的时候，老/总去海边游泳过。
   B. 我上中学的时候，老/总去海边游泳。
4. A. 你为什么老见我就跑？
   B. 你为什么老见了我。
   C. 你为什么老见了我就跑。
5. A. 最近他老/总没精神。
   B. 下午三点一刻他老/总没精神。

讲一讲

"老"和"总"都是副词，都可以表示频率很高，在很多情况下两词可以互换。

一、"老"和"总"的肯定形式

1. 老/总＋动词。如：
   这个暑假他老/总呆在家里，也不出去走走。
   打你电话总/老占线，怎么回事？
2. 老/总＋形容词。如：
   小王一天到晚总/老是乐呵呵的。
   这两天，天空老/总是阴沉沉的。

第二单元

3. 老/总＋(也)＋动词。多用于否定式。如：

这种类型的题目我老/总也做不出来。

没房的人老/总也买不起房，买得起房的人却用作投资赚更多的钱。

4. 老/总＋不(没)＋动词。强调时间久。如：

这几天老/总没见到你。

后来他老/总没及格，我也就对他失去信心了。

提示

(1)“老”有说话人主观上认为动作发生的频率过高的意味，特别是在表示不满的场合，多用“老”。如：

你怎么上课老说话？老师都在看你了！

你老是忘这忘那的，真拿你没办法！

用“总”则比较客观，不带主观色彩。如：

我总是想不通，为什么总有不公平的事情存在。

小毛一天到晚总是乐呵呵的。

(2) 由于上面的原因，如果句尾出现“了”(一般是强调否定动作持续的时间较长)，那么只能用“老”，不能用“总”。如：

你老没上我们这儿来了，今天怎么想到过来了？

* 你总没上我们这儿来了，今天怎么想到过来了？

二、“老”和“总”的否定形式

1. 老/总＋不(没)＋动(词)≠不(没)＋老/总＋动(词)。

“不(没)”对“老”的否定位置可前可后，但位置不同意义也不同。如：

他们老/总不在家吃饭。(强调“不在家吃饭”的频率高)

他们不老/总在家吃饭。(强调“在家吃饭”的频率不太高，但比上面的要高得多)

2. 并非/别＋老/总＋动词。

“并非”和“别”只能出现在“老/总”前面。如：

你别老/总坐着不动，活动活动吧。

他告诉我，老张并非老/总是这样暴躁，一定是出了什么事了。

三、“老/总”与“过”和“了”同现的条件

当用“老/总”的句中只有一个谓语动词，表示某个动作经常发生时，动词后不能带表示经历或完成的助词“过”或“了”。下面的句子是错的：

* 他上课老/总迟到了。

* 我上中学的时候，老/总去海边游泳过。

用“老/总”的句中的动词后带“过”和“了”时，一般后面还有动词或动词短语，表示的是前一个动作完成后经常会出现后一个动作。下面的句子是错的：

* 你为什么老/总见了我。

改：你为什么老/总见了我就跑。

* 我老/总是要睡过午觉

改：我老/总是要睡过午觉才去上课。

四、关于时态

1. 用“老/总”的句子一般表示的是过去或现在的情况，不用于表示将来的情况。如：

这学期他老/总不来上课。

上学期他老/总不来上课。

* 下学期他老/总不来上课。

只有在假设复句中，可以用于将来。如：

如果下学期他老/总迟到，这门课就不及格。

2. “老/总”在肯定句中表示动作经常发生，所以可以与表示时点的词语一起用；“老/总”在否定句中则表示否定的状态的持续，因而不能带这类表示时点的词语，只能与表示时段的词语一起用。如：

每天早上八点他总在这里等车。

最近他老/总没精神。

* 下午三点一刻他老/总没精神。

练一练

一、在必须用“了、着、过”的地方填上适当的助词，不该用的不填。

1. 你不要老站______，坐一会儿。
2. 最近我总以为姐姐生病______，其实是她在节食，所以没精神。
3. 她这人老是好______伤疤忘了疼。
4. 我总看不到她______。
5. 她建议男朋友别老穿______制服，出去玩儿挺不好意思的。
6. 她老没上我这儿来______，是不是出差了？

二、从下面所给的动词短语中选择适当的一组与“老/总”的否定式一起完成句子。

来上课　在家吃饭　见你父亲　提这件事　住人

1. 这屋子____________，所以有股霉味儿。
2. 他们____________________，我心里还好受些。
3. 如果你______________的话，后面的课就听不懂了。
4. 我们________________，有时也会到饭馆里去吃。
5. 我____________了，他最近身体还好吧。

三、HSK 仿真题：找出下面每段话中有错误的一部分。

1. 事情已经过去了，老别想着了，我陪你出去走走，散散心。
　　A　B　C　D

2. 早上精神还可以，四节课下来一点儿也没事，可是下午两点我老走神，什么事也做不了。
　　A　B　C　D

3. 以前每天晚上他总要看新闻才去洗碗，今天很奇怪，一吃完饭，他就早早地把碗收拾好了。
　　A　B　C　D

4. 没房的人也老买不起房，买得起房的人却用来投资赚更多的钱，所以穷的越穷，富的越富。

A　　B　　C　　D

5. 你最近见到过李丽没有？我挺想她的。她没老上我这儿来了，是不是回国了？

A　　B　　C　　D

参考答案

一、1. 着　2. 了　3. 了　4. /　5. 着　6. 了

二、1. 这屋子__老不住人__，所以有股霉味儿。

2. 他们__没老提这件事__，我心里还好受些。

3. 如果你__老不来上课__的话，后面的课就听不懂了。

4. 我们__不总在家吃饭__，有时也会到饭馆里去吃。

5. 我__老没见你父亲了__，他最近身体还好吧。

三、1. B，应改为"别老想着了"。

2. C，应改为"可是下午我老走神"。

3. A，应改为"以前每天晚上他总要看了新闻才去洗碗"。

4. A，应改为"没房的人老也买不起房"。

5. C，应改为"她老没上我这儿来了"。

第九课 老 总(二)

试一试

判断下面的句子意思是否都能成立,如果能成立,辨别意思是否一样。

1. A. 遇到困难,他总是想尽一切办法去克服。
   B. 遇到困难,他老是想尽一切办法去克服。
2. A. 她总是特别认真,从来没有马虎过。
   B. 她老是特别认真,从来没有马虎过。
3. A. 不管多么忙,小赵总能把事情做好。
   B. 不管多么忙,小赵老能把事情做好。
4. A. 每次参观学习后,总觉得有很多收获。
   B. 每次参观学习后,老觉得有很多收获。
5. A. 为什么用过这种电子辞典的人考试成绩总能提高呢?
   B. 为什么用过这种电子辞典的人考试成绩老能提高呢?

讲一讲

前一课主要讲了"老"和"总"的句法特点,这一课主要讲"老"和"总"在语用和语义上的区别。

1. "总"是对某个情况的客观陈述,不管情况好坏都可以用。"老"则常带有说话者的主观倾向,多带"过分或不该如此"的含义。"老"不能修饰积极意义的动词,但可以修饰积极意义的形容词。下面几组句子由于是客观描写,所以"总"和"老"都可以用:

山里的空气总是这么新鲜。	山里的空气老是这么新鲜。
刘老师对学生总是那么亲切和蔼。	刘老师对学生老是那么亲切和蔼。
妹妹的脸总是红扑扑的。	妹妹的脸老是红扑扑的。

当句子明确表示"过分或不该如此"的意思时,一般用"老";如果句子明确表示说话者肯定或赞扬的态度时,一般用"总是"。如:

他总是这么大方,所以大家都喜欢跟他交往。

你老是这么大方,慷慨得过了头。

谁说我老爱跟你吵架?连上次只有两次。

大哥为人宽厚,遇事总爱替别人着想,为此他赢得不少的朋友。

遇到困难,他总是想尽一切办法去克服。

为了家人的幸福，父亲总是拼命地工作。

下面的句子应用“总”而用了“老”，所以是错的：

＊她老是特别认真，从来没有马虎过。

＊每次参观学习后，老觉得有很多收获。

2. “总”表示情况重复的频率比“老”高。如“不在家吃饭”的频率是：

他们总不在家吃饭。＞他们老不在家吃饭。＞他们不老在家吃饭。＞他们不总在家吃饭。

3. “老”除了作时间副词以外，也可以作程度副词，表示程度高，“总”没有这个意思。常见格式“老＋形容词＋的”，形容词限于单音节。如：

太阳已经升得老高的了。

她的头发老长的。

4. “总”还可以表示推测、估计，多用于数量，常和“大概”连用，“老”没有这种用法。如：

这房子总有三百年的历史了。

一个月大概总得花两千多块钱吧。

5. “总”还可以表示“总归（最后必然如此）”的意思，“老”没有这种用法。如：

不要着急，孩子总会找到的。

冬天总会过去的，春天总会来临的。

小结：

表一（语义）

词语	使用频率	强调周遍性	程度高	用于推测、估计	表示总归
总	更高	＋	－	＋	＋
老	高	－	＋	－	－

表二（用法）

词语	时态	与时点名词共现	与时段名词共现	“别/并非”位于	语体	主客观	使用频率
总	过去	＋	＋	前	口语、书面语	客观陈述	更高
老	现在	－	＋	前	口语	主观上认为动作发生的频率过高	高

练一练

一、HSK 仿真题：ABCD 是对每句中“老”或“总”的解释，请选择其中最接近该词语的一种解释。

1. 别老开玩笑，说点儿正经的。

A. 总是　　B. 年龄大　　C. 很　　D. 古老

2. 他的脸老这么红，是不是有病啊？

A. 总　　B. 可能　　C. 很　　D. 古老

3. 太阳都老高了，怎么还不起床？

A. 总　　B. 终于　　C. 很　　D. 古老

4. 到现在还没来，总有什么事情吧。

A. 一直　　B. 老　　C. 全部　　D. 大概

5. 我劝了他好多次，他总是不听。

A. 毕竟　　B. 老　　C. 全部　　D. 大概

6. 成绩虽然还不算太好，但总是一个进步嘛。

A. 全部　　B. 老　　C. 总归　　D. 大概

7. 梅雨季节经常下雨，而且天气也总是闷闷的。

A. 全部　　B. 老　　C. 毕竟　　D. 大概

8. 买套房子总得要六七十万吧。

A. 经常　　B. 老　　C. 总归　　D. 大概

二、下列句子中“总”能否改成“老”？

1. 前一阵子有事找你见不着人，现在总能见到你了。（　　）

2. 每次发工资，小赵总是全部花光，从来没给我一分钱。（　　）

3. 她平时学习不太努力却总能考第一。（　　）

4. 陈昆为什么总是很受女孩子的欢迎？（　　）

5. 虽然考得不太理想，但及格总没有问题的。（　　）

三、HSK 仿真题：在下面 ABCD 中选择唯一正确的填入空中。

1. 有话好好说，______嚷嚷干吗？

A. 常　　B. 老　　C. 总　　D. 往往

2. 我最佩服他______能在很短的时间内把任务完成。

A. 老　　B. 就　　C. 常　　D. 总

3. 最近______没出去吃饭了，哪里有新的饭店都不知道，你说咱们今天上哪儿吃呢？

A. 常常　　B. 经常　　C. 总　　D. 老

4. 我要不是讨厌他，怎么会______跟他吵架呢？

A. 常　　B. 老　　C. 再　　D. 都

5. 她这个人不太诚实却______能得到别人的同情。

A. 老　　B. 就　　C. 更　　D. 往往

6. 一个月大概______得花两千多块钱吧。

A. 老　　B. 都　　C. 一定　　D. 总

7. 爷爷气色很好，______是满面红光的。

A. 一定　　B. 总　　C. 很　　D. 非常

8. 只要有时间，她______去看望那些孤儿。

A. 总　　B. 都　　C. 老　　D. 往往

9. 你这个______丢三拉四的毛病能不能改一改？

A. 很　　B. 向来　　C. 还　　D. 老

10. 你要是不妒忌她，怎么会______说人家胖呢？

A. 老　　B. 就　　C. 只　　D. 单

四、HSK 仿真题：将下面句后（　　）中的词语放在唯一合适的地方。

1. A 老 B 夸她，她 C 会 D 骄傲的。（别）
2. 他们 A 老 B 提我升职的事，我 C 着急 D 死了。（没）
3. 后来 A 他 B 总 C 进球，我就 D 对他失去信心了。（没）
4. 你最近 A 去哪儿了，怎么 B 老 C 找 D 不到你？（也）
5. 周末他们 A 在家 B 看电视，现在去 C 能 D 找到他们。（总）

参考答案

一、1. A　2. A　3. C　4. D　5. B　6. C　7. B　8. D

二、1. 不能　2. 能　3. 能　4. 能　5. 不能

三、1. B　2. D　3. D　4. B　5. A　6. D　7. B　8. A　9. D　10. A

四、1. A　2. B　3. C　4. C　5. A

第十课 只 光 单 仅仅(仅)

试一试

一、判断下列句子的对错,对的打“√”,错的打“×”。

1. 会只空想有什么用,要会做实事才行。(　　)
只会空想有什么用,要会做实事才行。(　　)
2. 只听到“轰”的一声巨响,那边的汽车发生了爆炸。(　　)
光听到“轰”的一声巨响,那边的汽车发生了爆炸。(　　)
3. 我买了只两条鱼。(　　)
我只买了两条鱼。(　　)
4. 这件衬衫比那件只长了半公分。(　　)
这件衬衫比那件长了只半公分。(　　)
5. 他饭吃得真快,一顿饭只吃了十分钟。(　　)
他作业做得真慢,一个小时只做完了两题。(　　)
6. 我会说只英语。(　　)
我只会说英语。(　　)
7. 今天家里只我一个人,你们来玩儿吧。(　　)
今天家里仅仅我一个人,你们来玩儿吧。(　　)
8. 光他一个人就喝了五瓶酒。(　　)
他光一个人就喝了五瓶酒。(　　)
9. 人光好看有什么用,还要心地善良。(　　)
人仅仅好看有什么用,还要心地善良。(　　)
10. 我们单去过两次上海。(　　)
我们只去过两次上海。(　　)

讲一讲

一、只

1. 只+动词+(宾语)。如:
这学期,我们只学汉语语法。
这两个村子只隔一条河。
他打开门,只看了看,没说什么。

提示

(1)“只”限定谓语动词(短语)时,前后常有语义相关的否定句。如:

他学习外语,只看书,不爱开口。

这瓶酒不够两个人喝,只够一个人喝。

(2)句中如果有助动词,“只”等词用在助动词前,限定助动词及后边的词语。如:

只会空想有什么用,要会做实事才行。

(3)“只”常与“听、见、觉得”连用,表示情况突然或急速地发生。如:

只听到“轰”的一声巨响,那边的汽车发生了爆炸。

(4)“只”用在双宾语句中,根据上下文和重音,“只”限定的成分有所不同。如:

我只给她一本书,其他都是借给她的。(重音在“给”,限定的是“给”)

我只给她一本书,没给别人。(重音在“她”,限定的是“她”)

我只给她一本书,不是两本。(重音在“一本”,限定的是“一本”)

我只给她一本书,没给别的东西。(重音在“一本书”,限定的是“一本书”)

2. “只”常用来限定数量,表示宾语的数量、时间量或动作量少。但“只”仍要用在动词(短语)前,不能与数量词直接连用。如:

我只买了两条鱼。

这件衬衫比那件只长了半公分。

提示

时段名词和数量词语可以分别放在“只”的前后,也可以有相反的位置,这两种位置表达的语义不同。“只”一般是限定谓语后的成分(宾语的数量或动作所用的时间短)。如:

他饭吃得真快,一顿饭只吃了十分钟。(吃的时间短)

他作业做得真慢,一个小时只做完了两题。(做的题目少,说明动作慢)

他写字真慢,一个小时只写了两百个字。(写的字少,说明动作慢)

他写字真快,两百个字只写了一个小时。(写的时间短)

3. 有时“只”可以直接用在名词前,中间隐含一个动词“有”,但这种用法是有条件的:被“只”修饰的名词短语或者是句子的谓语,或者是主语,或者是状语,不能作宾语。如:

今天家里只我一个人,你们来玩儿吧。

这件事只老张一个人知道。

[只一个月的时间]我们班就有两个人出国了。

*我会说只英语。

4. “只”在兼语句或连动句中可能有两个位置,所表示的意义有所不同,在使用和理解时要注意。如:

我只叫你帮助她。

我叫你只帮助她。

我只去商店买一瓶酒。

我去商店只买一瓶酒。

5.“只”常和“有、是、要”组合为副词或连词使用。

二、光、单、仅仅(仅)

1.“光、单、仅仅(仅)”和“只”一样都是用来限定范围的,它们的用法有同有异。相同之处是:

(1) 都可以用于动词前,限定动词所表示的动作或涉及的范围。如:

父母不能只单(仅、光)考虑让孩子拼命学习,不考虑他也需要休息。

你只(单、仅、光)听他一个人的介绍,不能了解全面的情况。

(2) 都可以用在“靠、凭”等介词前,限定介词宾语的范围。如:

这么多工作,只(单、仅、光)靠我们几个人是不行的。

做工作只(单、仅、光)凭热情是不够的。

值得注意的是,上面的句子都表示说话人对某个限定范围的动作、做法的主观看法。

2.“光、单、仅仅(仅)”与“只”的不同之处。

(1)“只”常用于客观描述。主要有以下两种用法:

一是表示某个情况的发生或出现(常是突然或急速出现的)。“光、单、仅”则不能。下面的句子一般用“只”,如用“光、单、仅”就是错的:

只听到“轰”的一声巨响,那边的汽车发生了爆炸。

*光(单、仅)听到“轰”的一声巨响,那边的汽车发生了爆炸。

只见一位老人匆匆向我们走来。

*光(单、仅)见一位老人匆匆向我们走来。

她只觉得一阵头昏,便摔倒了。

*她光(单、仅)觉得一阵头昏,便摔倒了。

二是在书面语中,“仅”和“只”可以用于“达到”“是”“属于”等少数不能主观控制的动词前。“光、单”则不能。如:

这几个城市生产的手风琴仅/只达到需求量的一半。

大卫汉字写得很慢,他一个小时写的汉字只/仅是小林的1/3。

难道这么大的活动场所仅/只属于少数人?

2.“光/单/仅+[表示限定范围的词语]+就+动+数量词”这一结构,可以表示在一个很小的范围内所达到的数量之大。“只”没有这种用法。如:

今年招收的新大学生真多,仅我们学校就招了两千人。

这次出差,单交通费就花了三千多。

这个仓库堆满了零件,光是清点一遍,就得花费整整一个小时。

因此“光/单/仅+[表示范围的词语]+就……”也可以表示对某个方面的强调,“只”也没有这种用法。如:

科研的课题很多,不说别的,光是出口商品的包装问题,我看就要好好研究一下。

3.“光”常带有说话人的主观感情,语气很强。“只”比较客观。因此,当所说的话带有较强的主观情绪(批评、赞扬或惊讶)的时候,一般用“光”,特别是反问句。如:

他做什么事都很慢,光整理桌上的东西就用了一上午。

展览馆前光参观的人就排了很长的队。

出了问题光哭有什么用?得想办法解决。

4.“只”和“仅”可以用于介词“对”“向”等介词前,“光”和“单”不能。如:

这些话我只对你一个人说。

你最好不要只向一个单位申请奖学金。

本俱乐部仅对会员开放。

一个星期前，有个职工仅仅向他提出一百元钱的借款要求，都被拒绝了。

5. “光＋名词、代词＋数量词”只能做主语和状语，不能像“只＋名词、代词＋数量词”那样可以作谓语。如：

光他一个人在家有什么意思?

这次考试[光一门课]就得要三百块。

＊今天家里光我一个人，你们来玩儿吧。

6. “单”只能修饰单音节词，特别是助动词和介词。“光、只”没有这个限制。下面的句子是错的：

＊我们单通知了几个好朋友，没叫别人。（可以用“光、只”）

＊单根据那个理论，是不能得出这个结论的。（可以用“光、只、仅”）

＊孩子单愿意跟妈妈在一起。（可以用“光、只”）

“单”一般不能像“只、光”那样限定名词或动作的数量。如：

＊在留学期间，我们单去过两次上海。（可以用“光、只”，下同）

＊那天我看见他单一个人在屋里生气。

7. 这几个副词中，“仅”一般用于书面语，如搭配使用的是单音节名词或动词，一般用“仅”而不用“仅仅”。“仅仅”意义同“仅”，强调的意味更重。像下面的句子一般不用“只、光、单”：

这位英雄牺牲的时候，年仅二十岁。

贫困山区的人均收入仅为全国人均收入的1/4。

提示

(1) 句中如果有助动词，“只、光、仅、单”等应放在助动词的前面。如：

只会空想有什么用，要会做实事才行。

为什么单要我让她?

那间小屋子仅能放下一张床。

下面的句子是错的：

＊我会说只英语。

(2) 名词后如果还有数量词作同位语时，“光、单”要放在名词前，不能直接放在数量词前。如：

光/单他一个人就喝了五瓶酒。

＊他光/单一个人就喝了五瓶酒。

(3) 否定词“不”放在“光”前面和放在动词前意思不一样。如：

不光青椒，其他蔬菜也不喜欢吃。（不止“青椒”）

光青椒不喜欢吃。（只有“青椒”）

(4) “光”还可以修饰形容词。“只、单、仅仅(仅)”不能这么用。如：

人光好看有什么用，还要心地善良。

练一练

一、用(　　)里的词语完成句子。

1. 我__________________(只),没学过日语。
2. 我们当中__________________(只),别人都没去过国外。
3. 这么多活儿,_______________是不够的(单),还是多叫几个人来吧。
4. 干工作不能____________(光),还要讲究方法。
5. 对不起,我_______________(光),都没听到敲门声。
6. 他们那个小组动作太慢,一天__________原计划的1/3。(仅)
7. 这次去旅游,____________就花了两千元。(仅)
8. 他弟弟_______________(只),就会说两门外语。

二、HSK 仿真题:将下面句后(　　)中的词语放在唯一合适的地方。

1. 我们那次去A森林公园,B游客特别多,C进门就D花了半个多小时。(光)
2. 这次晚会A王太太B一个人C没D来参加。(只)
3. 他这次考试很不好,A一门B及格C,好几门都不及格呢。(光)
4. 他这次考试比上次好多了,A一门B不C及格,其他都D通过了。(只)
5. A我B想C看看D他,没有别的意思。(只)
6. A钟B敲了C一下D,也不知道几点了。(只)
7. A见他B飞快地C冲向河边,原来D有个小孩掉进河里了。(只)
8. 这个学期A学费B就C交了D两千块,哪里还有多的钱啊。(光)

三、HSK 仿真题:在下面ABCD中选择唯一正确的填入空中。

1. 她______觉得眼前一片黑暗,便摔倒了。

A. 单　　B. 只　　C. 仅仅　　D. 光

2. 这几个城市开发的房子______达到需求量的一半。

A. 仅　　B. 单　　C. 光　　D. 就

3. 装修房子的时候,______涂料就花了五千块。

A. 还　　B. 只　　C. 光　　D. 都

4. 他做什么事都很慢,______刷牙洗脸就用了一个小时。

A. 仅仅　　B. 只　　C. 光　　D. 也

5. 这些话我______对你一个人说,你可不要告诉别人。

A. 还　　B. 只　　C. 光　　D. 单

6. 他们结婚的时候______通知了几个好朋友,没叫其他人。

A. 也　　B. 只　　C. 都　　D. 单

7. 正在这危急的时刻,______见一个高大的男人一个箭步跑上前去,把小孩子推到马路边上,躲过了一场车祸。

A. 单　　B. 只　　C. 仅仅　　D. 光

四、HSK 仿真题:找出下面每段话中有错误的一部分。

1. 他父母虽然是中国人(A),但他从小在美国长大(B),英语非常好(C),但会说只一点儿汉语(D)。

2. 下了很大的雨，参加的人非常少，大家觉得没有意思，所以晚会进行了只一个多小时就结束了。

A　B　C　D

3. 虽然我们常在一起吃饭，但我们只普通朋友，你不要乱猜，他有一个非常可爱的女朋友。

A　B　C　D

4. 你不光能吃肉，还应该吃点儿蔬菜，这样营养才平衡，也不容易生病。

A　B　C　D

5. 虽然苏州离上海并不远，但我们去过上海仅仅一次，而且是因为开会才去的，所以对上海还不太熟悉。

A　B　C　D

6. 大卫一直在大学工作，所以光对学校的情况比较了解，对学校以外的情况，就不太清楚了。

A　B　C　D

参考答案

一、1. 我__只学过英语__，没学过日语。
2. 我们当中__只有小王去过国外__，别人都没去过国外。
3. 这么多活儿，__单我们三个人__是不够的，还是多叫几个人来吧。
4. 干工作不能__光靠力气__，还要讲究方法。
5. 对不起，我__光顾着看电视__，都没听到敲门声。
6. 他们那个小组动作太慢，一天__仅完成__原计划的1/3。
7. 这次去旅游，__仅门票__就花了两千元。
8. 他弟弟__只有十岁__，就会说两门外语。

二、1. C　2. A　3. A　4. A　5. B　6. B　7. A　8. A

三、1. B　2. A　3. C　4. C　5. B　6. B　7. B

四、1. D，应改为“但只会说一点儿汉语”。“只”应放在助动词的前面。
2. D，应改为“晚会只进行了一个多小时”就结束了。“只”用来限定补语的数量时仍要用在动词（短语）前，不能与数量词直接连用。
3. B，应改为“但我们只是普通朋友”。“只”不能直接限制名词。
4. A，应改为“你不能光吃肉”。否定词“不”放在“光”前面和放在动词前意思不一样。
5. B，应改为“但我们仅仅去过上海一次”。限定动作发生的次数时，“仅仅”要放在动词前。
6. B，应改为“所以仅对学校的情况比较了解”。“只”“仅”可以用于介词“对”“向”等介词前，“光”“单”不能。

第十一课 都₂

试一试

请用“都”和(　　)里的词语完成句子。

1. ________________,你这么大了,怎么不懂?(三岁小孩)
2. 这次考试,他________。(一个汉字)
3. 教室里____________也看不见。(一个人影儿)

讲一讲

“都”的基本用法是表示范围,此外还有以下三种用法。

1. “都”可以起强调语气的作用,表示更进一层,常见的格式有:

(1) 连……都……。有时这类结构中的“连“可以省略,只用“都”,意思不变。如:

连三岁小孩都懂这个道理,你这么大了,怎么不懂?

这次考试,他连一个汉字都没写错。

教室里连一个人影儿都看不见。

他为了赶火车,连饭都没吃就走了。

(2) 动词+都+动词(否定)。前后动词为同一个动词。用这一结构,强调否定的动作是超出说话人的预测的,即说话人原以为动作者会做或应做某个动作,但实际上未做。这一结构后常还带动词短语。如:

听完老师的问题,他想都没想就回答出来了。

我叫他帮忙,他动都没动。

你怎么问都不问我就去了?

(3) 一+量词+都+动词(否定)。这是一个对动作加以完全否定的强调结构。如:

饭放在桌上,一口都没吃。

他生气了,一句话都不肯说。

刚来中国的时候,我一个汉字都不认识。

2. 用于表示时间或年龄的数量词之前,句末常有“了”配合使用。如:

都十二点了,你怎么还不回家?

你都三十岁了,还不找女朋友吗?

提示

(1) 这类句中的"都"有主观强调数量词的作用(多强调时间晚)。这类句子中的"都"可以换成"已经",但是"已经"与表示主观强调的"都"不同,主要用于客观叙述。如:

已经十二点了,他还在研究室里工作。

他已经三十岁了,还没有女朋友。

(2) 还可以用"都+动词+数量短语+了"的形式,强调数量多。如:

这句话我都说过三遍了,你怎么还没记住?

家里都有三台电脑了,怎么还要买?

我都等了一个小时了,他还没来。

3. 数量短语+都+动词否定式。

这一结构强调与动作相关的数量(时间或动作的量)少。如:

他在这儿坐了半个小时都不到就走了。

他二胡学了三天都不到就不学了。

我每天十个生词都记不住。

提示

"才"和"都"都可以放在时点(包括年龄)名词前,可以单独成句,也可以后面再接另外的句子。表示的意义正好相反:

都+时点名词(包括年龄)——→+了,…… 说话人认为时间晚

才+时点名词(包括年龄)——→,…… 说话人认为时间早

练一练

一、用"都"和(　　)中的动词完成句子。

1. 她什么都没变,____________________跟以前一样。(发型)
2. 你跟五年前一个样,____________________。(变)
3. 刚来中国时,我的听力差极了,____________________。(听)
4. 你怎么才来,我____________________。(等)
5. 他____________________,怎么考上研究生的?(简单的问题)

二、组词成句。

1. 就　想　他　没　想　回答　了　都　老师的问题　出来

2. 来中国　他　连一个　都不　汉字　认识　刚　的时候

3. 他　坐　了　就　走了　在这儿　都　半个　小时　不到

4. 他　每天　都　一碗饭　吃　完　不

5. 他　一句话　肯　了　生气　都　不　说

三、HSK 仿真题：将下面句后(　　)中的词语放在唯一合适的地方。

1. 屋子里 A 安静极了，B 连一根针 C 掉在地上的声音 D 能听见。(都)
2. 这个孩子 A 连父母的话 B 不听，C 还会 D 听你的话？(都)
3. 他 A 饭 B 吃了一半 C 没有 D 就不吃了。(都)
4. A 他需要的 B 一切 C 可以 D 在他家附近那些普通的商店里买到。(都)
5. 有 A 谁 B 小时候学过的东西 C 到现在一点 D 没忘？(都)
6. “你今天晚上想怎么吃？”“我 A 无所谓，B 怎么 C 吃 D 行。”(都)
7. 这个语法 A 老师 B 说过 C 三遍了，你怎么 D 还没记住？(都)
8. 他 A 把 B 所有的事 C 告诉我 D 了。(都)

四、HSK 仿真题：在下面 ABCD 中选择唯一正确的填入空中。

1. 三只老母鸡______卖了十五块钱，真够便宜的。
A. 就　　B. 都　　C. 光　　D. 还

2. 这次请客______花了两百块钱，真便宜。
A. 才　　B. 都　　C. 光　　D. 单

3. 你______吃了三碗面条了，怎么还要吃？
A. 就　　B. 都　　C. 光　　D. 单

4. 家里______一张床，三个人怎么睡呢？
A. 才　　B. 都　　C. 光　　D. 单

5. 我______跟他打了个招呼，别的什么______没说。
A. 只　才　　B. 都　都　　C. 就　都　　D. 就　只

6. 饭______做好了，她还没到。
A. 才　　B. 都　　C. 光　　D. 单

7. 有一天晚上我______睡了，小吴却打电话来要跟我聊天。
A. 才　　B. 都　　C. 光　　D. 单

8. ______十点了，他还没来上班。
A. 就　　B. 都　　C. 光　　D. 单

9. ______五点，你这么早起来干吗？
A. 才　　B. 都　　C. 光　　D. 单

10. 你______三十岁了，还不想找工作吗？
A. 就　　B. 都　　C. 光　　D. 单

参考答案

一、1. 她什么都没变，连发型都跟以前一样。
2. 你跟五年前一个样，什么都没变。
你跟五年前一个样，哪儿都没变。
3. 刚来中国时，我的听力差极了，什么都听不懂。
刚来中国时，我的听力差极了，一句汉语都听不懂。

4. 你怎么才来，我＿都等了半天了＿。

你怎么才来，我＿都等了一个多小时了＿。

5. 他＿连这么简单的问题都不会＿，怎么考上研究生的？

二、1. 老师的问题他想都没想就回答出来了。

2. 刚来中国的时候，他连一个汉字都不认识。

3. 他在这儿坐了半个小时都不到就走了。

4. 他每天一碗饭都吃不完。

5. 他生气了，一句话都不肯说。

三、1. D 2. B 3. C 4. C 5. D 6. D 7. B 8. C

四、1. A. 2. A 3. B 4. A 5. C 6. B 7. B 8. B 9. A 10. B

第十二课 全都

试一试

用“全”或“都”填空。

1. 我弟弟能找到这么好的工作，______靠老同学的帮助。
2. 外面的天______黑了，路上一个人也看不见。
3. 俗话说“女大十八变”，这次见到她，发现她______变了，已经不是当年那个黄毛丫头了。
4. 我们______不认识这个人。

讲一讲

一、“全”与“都”的相同之处

在表示总括整个范围时，“全”和“都”可以通用，还可以连用成“全都”，有强调的意思。表示这个意义的“全”“都”一般应放在主语的后面，谓语的前面。如果否定的范围包括状语，则要放在状语的前面。如：

这些东西全/都是你的？

你们怎么全都不去开会？

听到这个消息，同学们全都高兴地跳起来。

否定词“不、没”放在“全”和“都”的前后，表示的意思不同（另见都$_1$）。如：

这里的人我不全都认识。（只认识其中的一部分）

这里的人我全都不认识。（所有的人都不认识）

二、“全”与“都”的区别

1. “全”侧重强调整个范围，有的是总括与动作相关的复数的受事；有的则是总括某一单数的事物、人、动物的整个范围，但“全”一般不总括复数的施事。“都”侧重于范围里的每一个，所以它既可总括与动作相关的复数的受事，又常总括复数的施事。如：

所有的题目他全/都会做。（“题目”是受事）

这次见到她，发现她全变了，已经不是当年那个黄毛丫头了。（整个范围）

我们都不认识这个人。　　？我们全不认识这个人。（“我们”是施事）

2. 提问时，当说话者预测所问的是复数时，一般用“都”不用“全”。如：

这个会议都有哪些人参加？　　*这个会议全有哪些人参加？

你都会唱哪些中国歌？　　　　　＊你全会唱哪些中国歌？

3. “都”常与疑问代词、“一＋量词”一起呼应使用，“全”不能。如：

他说的我一句都没听懂。　　　　＊他说的我一句全没听懂。

我一点儿辣都不能吃。　　　　　＊我一点儿辣全不能吃。

4. 作为副词的“都”还有别的意思和用法（详见本单元第十一课），而“全”的用法比较单一。

练一练

一、HSK 仿真题：在下面 ABCD 中选择唯一正确的填入空中。

1. 这里的西瓜个个______长得很大。
A. 全部　　B. 全　　C. 完全　　D. 都

2. 我最近在家里休息，你什么时候______可以来。
A. 全部　　B. 全　　C. 都　　D. 完全

3. 到了晚上，这条鱼______变红了。
A. 全部　　B. 全　　C. 完全　　D. 都

4. 那位老人在去世前，把自己的______财产都捐给了国家。
A. 全部　　B. 全　　C. 完全　　D. 都

5. 这次运动会______有谁参加？
A. 全部　　B. 全　　C. 完全　　D. 都

6. 你现在的心情我______理解，但他的病确实很难治好。
A. 全部　　B. 完全　　C. 全　　D. 都

7. 我小的时候，一家人的生活______靠父亲一个人的工资生活。
A. 全部　　B. 完全　　C. 全　　D. 都

8. 来中国以后，你______去过哪些地方？
A. 都　　B. 全　　C. 完全　　D. 全部

9. 这个人不爱看书，家里的书______加起来，不到十本。
A. 都　　B. 都全　　C. 完全　　D. 全

10. 你怎么把巧克力______送人了，不给我留点儿？
A. 都全　　B. 全　　C. 完全　　D. 不全

二、判断下列句子的对错，对的打“√”，错的打“×”并改正。

1. 都我的朋友喜欢喝茶。

2. 桌子上放的全是英文报纸。

3. 什么中国菜我全爱吃。

4. 每一个有困难的人，你都应该帮助他。

5. 我们班一个星期都有二十二节课。

6. 这里的人我全都不认识。

三、HSK 仿真题:将下面句后(　　)中的词语放在唯一合适的地方。

1. 这些天 A 你 B 跟哪些人 C 见过 D 面?(都)
2. 上星期妈妈 B 把 C 家里的旧家具 D 卖了。(全)
3. 医生,A 我 B 哪儿 C 不 D 舒服。(都)
4. 这条 A 鱼 B 太好吃了,C 我能把它 D 吃光吗?(全)
5. 那个 A 图书馆的书 B 很多,我 C 哪能 D 看过?(都)
6. 这里的人 A 我 B 不 C 认识 D,只认识三个人。(全)

四、HSK 仿真题:找出下面每段话中有错误的一部分。

1. 刘教授是环境保护方面的专家,他给市政府提的这条意见,我全赞同,你呢?
A　B　C　D

2. 王平家里的财产完全加起来,不到一千块钱,生活十分困难,应该给他补助。
A　B　C　D

参考答案

一、1. D　2. C　3. B　4. A　5. D　6. B　7. C　8. A　9. D　10. B

二、1. ×,应改为:我的朋友都喜欢喝茶。
2. √
3. ×,应改为:什么中国菜我都爱吃。
4. √
5. ×,应改为:我们班一个星期有二十二节课。
6. √

三、1. B　2. C　3. C　4. D　5. D　6. C

四、1. C,应改为"我完全赞同"。"完全"只表示程度,涉及的对象可以不是复数。
2. A,应改为"王平家里的财产全加起来"。"全"也可以换"全部"或"全都"。

第十三课 也$_2$

试一试

组词成句。

1. 累 我 也 死 了 走 动 走 不 了

2. 她 话 一 的 句 能 也 相信 不

3. 认识 这 些 也 我 谁 人 不

4. 我 她 她 给 碰 吃 碰 也 不

讲一讲

前面第一单元主要讲了"也"单用的情况，这一课讲它与其他词语配合使用的情况。

1. 动词+也+动词否定式。

"也"前后为同一个动词，表示"不管怎么努力，也不能实现或完成某个动作"。如：

我累死了，走也走不动了。

胃里不舒服，吃也吃不下。

他很固执(gù · zhi)，说也说不听。

2. 与"连""一……"以及表任指的疑问代词连用。

(1)"连……也……"格式。作用是举最极端的例子说明道理，"也"后面多是否定式。如：

人们都睡了，街上连个人影儿也没有。

我叫他一声，他连头也不抬。

有时省略"连"，意思一样。

(2) 数量词+也+不/没+动词。表示最大程度的否定，动词应是否定式的，数词限于"一"。如：

她的话一句也不能相信。

我一点儿也不知道这件事。

树叶一动也没动。

房子造好后，她一次也没去看过。

提示

动量词与动词同形时，“一”可以省略。

我给她吃，她碰也不碰。

外面没有风，树叶动也不动。

(3) 疑问代词+也+不/没+动词。表示全面否定。如：

我哪儿也没去过，一直呆在苏州。

这些人我谁也不认识。

3. 表示委婉的语气。如：

她的水平也就这样。

你也太不够朋友了，这点忙都不帮。

你别老觉得自己对，你是不是也听听别人的意见呢？

小李是不好，但你也不至于发这么大的火啊！

他的汉语也还可以算得上是比较好的。

提示

“也”后面常是表示建议或意见的句子（对对方的批评或反驳），或是比较勉强、不是很肯定的评价。如果去掉“也”字，语气就显得直率、生硬。

需要注意的是当复句中有“尽管”“不论”“不管”“虽然”“即使”等时，“也”常与这些词呼应使用，这方面的内容请参见《关联词语》分册。

4. 在与疑问代词连用的句子中，否定式多用“也”，也可以用“都”，而肯定式大多用“都”。如：

谁都喜欢跟他说话。

谁也/都不喜欢跟他说话。

5. 在表示强调语气，谓语又是否定式时，“也”和“都”可以互换。但是“也”和“都”所强调的重点有一定的区别：“也”侧重于对类同的强调，而“都”侧重于对总括的强调。如：

连他也不喝酒。（“他”和别人一样不喝酒）

连他都不喝酒。（不喝酒的人里包括“他”）

练一练

一、按照要求改写句子。

1. 他这个不知道，那个不知道。（疑问代词 + 也 + 不/没 + 动词）

2. 不仅你挨了批评，而且爸爸也挨批评了。（连……也……）

3. 他虽然身体不好，但一直坚持上班，没有请过假。（一 + 量词 + 也 + 不/没 + 动词）

4. 放假了，学校里很安静，没有人。（连……也……）

5. 衣服很脏，洗了很长时间还是洗不干净。（动词 + 也 + 动词否定式）

6. 事情不会像你想的那么糟糕吧。（改用委婉的语气）

二、HSK 仿真题：在下面 ABCD 中选择唯一正确的填入空中。

1. 我每一个房间______找过了，就是没有找到钥匙。

A. 又　　B. 都　　C. 再　　D. 也

2. 他不光长得帅，人品______很好。

A. 都　　B. 再　　C. 又　　D. 也

3. 昨天他喝了一夜酒，一点儿觉______没睡。

A. 又　　B. 还　　C. 再　　D. 也

4. 外面没有风，树叶子动______不动，热死了。

A. 一　　B. 又　　C. 再　　D. 也

5. 只要你高兴，要我怎么______行。

A. 又　　B. 都　　C. 再　　D. 也

6. 音量______就这样了，不能再大了。

A. 又　　B. 都　　C. 再　　D. 也

7. 弟弟坐在地板上看电视，眼睛一眨______不眨。

A. 又　　B. 还　　C. 再　　D. 也

8. 你______不是外人，我就告诉你吧。

A. 都　　B. 又　　C. 也　　D. 再

9. 这个菜做得______还可以吧。

A. 又　　B. 都　　C. 再　　D. 也

10. 我喊她，她头______不回地往前走。

A. 又　　B. 还　　C. 再　　D. 也

参考答案

一、1. 他什么也不知道。
2. 不仅你挨了批评，而且连爸爸也挨批评了。
3. 他虽然身体不好，但一直坚持上班，一次假也没请过。
4. 放假了，学校里很安静，连一个人也没有。
5. 衣服很脏，怎么洗也洗不干净。
6. 事情也不会像你想的那么糟糕吧。

二、1. B 2. D 3. D 4. D 5. B 6. D 7. D 8. B 9. D 10. D

第十四课 处处 到处

试一试

判断下列句子的对错，对的打“√”，错的打“×”并改正。

1. 公园里，到处处处都开满了鲜花。(　　)
2. 这里很美，我要去到处看看。(　　)
3. 这个人整天到处乱跑。(　　)
4. 你不要处处和我过不去。(　　)

讲一讲

1．“处处”同“到处”表示各个地方、任何地方。当句子里有相关的处所词出现时，用“到处”和“处处”都可以，并且常和“都”配合使用。如：

街上到处/处处都是土。

一场大风以后，头上、脸上、衣服上，到处/处处都是土。

公园里，到处/处处都开满了鲜花。

提示

(1) 它们都在句中作状语，不能作宾语、定语。下面的句子是错的：

*这里很美，我要去处处/到处看看。

*在法国，他游遍了法国的处处。

*今天不知怎的，到处/处处的商店都不开门。

(2) 如果句中没有处所词，并且也没有“都”，只用“到处”作状语，不用“处处”。如：

这个人整天到处乱跑。

你去哪儿了？大家在到处找你。

2．“处处”还可以指较为抽象的各个方面，但“到处”只能指具体的地方。下面的“处处”不能换作“到处”。

你不要处处和我过不去。　　*你不要到处和我过不去。

老师处处关心学生。　　*老师到处关心学生。

练一练

一、判断下列句子哪些"处处"可以替换成"到处"。

1. 他们家的房子里处处都有鲜花，美极了。（　　）
2. 一到周末，街上处处都是人。（　　）
3. 她处处为别人考虑。（　　）

二、用"处处"或"到处"填空。

1. 在我们国家，老年人______受到照顾。
2. 他总是______为别人着想。
3. 草原上，牛群、羊群、马群______可见。
4. 车站内外______都是人。
5. 你这个人，怎么______都不受欢迎？

三、判断下列句子的对错，对的打"√"，错的打"×"并改正。

1. 浑身上下到处都是泥。

2. 他总是到处走在前面。

3. 我去苏州处处看看。

4. 今天城市里处处的垃圾桶都换成新的了。

5. 你不要到处去说别人坏话。

三、HSK 仿真题：找出下面每段话中有错误的一部分。

1. 为了治水，大禹处处奔走，多次经过自己的家门，都没有进去。
   A　B　C　D

2. 我有一个朋友，是个网迷，不仅白天上网，晚上的时间都也一直上网。
   A　B　C　D

3. 刚买完东西她便发现小新不见了，她寻找到处，也没找到，急得哭了出来。
   A　B　C　D

4. 中国人不喜欢数字"4"，就好像西方人讨厌"13"这个数字，认为它是凶险不祥的，生活中到处避开它。
   A　B　C　D

5. 我从小就希望去中国，这次学校派我做交流学生到中国留学，我太高兴了，我打算到中
   A　B　C

国后去处处旅游。

D

参考答案

一、1. 能　2. 能　3. 不能

二、1. 处处　2. 处处　3. 到处/处处　4. 处处/到处　5. 到处/处处

三、1. √

2. ×,应改为:他总是处处走在前面。

3. ×,应改为:我去苏州看看。

4. ×,应改为:今天城市里所有的垃圾桶都换成新的了。

5. √

四、1. B,应改为“大禹到处奔走”。如果句中没有处所词,并且也没有“都”时,只用“到处”作状语,不用“处处”。

2. D,应改为“晚上的时间也都一直在上网”。

3. B,应改为“她到处寻找”。“到处”是副词。

4. D,应改为“生活中处处避开它”。“到处”不能指抽象的方面。

5. D,应改为“我打算到中国后到处旅游”。“到处”不能作宾语。

第十五课 刚才 刚刚(刚)

试一试

下面用"刚才"或"刚(刚刚)"的句子是否都正确?

1. 我刚刚看了一会儿电视。 ( )
   我刚才看了一会儿电视。 ( )
2. 现在跟刚才一样凉快。 ( )
   现在跟刚刚一样凉快。 ( )
3. 她最近刚才结婚。 ( )
   她最近刚结婚。 ( )
4. 我刚才睡一会儿就被吵醒了。 ( )
   我刚睡一会儿就被吵醒了。 ( )
5. 你怎么刚不说? ( )
   你怎么刚才不说? ( )
6. 这么多饭刚才够我们三个吃。 ( )
   这么多饭刚够我们三个吃。 ( )

讲一讲

"刚才""刚"或"刚刚"这三个词都可以表示动作或情况发生在不久前的时间,但是所表示的时间意义和用法有区别。

一、"刚才"和"刚刚(刚)"

1. "刚才"是名词,"刚刚(刚)"是副词,词性不同,用法也就不太一样。"刚才"可以作主语、介词宾语、定语和状语。如:

刚才是休息时间,现在是上课时间。(作主语)

现在跟刚才一样凉快。(作介词宾语)

刚才的事你都看到了吧?(作定语)

"刚才"作状语时可以用在主语后,但也可以用在主语前。如:

刚才小王来找过你。

小王刚才来找过你。

"刚刚(刚)"只能作状语,用在主语后。只有这种用法可以和"刚才"互换,但意义有不同

（见下）。如：

我刚刚（刚）看了一会儿电视。

我刚才看了一会儿电视。

2．“刚才”和“刚刚（刚）”都可以用在动词前作状语，但表示的时间意义有差别。

（1）“刚才”只表示说话前不久的时间，“刚刚（刚）”则表示距离动作发生的时间不长，所以“刚才”只能用于离现在前不久的时间，而“刚刚（刚）”可以用于在现在或以前的某一时间。如：

我刚才去操场打了一会儿球。

那时我刚刚（刚）从学校毕业，还没有什么钱。

我刚刚（刚）从学校回来。

（2）“刚才”表示的是一个具体的时间，句中不能再有别的具体的时间词语；而“刚刚（刚）”不是具体的时间词语，句中还可以有别的具体的时间词语。如：

＊她最近刚才结婚。

改：她最近刚结婚。

＊昨天，天刚才亮，她就出去了，很晚才回来。

改：昨天，天刚刚（刚）亮，她就出去了，很晚才回来。

3．“刚才”和“刚刚（刚）”作状语，对句子的构成要求也不同。

（1）“刚刚（刚）”作状语，谓语后可以直接加趋向、时量、结果补语，而“刚才”不可以，必须加上其他词语才能成立。如：

他刚刚（刚）坐了一会儿，又要走了。

＊他刚才坐了一会儿。

他刚才已经坐了一会儿了。

我的心情刚刚（刚）平静下来。

＊我的心情刚才平静下来。

我的心情刚才才平静下来。

这个词我刚学会。

＊这个词我刚才学会。

这个词我刚才才学会。

（2）因为“刚刚（刚）”不一定用于现在，也可以用于以前，所以它们可以用于紧缩复句中，表示一个动作紧挨另一个动作发生，后面常有“就”呼应，而“刚才”没有这种用法。如：

我刚睡一会儿就被吵醒了。

＊我刚才睡一会儿就被吵醒了。

你怎么刚刚（刚）坐一会儿就要走啊？

＊你怎么刚刚（刚）才坐一会就要走啊？

（3）“刚刚（刚）”可以用在表示有能力或条件做某事的“能、会”前，而“刚才”一般不可以，除非用于对比或者有其他副词连用。如：

姐姐刚刚（刚）学会开车。

＊姐姐刚才学会开车。

学了这么长时间，我刚刚（刚）能读懂英文报纸。

＊学了这么长时间，我刚才能读懂英文报纸。

咦？我刚才会转，怎么现在不会啦？

他刚才已经能站立一段时间了。

(4) 用“刚才”的句子，如果否定的话，否定副词“不、没”要放在“刚才”后边；用“刚刚（刚）”的句子，否定式是“不是 + 刚 + 动词”。如：

* 你怎么刚不说？

你怎么刚才不说？

你不是刚来吗，怎么又要走了？

(5) “刚才”可以独立用在问句中的动词前，询问这段时间所做的事，而“刚刚（刚）”不能这么用。如：

刚才谁来了？

* 刚刚（刚）谁来了？

(6) 用“刚才”的句子末尾可以用“了”，用“刚刚（刚）”的句子末尾不能用“了”。如：

小赵刚才来了，很快又走了。

* 小赵刚来了，很快又走了。

4. “刚刚（刚）”还可以表示在时间、空间、数量上正好达到或勉强达到某种程度，而“刚才”没有这种意思。如：

这么多饭刚够我们三个吃。（数量）

我们出发时刚刚（刚）两点。（时间）

这双鞋，你穿刚刚（刚）合适。（空间）

二、“刚刚”和“刚”

1. “刚刚”比“刚”所表示的距离动作的时间间隔更短。请比较：

电影刚开始没多久。　　　　你来得正巧，电影刚刚开始。

我刚回来，正准备做饭呢。　　　　我刚刚回来，鞋还没换呢。

2. “刚”可以和副词“一”连用，跟“就”呼应，构成“刚一……就……”的句式，表示两个动作或状态紧挨着发生。“刚刚”不能这么用。如：

我刚一说话就被她骂。

他刚一露面就被警察抓走了。

* 我刚刚一说话就被她骂。

* 他刚刚一露面就被警察抓走了。

小结：

<table>
<tr><th rowspan="2">词语</th><th rowspan="2">词性</th><th rowspan="2" colspan="2">意义</th><th colspan="10">用　法</th></tr>
<tr><th>时间</th><th>句中有其他具体的时间词</th><th>作状语</th><th>作主语、定语、介词宾语</th><th>句尾有“了”</th><th>否定形式</th><th>谓语后有趋向、时量、结果补语</th><th>两个动作紧挨着发生</th><th>时间间隔</th><th>“（ ）一……就……”的句式</th></tr>
<tr><td>刚才</td><td>名词</td><td colspan="2">动作行为发生在说话前不久</td><td>现在</td><td>–</td><td>+</td><td>+</td><td>+</td><td>刚才＋不/没＋动词</td><td>–（需有其他副词连用）</td><td>–</td><td>短</td><td>–</td></tr>
<tr><td>刚</td><td>副词</td><td rowspan="2">距离动作发生的时间不久</td><td rowspan="2">勉强达到某种程度</td><td rowspan="2">现在或以前</td><td>+</td><td>+</td><td>–</td><td>–</td><td rowspan="2">不是＋刚/刚刚＋动词</td><td>+</td><td>+</td><td>短</td><td>+</td></tr>
<tr><td>刚刚</td><td>副词</td><td>+</td><td>+</td><td>–</td><td>–</td><td>+</td><td>+</td><td>更短</td><td>–</td></tr>
</table>

练一练

一、HSK 仿真题：在下面 ABCD 中选择唯一正确的填入空中。

1. ______我给他打了一个电话。

A. 刚刚　　B. 就　　C. 刚才　　D. 一会儿

2. 他不是______开始写论文，半年前就开始了。

A. 刚才　　B. 就　　C. 马上　　D. 刚

3. 几个月前我______来苏州的时候，生活上还不太习惯。

A. 刚刚　　B. 刚　　C. 刚才　　D. 就

4. 我赶到电影院时，电影______开始。

A. 刚才　　B. 马上　　C. 立刻　　D. 刚刚

5. 我______来一会儿，还不太清楚发生了什么事。

A. 刚　　B. 刚刚　　C. 刚才　　D. 暂时

6. ______还不到一点，怎么现在已经两点了？

A. 刚　　B. 就　　C. 刚才　　D. 才

7. 吃了退烧药，比______舒服多了。

A. 刚刚　　B. 刚　　C. 刚才　　D. 已经

8. 他身材高大，我才______到他肩膀。

A. 刚　　B. 将要　　C. 刚才　　D. 才

9. 这件衣服不大不小，你穿______好。

A. 刚　　B. 就　　C. 刚才　　D. 才

10. 我______还看到他在这儿，怎么一下子就不见了呢？

A. 刚　　B. 马上　　C. 立刻　　D. 刚才

二、判断下列句子的对错，对的打“√”，错的打“×”并改正。

1. 我刚才不知道这件事。

2. 他刚坐在那儿做什么？

3. 他刚开车去接你，你就回来了。

4. 那位明星刚刚走出房间就被影迷们围住了。

5. 你怎么刚才坐了一会儿就要走了？

三、HSK 仿真题：将下面句后（　　）中的词语放在唯一合适的地方。

1. A 学了这么长时间，B 他 C 能 D 读懂这种小文章。（刚）
2. 他 A 坐在那里 B 跟谁 C 说话 D？（刚才）
3. 他 A 从这儿 B 走过，C 还 D 能赶上。（刚）
4. 人家 A 快 B 到山顶了，我 C 才 D 爬到半山腰。（刚）
5. 我 A 都 B 已经 C 学了 D 一会儿了。（刚才）
6. A 来中国的时候，B 我 C 一点儿汉语 D 也不会说。（刚）

四、组词成句。

1. 你　他　应该　不　告诉　这件事　刚才

2. 不　我　刚　的　这件事　听说　是

3. 没　你　刚才　他　告诉

五、HSK 仿真题：找出下面每段话中有错误的一部分。

1. <u>刚才来的时候</u>，<u>我谁都不认识</u>，<u>上了半年课以后</u>，<u>我认识了很多外国朋友</u>。
　A　B　C　D

2. <u>小明刚才要偷看</u>，<u>就被老师发现了</u>，<u>不但不让他继续考试</u>，<u>还叫他父母到学校来了</u>。
　A　B　C　D

3. <u>玛丽对我说</u>，<u>她的孩子真不懂事</u>，<u>家里一来客人</u>，<u>就他故意发脾气</u>。
　A　B　C　D

4. <u>小孩子的脾气就像六月的天</u>，<u>一会儿阴，一会儿晴</u>，<u>这孩子刚刚还有说有笑的</u>，<u>一转眼就哭了起来</u>。
　A　B　C　D

5. <u>这个碟片我买了有两个多月了</u>，<u>也听都听腻了</u>，<u>他跟我要了好几次</u>，<u>索性送给他吧</u>。
　A　B　C　D

6. 这点饭我们三个人刚吃够，再多一个人就不行了，你应该早点儿打电话告诉我，我可以多准备一些。

A　B　C　D

参考答案

一、1. C　2. D　3. B　4. D　5. A　6. C　7. C　8. A　9. A　10. D

二、1. √

2. ×，应改为：他刚才坐在那儿做什么？

3. √

4. √

5. ×，应改为：你怎么刚坐了一会儿就要走了？

三、1. C　2. A　3. A　4. D　5. A　6. A

四、1. 你刚才不应该告诉他这件事。

2. 我不是刚听说这件事的。

3. 你刚才没告诉他？（或：他刚才没告诉你？）

五、1. A，应改为"刚来的时候"。"刚才"表示的是一个具体的时间，句中不能再有别的具体的时间词语。

2. A，应改为"小明刚要偷看"。表示一个动作紧挨另一个动作发生用"刚"。

3. D，应改为"他就故意发脾气"。"就"放在主语前是用来限定范围的。

4. C，应改为"这孩子刚才还有说有笑的"。"刚才"只表示说话前不久的时间。

5. B，应改为"听都听腻了"。

6. A，应改为"这点饭我们三个人刚够吃"。

第十六课 快(快要) 就(就要) 将(将要)

试一试

请用(　　)里的词语填空。

1. ____到站了,准备下车吧。(就　快　将)
2. 四年的大学生活____结束了。(马上　就要　将要)
3. 春节马上____到了。(快要　就要　将要　)
4. 太阳已经____下山了。(快要　就要　将要)
5. 再过半个世纪,中国____成为一个发达的国家。(就要　将　快)
6. 你提的这个问题,我在下一节课____讲到。(快要　将要　快)

讲一讲

1. "快、快要、就、就要"多用于口语。表示最近的将来。句尾常用语气助词"了",构成"快……了""快要……了""就……了""就要……了"。如:

快到站了,准备下车吧。

四年的大学生活就要结束了。

春节马上就要到了。

太阳已经快要下山了。

再过一个月就放寒假了。

2. "快、快要"常带有说话人的主观看法或感情。"快"后常跟表示时点或年龄的词语,强调时候不早或年龄不小了。"快要"有时可以这样用,而"就要"没有这样的用法。如:

大夫,他快不行了,救救他吧,血出得太多了。

快/快要七点了,赶紧起床吧。(时候不早了)

小林快三十了,还没有女朋友。(年龄不小了,下同)

小李马上快二十了,生活上有什么事情还要靠父母照顾。

3. "就要"常用于客观说明一个即将发生的情况。前常带时间状语,常和"眼看""马上"等词语一起用。可以表示各种即将发生的情况。如:

饭马上就好了,吃了饭再走吧。

再过一个星期就考试了。("就"客观说明即将发生的事实)

飞机十点就要起飞了。("就要"客观说明一个事实,下同)

眼看着就要下雨了,咱们赶快回家吧。

工作眼看就要完成了,突然停电了。

公司眼看就要倒闭了,他把自己的房子卖了,才使公司又活了下来。

（“就要”后面是说话者希望或不希望的情况,但后来发生了变化）

咱们眼看就要赢了,大家再加把劲儿!

（“就要”客观说明说话人所希望的事实）

饭马上就好了,吃了饭再走吧。

“快”和“快要”前不能带时间状语,下面的句子是错的:

*飞机十点快起飞了。

*再过一个星期快要考试了。

“快”和“快要”很少和“眼看”一起用,如果用,则多用于表示变化前的情况或不希望发生的情况。如:

眼看快到终点时,他突然摔倒了。（“快”后是说话人所希望的事实,但后来变化了）

王平的脸上全是汗水,眼看快要中暑了。（“快要”客观说明说话人所不希望的情况）

除了后面带表示时间或年龄的词语外,“快”和“快要”一般不跟“马上”一起用(详见上页)。

4. “快”“快要”常用在“得”后作状态补语,强调程度之深,常带说话者的主观感情,有时语气有些夸张。如:

他病得快/快要死了,还不快去看看他。（实际情况）

我口渴得嗓子快/快要冒烟了。（带夸张语气,下同）

王平急得快要疯了。

“就、就要”很少这样用,即使用,表示的也是客观事实,没有夸张的语气。如:

李明穷得就差露宿街头了,咱们帮帮他吧。

李丽肚子疼得就要昏过去了,她妈妈要求医生给她打止痛针。

5. “将”和“将要”多用于书面,表示将来,前面常带表示将来某个时间的状语。有时表示按计划将来要出现的情况,有时表示估计。常和“会”一起用。句尾一般不带“了”。如:

你提的这个问题,我在下一节课将要讲到。

体育彩票本星期五将要开奖。

再过半个世纪,中国将成为一个发达的国家。

热心帮助人的人将会得到大家的尊敬。

小结:

词语	意　义	带主观看法与感情	客观地说明事实	前面带时间状语	后面带时间、年龄词	“得”后作状态补语
快	表示动作或情况很快发生	+	–	–	+	+
快要		+	–	–	+	+
就要		–	+	+	–	很少
将、将要	说明或估计动作或情况在将来发生	–	+	+	–	–

练一练

一、HSK 仿真题:在下面 ABCD 中选择唯一正确的填入空中。

1. 再过一个月,她______回国了。

A. 就　　B. 就要　　C. 快要　　D. 将来

2. 只要我们像现在这样发展下去,我们的国家必______走在世界前列。

A. 快要　　B. 就要　　C. 将　　D. 就

3. 都______吃晚饭了,你怎么还在吃零食?

A. 快要　　B. 将要　　C. 就要　　D. 马上

4. 天______黑了,我们快抓紧时间干吧。

A. 立刻　　B. 快　　C. 将　　D. 顿时

5. 妹妹半年之后______大学毕业了。

A. 就要　　B. 立刻　　C. 快要　　D. 快

6. 爷爷______不行了,医生怎么还不来?

A. 将　　B. 快　　C. 就　　D. 才

7. 不久,我______在这个大公司上班了,这是我盼望已久的事情。

A. 才　　B. 就要　　C. 快要　　D. 将来

8. 按计划,一年后这个大会______在北京召开。

A. 快要　　B. 快　　C. 将要　　D. 马上

9. 我都______饿死了,什么时候开饭?

A. 将　　B. 将要　　C. 就要　　D. 快要

10. 四年的大学生活再过两天______结束了,真舍不得走。

A. 快　　B. 快要　　C. 就要　　D. 将

二、HSK 仿真题:将下面句后(　　)中的词语放在唯一合适的地方。

1. A 你 B 都 C 结婚了,怎么还不 D 准备啊?(快要)
2. 人类 A 失去想象,世界 B 会 C 变成什么样子 D?(将)
3. 听说 A 这个公司 B 马上 C 在我们这里 D 招工人了。(就要)
4. A 五十岁的人了,B 怎么 C 做事 D 还像个小孩子。(快)
5. 下个月 A 他 B 带旅行团 C 到新疆 D 旅游。(将要)

三、HSK 仿真题:选出每段话中有错误的一部分。

1. 电影七点半快要开始了(A),小林他们去买吃的了(B),你快去叫他们(C),我在这儿等你(D)。

2. 我听说(A),李丽都将三十五岁了(B),好像还没有男朋友(C),是不是给她介绍一个(D)?

3. 最近小张病了(A),我都将要忙死了(B),工作做也做不完(C),你能不能帮帮我(D)?

4. 我听老王说，他写了一部二十万字小说，在《新小说》杂志将要发表了，他可真了不起！

A　　　　　　B　　　　　　C　　　　　　D

5. 各位旅客，上海站马上快要到了，请大家带好自己的行李物品，准备下车。

A　　　　　　B　　　　　　C　　　　　　D

参考答案

一、1. B　2. C　3. A　4. B　5. A　6. B　7. B　8. C　9. D　10. C

二、1. C　2. B　3. C　4. A　5. B

三、1. A，应改为“电影七点半就要开始了”。

2. B，应改为“李丽都快三十五岁了”。

3. B，应改为“我快要忙死了”。

4. C，应改为“将要在《新小说》杂志上发表了”。

5. B，应改为“上海站马上就要到了”。

单元练习

一、HSK 仿真题：在下面 ABCD 中选择唯一正确的填入空中。

1. 我的肚子比______好多了，不那么疼了。

A. 刚刚　　B. 刚　　C. 刚才　　D. 刚巧

2. 这么多房间______够我们住下。

A. 大约　　B. 刚　　C. 刚才　　D. 很

3. 她晚上______打扮得漂漂亮亮地去和男朋友约会。

A. 差不多　　B. 总　　C. 往往　　D. 通常

4. ______她星期天会去学弹钢琴，这个星期天没学是因为她的钢琴老师病了。

A. 通常　　B. 常常　　C. 经常　　D. 一直

5. 你别______觉得自己对，是不是也该听听别人的意见呢？

A. 常　　B. 也　　C. 老　　D. 还

6. 真理______掌握在少数人手里。

A. 经常　　B. 常常　　C. 一直　　D. 往往

7. 长达 10 集的电视连续剧______到结尾的时候，孩子的亲生父母找到了。

A. 就要　　B. 快要　　C. 快　　D. 就

8. 我们这儿没有比她______好的设计师了。

A. 还　　B. 更　　C. 非常　　D. 很

9. 他是个很细心的人，______都考虑得很周到。

A. 全　　B. 都　　C. 常常　　D. 处处

10. 老师的问题他想______没想就回答了。

A. 都　　B. 一　　C. 就　　D. 才

11. 火车九点______开了，大卫怎么还没来？

A. 快要　　B. 就要　　C. 快　　D. 就

12. 所有的人都来了，______玛丽还没来。

A. 就　　B. 单　　C. 才　　D. 也

13. 他已经练了十年书法了，他写的字比有的中国人写得______要漂亮。

A. 很　　B. 非常　　C. 还　　D. 也

14. 自从跟他分手以后，______也______见过他。

A. 还　不　　B. 还　没　　C. 再　没　　D. 再　不

15. 你怎么还躺在床上呢？______起来，上班就来不及了。

A. 还不　　B. 还没　　C. 再没　　D. 再不

16. 饺子还有很多呢，你______吃点儿了？

A. 还不　　B. 不还　　C. 不再　　D. 再不

17. 你已经快要上大学了，怎么______像个小孩子似的。

A. 还　　B. 再　　C. 又　　D. 也

18. 我______还看到他在这儿，怎么一下子就不见了呢？

A. 刚　　B. 马上　　C. 立刻　　D. 刚才

19. 我儿子转眼______自己当爸爸了，时间过得真快啊。

A. 就要　　B. 快要　　C. 快　　D. 就

20. 每天天______亮，她就出去了，很晚才回来。

A. 马上　　B. 刚　　C. 才　　D. 刚才

二、HSK 仿真题：ABCD 是对画线词的解释，请选择其中最接近该词语的一项。

1. 前几天一直下雨，老是阴沉沉的，叫人心里很烦。

A. 总　　B. 可能　　C. 很　　D. 古老

2. 他总是处处为别人着想。

A. 到处　　B. 任何场所　　C. 每个方面　　D. 整个地方

3. 他一动不动地坐在那儿，我还以为没人呢。

A. 动了，但没声音　　B. 完全不动　　C. 有时动一动

4. 大卫不光是青椒，其他蔬菜也不喜欢吃。

A. 亮　　B. 新品种　　C. 没有　　D. 只

5. 这个人还算有眼光。

A. 一直　　B. 更　　C. 比较　　D. 表示一种委婉的语气

6. 这房子总有三百年的历史了。

A. 老　　B. 大概　　C. 总归　　D. 古老

7. 太阳已经升得老高的了。

A. 总　　B. 可能　　C. 很　　D. 古老

8. 我觉得妈妈做的饭顶好吃，爸爸做的不好吃。

A. 很　　B. 上面　　C. 撑住　　D. 最

9. 他快四十了，怎么还叫他小李？

A. 就要四十了　　B. 年龄很小　　C. 年龄不小了　　D. 只有三十几岁

10. 这次旅游，单住宿费就花了两千元。

A. 只有　　B. 光　　C. 就是　　D. 但

三、HSK 仿真题：给（　　）里的词语选择合适的位置。

1. A 我 B 也不敢开 C 汽车 D 那玩意儿了。（再）
2. 只要把这种食品 A 放到水里 B 稍微 C 煮，然后取出来就可以 D 吃了。（一）
3. 张师傅 A 特别能说笑话，B 我们 C 一个个把肚子 D 笑疼了。（都）
4. 如今，竹衣、竹帽、竹鞋 A 已 B 成为 C 现代服饰 D 的新时尚。（也）
5. A 考虑到多种因素，B 他们 C 决定把商品房价格 D 降下来。（才）
6. 他们 A 再次 B 见面 C 是相隔 D 15 个月之后了。（已经）
7. 鲑鱼是世界 A 稀有之物，而这里 B 一网就 C 能打十几条，其他鱼 D 不用说了。（更）
8. 他希望 A 节日或星期天 B 能 C 到公园 D 去玩。（经常）
9. 这件衣服 A 改了三次后，B 还是 C 有点儿 D 长。（稍微）
10. 爸爸 A 老 B 提出去旅游的事，我 C 着急 D 死了。（不）

四、按照要求改写句子。

1. 我们这儿她英语说得最流利。(没有比……更……)

2. 今天的作业太多了,做了很长时间也没有做完。(动词 + 也 + 动词否定式)

3. 考试的时候太紧张了,题目看错了。(连……也……)

4. 象山很没意思,我后来一直没去过那里。(再也没……)

5. 她在这儿住了两个月零三天就搬走了。(数量短语 + 都……)

6. 小李是不好,但你不应该发这么大的火。(用“也”的委婉语气)

7. 所有的人都不知道他会做出这样的事。(疑问代词 + 都)

8. 堵车的时候,骑车比开汽车快。(还不如……)

9. 你为什么又骗我,以后我决不相信你了。(再也不……)

10. 离放假已经没有几天了,同学们都忙着准备回家呢。(快要……)

五、HSK 仿真题:选出每段话中有错误的一部分。

1. 父母要是总在我身边,我觉得烦;而父母几天不在家,我会又感到不安。
   A B C D

2. 李丽可能因为中午吃得太多,刚才坐下来一会儿,就觉得肚子难过,胃里发酸。
   A B C D

3. 我跟他说现在不买房,以后房价更要贵。可说了好几次,他还是不同意。
   A B C D

4. 他是一个坚强的人,遇到困难,老是想尽一切办法去克服,而不是光顾着发脾气。
   A B C D

5. 我们那次去森林公园,正好是旅游旺季,花了半个多小时光进门,进去以后到处都是人。
   A B C D

6. 老人的病已治不好了,就要生命的尽头到了,他有什么要求,最好满足他。
   A B C D

第二单元

7. 听说人民商场在打折，我们就去买那儿衣服，后来发现，价格只是稍微有点儿便宜。
A B C D

8. 人们经常希望自己的领导是一个有才能又关心人的人。可是实际上这样的领导并不多，所以常常感到失望，或者会表示不满。
A B C D

9. 弟弟在北方工作，我在南方工作，我俩工作都很忙，不常常见面。
A B C D

10. 我是个作家，希望能租一套条件比较好的房子，这套房子我不太满意，你有没有比这套房子还好的房子？
A B C D

参考答案

一、1. C 2. B 3. B 4. A 5. C 6. D 7. C 8. B 9. D 10. A 11. B 12. A 13. C 14. C 15. D 16. C 17. A 18. D 19. A 20. B

二、1. A 2. C 3. B 4. D 5. D 6. B 7. C 8. D 9. C 10. B

三、1. B 2. C 3. D 4. A 5. C 6. C 7. D 8. C 9. C 10. B

四、1. 我们这儿没有比她英语说得更流利的人了。
2. 今天的作业太多了，做也做不完。
3. 考试的时候太紧张了，连题目也看错了。
4. 象山很没意思，我后来再也没去过那里。
5. 她在这儿住了三个月都不到就搬走了。
6. 小李是不好，但你也不该发这么大的火啊。
7. 谁都不知道他会做出这样的事。
8. 堵车的时候，开汽车还不如骑车快。
9. 你为什么又骗我，以后我再也不相信你了。
10. 快要放假了，同学们都忙着准备回家呢。

五、1. D，应改为“我又会感到不安”。
2. B，应改为“刚坐下来一会儿”。动词后有时量补语时用“刚”。
3. B，应改为“以后房价还要贵”。助动词前用“还”。
4. C，应改为“总是想尽一切办法去克服”。谓语有明显褒义色彩的一般用“总”不用“老”。
5. C，应改为“光进门就花了半个多小时”。
6. B，应改为“生命的尽头就要到了”。
7. D，应改为“价格只是稍微便宜了一点儿”。
8. A，应改为“人们总希望自己的领导是一个有才能又关心人的人”。
9. D，应改为“不常见面”。
10. D，应改为“你有没有比这套房子更好的房子”。

·第三单元·

第一课　已经　曾经

试一试

请用"已经"或"曾经"填空。

1. 这本书我__________看了。
2. 这本书我__________看过。
3. 我们__________在这儿住过十年。
4. 我们__________在这儿住了十年了。
5. 1949 年解放的时候,姑姑__________工作了。
6. 解放前,姑姑__________工作过。
7. 她刚才__________来过了。
8. 现在__________十二点了。
9. 她__________快毕业了。
10. 她__________去过美国。
11. 衣服我__________买来了。
12. 树叶__________绿了。
13. 我也__________伤心过,痛苦过。
14. 这家商店__________不营业了。
15. 我来这里__________三十年了。

讲一讲

1. "已经""曾经"都可以表示过去发生的动作行为,但"已经"强调行为动作已经完成;"曾经"强调以前有过某种经历。试比较下列句子:

这本书我已经看了。

这本书我曾经看过。

我们已经在这儿住了十年了。

我们曾经在这儿住过十年。

2. “曾经”表示的动作行为一定是早已结束的，和现在没有直接关系，而且时间一般距离现在比较远，句中动词后常带“过”，也可以和“了”配合；“已经”多与“了”配合使用，“已经”修饰的动作往往还在继续，也可以和“过”使用，这时“已经”修饰的动作行为是结束了的。如：

她曾经去过美国。

我也曾经伤心过，痛苦过。

衣服我已经买来了。

树叶已经绿了。

为了这件事我曾经费了不少脑筋。（已经结束）

为了这件事我已经费了不少脑筋了。（可能还在费脑筋）

那张报纸我已经看了。（可能还在看）

那张报纸我已经看过了。（已经结束）

“已经”表示的动作行为发生的时间距离说话时可以很远，也可以很近。如：

1949年解放的时候，姑姑已经工作了。

她刚才已经来过了。

3. “已经”可以直接修饰数量词或时间名词，表示已经到了什么时刻或年龄等；“曾经”没有这种用法。如：

我来这里已经快三十年了。

所以下面的句子是错的：

＊现在曾经十二点了。

改：现在已经十二点了。

＊她曾经十八岁了。

改：她已经十八岁了。

4. “已经”还可以表示即将完成而现在还没有完成的事情，句中多与“快”“要”“差不多”等词配合，“曾经”不可以这样用。下面的句子是不对的：

＊她曾经快毕业了。

改：她已经快毕业了。

＊他们曾经要出发了，你快点吧。

改：他们已经要出发了，你快点吧。

5. “已经”的否定形式是“（还）＋没＋动词”或“已经＋不”；“曾经”的否定形式是“（从来）＋没＋动词”或“不＋曾＋动词”。如：

那家商店已经不营业了。

——你看完这本书了吗？——已经看完了。

——还没看完呢。

——你看过这本书吗？——大学时曾经看过，不过现在全忘了。

——从来没看过。

——不曾看过。

练一练

一、用“已经”或“曾经”填空。

1. 不早了，__________十一点了。
2. 我们学校过去__________是一片农田。
3. 五年前，我__________学过三个月法语。
4. 我__________给她打了两次电话了。
5. 雨__________停了，咱们快走吧。
6. 现在__________没人相信这种话了。
7. 读大学时，她__________学过半年日语，但没有坚持下来。
8. 她今年__________去过两次广州了。
9. 她__________有点儿不高兴了，你别再跟她开玩笑了。
10. 这么多年过去了，你变化真大，我__________快要认不出你来了。

二、判断下列句子的对错，对的打“√”，错的打“×”并改正。

1. 他没曾经学过英语。
2. 我在这里已经住了三年了。
3. 现在差不多已经五点了。
4. 他曾经结婚一次，但是现在已经离婚。
5. 三年前，这所大学就曾经开始招收外国留学生。
6. 我不曾学过法语。
7. 我姐姐已经快要大学毕业了。
8. 我曾经在中国学习一年，还要学习一年。
9. 我们不已经生产这种产品了。
10. 我觉得你很面熟，好像已经在哪儿见过你。

三、HSK 仿真题：将下面句后（　　）中的词语放在唯一合适的地方。

1. A 他又很有兴趣地 B 谈起了当年医院的工资、人际关系等这些 C 他 D 十分熟悉的事情。（曾经）
2. 那个 A 公园的门票 B 降到了 15 元 C 了，咱们 D 玩玩儿吧。（已经）

3. A 在不少国家，家教中心 B 成为 C 本国教育的 D 重要组成部分了。（已经）

4. 北京的车迷 A 早就 B 不满足 C 日常小规模的 D 比赛了。（已经）

5. A 那本书我 B 买过 C 好几次，D 都没买到。（曾经）

四、HSK 仿真题：选出每段话中有错误的一部分。

1. 马亮洗完碗回来，电视里开始已经播放国际新闻，画面上不断出现在空中飞行的战斗机。记者正在报告事件的最新发展情况。

A：马亮洗完碗回来　B：电视里开始已经播放国际新闻　C：画面上不断出现在空中飞行的战斗机　D：记者正在报告事件的最新发展情况

2. 看到一个已经那么要好的朋友变成这样，于丽更多地表示出对汪海的喜爱，跟他坐在一起，主动找些高兴的话引他说。

A：看到一个已经那么要好的朋友变成这样　B：于丽更多地表示出对汪海的喜爱　C：跟他坐在一起　D：主动找些高兴的话引他说

3. 已经他们到公园有点晚了，游船都租出去了，租船处仍有很多人排着队耐心等候，他们只好排在很多人的后面。

A：已经他们到公园有点晚了　B：游船都租出去了　C：租船处仍有很多人排着队耐心等候　D：他们只好排在很多人的后面

参考答案

一、1. 已经　2. 曾经　3. 曾经　4. 已经　5. 已经　6. 已经　7. 曾经　8. 已经　9. 已经　10. 已经

二、1. ×，应改为：他不曾/从来没学过英语。

2. √

3. √

4. ×，应改为：他曾经结过一次婚，但是现在已经离婚了。

5. ×，应改为：三年前，这所大学就已经开始招收外国留学生了。

6. √

7. √

8. ×，应改为：我已经在中国学习一年了，还要学习一年。

9. ×，应改为：我们已经不生产这种产品了。

10. ×，应改为：我觉得你很面熟，好像曾经在哪儿见过你。

三、1. D　2. B　3. B　4. B　5. B

四、1. B，应改为"电视里已经开始播放国际新闻"。

2. A，应改为"看到一个曾经那么要好的朋友变成这样"。

3. A，应改为"他们到公园已经有点晚了"。

第二课 按期 按时 准时

试一试

用“按期”“按时”“准时”填空。

1. 我们得__________向对方交货。
2. 王平是好学生，每天的作业都__________完成。
3. 她生活很有规律，每天都__________离开单位，一分不差。
4. 明天下午两点开会，希望大家__________出席。
5. 她上班老不__________，常常迟到。

讲一讲

“按期”“按时”“准时”这三个词都可以表示“依照一定的时间”的意思，都可以作状语。三者的区别在于：

1. “按时”和“按期”是副词，表示按照一定的时间，可以稍早或稍晚，只能修饰动词（短语），其中，“按期”常用于书面语，后面多跟双音节动词或复杂的动词短语，而“按时”没有这种限制。如下表所示：

词语	可以搭配的动词			
按期	毕业	出版	完成任务	向对方交货
按时	来、走	睡觉	吃饭	起床

2. “按期”是按照工作的计划、双方协议等规定的时间完成某个动作，动作经历的时间较长，要求比较严格，不能超过最后的时限；“按时”有时可以用于这一方面，但更多地用于多次重复的动作是否按照规定的时间去实现或完成，后一种用法是“按期”没有的。如：

王平是好学生，每天的作业都按时完成。

他每天都能按时起床。

*他每天都能按期起床。

3. “准时”是形容词，表示严格遵守约定或规定的时间，不早也不晚。除了可以作状语外，还可以在前边加上“很、非常、特别”等副词作谓语或补语。如：

她上班老不准时，常常迟到。（谓语）

她生活很有规律，每天都准时离开单位，一分不差。（状语）

他进教室时，正好上课铃响，来得真准时啊。（补语）

练一练

一、请用“按时”“按期”“准时”填空。

1. 他每天早上都能__________起床。
2. 根据图书馆规定,借出的书一定要__________归还。
3. 医生说:住也行,不住也行,不住就把针拿回去__________打。
4. 保姆工资准备给二十五块至三十块,每月__________发放。
5. 你真__________,刚刚八点,你就到了。
6. 他们不早不晚,__________到达了那个地方。

二、HSK 仿真题:选出每段话中有错误的一部分。

1. 请你通知你们班的同学(A),明天八点半集合(B),九点按时开始比赛(C),迟到五分钟取消比赛的资格(D)。

2. 由于天气原因(A),运动会不能准时举行了(B),以后什么时候举行还不知道(C),大家等通知吧(D)。

3. 生病了(A),就得听医生的话(B),准时吃药(C),这样才能好得快一点儿(D)。

三、下列句子中的“按时”可以用“按期”替换吗?

1. 他生活很有规律,每天按时来,按时走。
2. 这批房子能按时交工吗?
3. 火车按时开车了。

四、HSK 仿真题:在下面 ABCD 中选择唯一正确的填入空中。

1. 五年来,经过她的联系和帮助,全队 30 名适龄儿童______上了学。

A. 一时　　B. 按时　　C. 准时　　D. 按期

2. 我们换了新的教学楼,每次上课前都会响起的悦耳铃声提醒学生们______进教室上课。

A. 按期　　B. 按时　　C. 准时　　D. 顿时

3. 虽然最近天气不太好,但婚礼要______举行。

A. 按时　　B. 准时　　C. 一时　　D. 按期

4. 每日一大早他便起床,七点半______出现在工厂门口。

A. 按期　　B. 按时　　C. 准时　　D. 顿时

5. 公司只要有利润,在获得优惠贷款后,有能力______偿还本息。

A. 按期　　B. 按时　　C. 准时　　D. 一时

6. 一听到那个消息,她______像个泄了气的皮球,没有信心了。

A. 准时　　B. 按时　　C. 顿时　　D. 按期

7. 他不顾自己企业的重大损失，首先想到的还是用户的订货合同能不能______兑现。

A. 一时　　B. 一会儿　　C. 按期　　D. 准时

8. 只要机场上天气条件不十分恶劣，都能______起飞着陆。

A. 按期　　B. 顿时　　C. 一下子　　D. 准时

9. 这个工程从去年4月签订合同，今年12月28日终于______竣工交付使用了。

A. 准时　　B. 顿时　　C. 按期　　D. 一时

10. 他们厂在财力十分紧张的情况下，每月都______发放工人工资。

A. 准时　　B. 按期　　C. 顿时　　D. 按时

参考答案

一、1. 按时、准时(用“按期”太正式，一般用于书面语)
2. 按期(用“按期”表示在规定的一段时间内随时可以归还，并没有指定哪一天)
3. 按时(“打针”是重复行为)
4. 按时(前面有“每月”，表示是一种重复行为)
5. 准时(后面有“刚刚”，表示不早不晚，正好的意思)
6. 准时(同上)

二、1. C，应改为“九点准时开始比赛”。这里有具体的时间。
2. B，应改为“运动会不能按期举行了”。这里没有精确的时间，不需要用“准时”。
3. C，应改为“按时吃药”。“准时”要求严格遵守约定或规定的时间。

三、1. 不可以，“按期”常用于书面语，且常饰双音节动词。
2. 可以。
3. 不可以，“按期”常用于不可重复的动作。

四、1. B(“适龄”表示按照一定时间，不用太严格)
2. C(“铃声”用于提醒学生严格遵守上课时间)
3. D(“婚礼”都是预定好的)
4. C(有具体的时间词)
5. B(“偿还”是双音节书面词)
6. C(表示很快，突然的意思)
7. C(同第5题)
8. D(飞机等航空航天工具的运行一般要求时间很精确)
9. C(同第5题)
10. D(“每月”表示重复行为)

第三课 白　白白

试一试

用"白"和"白白"填空。

1. 他不希望自己的一生就这样＿＿＿＿地过去。
2. 客人没有来，害得他＿＿＿＿忙了一下午。
3. 你不能＿＿＿＿吃饭而不给钱啊。
4. 今天他请客，我＿＿＿＿看了一场电影。
5. 刚才那些道理算是＿＿＿＿讲了，他一点儿也不懂。
6. 这个孩子挺争气的，比赛拿了第一名，我没＿＿＿＿教他。
7. 你不去＿＿＿＿不去，以后不会再有这样的机会了。

讲一讲

一、"白"和"白白"的相同之处

"白"和"白白"作为副词都可以表示以下两种意思：

1. 付出了代价却没有达到预期的目的或者取得应有的效果。如：

   白费了半天嘴皮子。（注："嘴皮子"是劝说、解释的意思）

   白白费了半天嘴皮子。

   白跑了几十里路。

   白白跑了几十里路。

2. 表示做了坏事而不受惩罚。如：

   不能让坏人白偷了我的钱。

   难道就这样白白让人打了吗？

二、"白"和"白白"的区别

1. "白白"的语气比"白"重，后边可加"地"，构成"白白地"，而"白"不可以。如：

   他不希望自己的一生就这样白白地过去。

2. "白"还可以表示不付代价而得到好处，而"白白"不能。如：

   你不能白吃饭而不给钱啊。

   今天他请客，我白看了一场电影。

   今天球场不收门票，我们白踢了一场球。

   ＊你不能白白吃饭而不给钱啊。

*今天他请客,我白白看了一场电影。

*今天球场不收门票,我们白白踢了一场球。

3. "白"可以修饰单个动词和单音节动词;"白白"不能修饰单个动词,尤其是单音节动词,"白白"所修饰的动词前或后应该有其他修饰语或补充语。如:

刚才那些道理算是白讲了,他一点儿也不懂。

客人没有来,害得他白忙了。

*客人没有来,害得他白白忙了。

客人没有来,害得他白白忙了一下午。

*今天我们见到了他,没有白白来啊。

今天我们见到了他,没有白来啊。

*我的书包呢?我在宿舍里白白地找了,原来忘在教室里了。

我的书包呢?我在宿舍里白白地找了半天,原来忘在教室里了。

我的书包呢?我在宿舍里白找了,原来忘在教室里了。

4. "白"前可以用"不""没有"等否定词,"白白"前一般不可以用。如:

这个孩子挺争气的,比赛拿了第一名,我没白教他。

这次考得还不错,没有白辛苦。

*这个孩子挺争气的,比赛拿了第一名,我没白白教他。

*这次考得还不错,没有白白辛苦。

5. "白"还可以用在"不+动词+白+不+动词"的结构中,表示"没必要放弃某种好处"。如:

你不去白不去,以后不会再有这样的机会了。

你不吃白不吃,又不要你花钱。

练一练

一、用"白"或"白白"改写句子。

1. 这个孩子不懂道理,你说他也没用。

2. 我不能只喝酒不给钱啊!

3. 昨天我们说好了去公园划船,你怎么没去啊?大家等了你半天。

二、用"白"或"白白"完成句子。

1. 王老师给他讲了半天,他又忘了,________________________。
2. 他本来跟我说今天来,结果他又来电话说不来了,________________________。
3. 外婆吃了不少药,一点儿效果也没有,________________________。
4. 我去看他,他不在家,我________________________。
5. 今天的电影不看________________________,又不要你花钱。

三、用"白"或"白白"填空。

1. 今天我们见到了他,没有__________来啊。

2. 我________忙了一天，什么结果也没有。

3. 谁都不想去，这两张票________费了。

4. 你托他帮忙也是________托，他不会帮你的。

5. 我们这是小本生意，你这样________吃________住我们可受不了。

6. 那场大雨使他________劳动了一年，一颗粮食也没有收到。

7. 学了三年的汉语还看不懂中文报纸，你的汉语算是________学了。

8. 我们不能把时间________地花在吃喝玩乐上。

9. 一个月两千块的工资不能________拿，我们总要做点什么。

10. 今天老板请客，我们不吃________不吃。

四、HSK 仿真题：选出每段话中有错误的一部分。

1. 公共汽车早就开走了，我们还在这儿等，这不是白浪费时间吗？咱们打的吧。
   A 公共汽车早就开走了　B 我们还在这儿等　C 这不是白浪费时间吗　D 咱们打的吧

2. 刚才那些道理算是白白讲了，他一点儿也不懂，我也拿他没办法，随他去吧。
   A 刚才那些道理算是白白讲了　B 他一点儿也不懂　C 我也拿他没办法　D 随他去吧

3. 等了那么长时间，走了那么多路，今天我们终于见到了他，真是没有白白来啊。
   A 等了那么长时间　B 走了那么多路　C 今天我们终于见到了他　D 真是没有白白来啊

4. 你没空又不告诉人家，害他白白跑了，耽误了工作不说，光车费就花了不少。
   A 你没空又不告诉人家　B 害他白白跑了　C 耽误了工作不说　D 光车费就花了不少

5. 我们住了差不多一个星期，他们才收了一百块钱，我们几乎是白白住了，真是太不好意思了。
   A 我们住了差不多一个星期　B 他们才收了一百块钱　C 我们几乎是白白住了　D 真是太不好意思了

参考答案

一、1. 这个孩子不懂道理，你说他也是白说。（注意不能用“白白”）
2. 我不能白喝酒不给钱啊！（注意不能用“白白”）
3. 昨天我们说好了去公园划船，你怎么没去啊？大家白白等了你半天。

二、1. 王老师给他讲了半天，他又忘了，真是白讲了。
2. 他本来跟我说今天来，结果他又来电话说不来了，让我白白/白等了他半天。
3. 外婆吃了不少药，一点儿效果也没有，白/白白吃了那么多药。
4. 我去看他，他不在家，我白跑了一趟。
5. 今天的电影不看白不看，又不要你花钱。

三、1. 白　2. 白/白白　3. 白　4. 白　5. 白　白　6. 白白/白　7. 白　8. 白白　9. 白　10. 白

四、1. C，应改为“这不是白白浪费时间吗”。
2. A，应改为“刚才那些道理算是白讲了”。
3. D，应改为“真是没有白来啊”。
4. B，应改为“害他白跑了”。
5. C，应改为“我们几乎是白住了”。

第四课 本来 原来

试一试

请用“本来”或“原来”填空。

1. 他身体__________就不好，现在更差了。
2. 我__________就够胖了，不能再吃甜的东西了。
3. 作为一名学生，__________就应该按时上课，可是你呢？
4. 你__________就应该道歉嘛。
5. __________是你呀！我还以为是谁呢。
6. 怪不得很长时间没有看到她，__________她已经去了加拿大了。
7. 难怪他这么高兴，__________他中了大奖。
8. __________考试就很难，再加上昨天晚上没睡好，考试时一直头疼。

讲一讲

一、“原来”和“本来”的相同点

作为副词的“原来”“本来”都可以表示“起初、原先”的意思，都在句中作状语。当后面紧接与起初的情况不同的、表示变化或对比的句子时，两词可以互换。如：

这本词典原来/本来是旧的，现在怎么又变成新的了。

我原来/本来打算学生物的，现在改学医了。

原来/本来以为饭店工作轻松、潇洒，一个月干下来，感到很不容易。

原来/本来说好今天下午朋友聚会，但因为临时有事，只好取消。

“原来”和“本来”都可作形容词，都能修饰名词。但两词由于强调的重点不同（详见以下辨析），可以共同修饰的名词不多，只有“颜色、意思、价值、名字、意图”等。如：

“把”原来/本来的意思是“拿”。

每个工人身上穿的工作服已经看不出原来/本来的颜色是什么样的了。

二、“原来”和“本来”的区别

1. “本来”和“原来”都可以作形容词。形容词“原来”表示“起初的、原先的”，主要是用于说明以前的、旧的情况，相对于现在的、新的情况，常修饰“地址、妻子、弟子、贵族、问题、地位、方式、打扮、图片、知识、状态、学校、生活、录音、速度”等。这些名词都不能受“本来”的修饰。像下面句中的“原来”不能换用“本来”：

大卫是玛丽原来的男朋友，他们曾经恋爱过好几年。

＊大卫是玛丽本来的男朋友,他们曾经恋爱过好几年。

原来的问题还没解决,新的问题又产生了。

＊本来的问题还没解决,新的问题又产生了。

形容词“本来”表示“本身所具有的”,像下面同样修饰“水平”的“本来”和“原来”意思就不太一样:

我们的生产不能停留在原来的水平上,一定要有所提高。

他在这次比赛中发挥出了他本来的水平。(本身所具有的水平)

2.“本来”和“原来”的形容词的意义影响到它们的副词用法也不一样。

(1)副词“本来”一般带有说话人的主观看法,下面三种用法是“原来”没有的。

① 用在递进复句的前一分句,强调某人或某事物“本身”的特点,带有说话人的主观看法,后一分句往往表示在前一状态基础上进一步的发展或另外增加的情况。如:

他身体本来就不好,现在更差了。

本来考试就很难,再加上昨天晚上没睡好,考试时一直头疼。

② 用在表示推理的因果复句的前一分句,强调某人或某事物“本身”已有的特点,作为根据,后一分句一般是由此推出的结论。用“本来”同样带有说话人的主观看法。如:

我本来就够胖了,不能再吃甜的东西了。

屋里本来就够乱的了,你还把行李堆在这儿,不是更乱了吗?

③ 表示从某人、某种身份的人或某事物本身看,“理应如此”。一般用于讲道理,常和“就”或助动词“应该、会、能”一起用,强调主观看法、观点,句尾常有语气助词“嘛”。“本来嘛”也可以单独使用,表示“按照一般常理或情理”。如:

作为一名学生,本来就应该按时上课,可是你呢?

你本来就应该道歉嘛。

本来嘛,学习就不是一件很容易的事。

本来嘛,你都答应去了,现在又变了,人家当然会有想法了。

(2)副词“原来”强调的是客观事实,跟事物本身具有的性质、状态、特点都无关。下面的用法是“本来”没有的:表示发现了真实的情况,对以前或现在的情况有所认识或能够理解,“原来”所在的句子一般是客观事实,常和“怪不得”“难怪”前后搭配使用。如:

原来是你呀!我还以为是谁呢。

怪不得很长时间没看见她了,原来她出国了。

难怪他这么高兴,原来他中了大奖。

练一练

一、请用“本来”或“原来”填空。

1. 不管怎么说,你打人,这__________就是错的。
2. 怪不得他的汉语说得这么好呢,__________他小时候就生活在北京。
3. 说外语时出现错误是难免的,__________嘛,学好一门外语就不是一件容易的事。
4. 我找了他好几天,后来才知道,__________他已经出国了。
5. 考试没考好也不能全怪孩子,__________嘛,这么小的孩子,哪能学得了这么多。

6. 你说的客人__________是他啊，我们早就认识了。

二、下面各句中的"原来"可以和"本来"互换吗？

1. 老张原来不抽烟，最近也抽起来了。
2. 她原来对足球不感兴趣。
3. 原来你们俩早就认识啊！
4. 你本来就不能参加这样的活动。
5. 他们本来不是一个学校的，后来他们都转学到这个学校。

三、HSK 仿真题：找出下面每段话中有错误的一部分。

1. 你真让人失望！(A) 原来我们还说你不错，(B) 以后考虑给你多安排些节目，(C) 而你却不求上进。(D)

2. 其实我觉得你本来的女朋友倒不错，(A) 心地善良，(B) 你干吗和人家吹呀？(C) 偏偏去找这么个怪怪的人。(D)

3. 远远地看见有人向我招手，(A) 我过去仔细一看，(B) 本来他就是小时候常跟我一起玩的刘明，(C) 现在已经是一个跨国公司的中国首席执行官了。(D)

4. 玛丽的男朋友对她说："你本来是一个很文静的女孩子，(A) 怎么变成现在这个样子了？(B) 我喜欢本来的你，(C) 而不是现在的你！(D)"

5. 昨天晚上小明看了《动物世界》后，(A) 兴奋地告诉我："(B) 我现在才知道，(C) 本来狮子和老虎原来就生活在完全不同的世界里。(D)"

参考答案

一、1. 本来　2. 原来　3. 本来　4. 原来　5. 本来　6. 原来

二、1. 可以　2. 可以　3. 不可以　4. 不可以　5. 可以

三、1. B，应改为"本来我们还说你不错"。

2. A，应改为"其实我觉得你原来的女朋友倒不错"。

3. C，应改为"原来他就是小时候常跟我一起玩的刘明"。

4. C，应改为"我喜欢原来的你"。

5. D，应改为"原来狮子和老虎本来就生活在完全不同的世界里"。

第五课 差点儿 差不多 几乎

试一试

请用“几乎”“差不多”或“差点儿”填空。

1. 周末我__________睡了十个小时。
2. 爸爸的头发__________全白了。
3. __________全校师生都参加了运动会。
4. 他一口气游了__________十圈才上来。
5. 我被人挤得__________透不过气来。
6. 那天路上堵车，我__________没赶上火车。
7. 昨天晚上我们八点才去食堂，__________没吃上饭。
8. 排了一个小时队，__________就买到票了，结果售票员去吃饭了，我们只能重排。

讲一讲

“几乎”“差不多”和“差点儿”都可以表示非常接近某一程度，但“差点儿”和“几乎”是副词，“差不多”是形容词，它们的用法和意义有同有异。

一、“几乎”和“差不多”的异同

1. “几乎”和“差不多”的相同之处。

两词都可以表示与某一数量非常接近，作状语。在用于对数量的估计时，主语或谓语中往往包含数量词或表示数量的其他词语。如：

周末我几乎/差不多睡了十个小时。（用于动词前）

爸爸的头发几乎/差不多全白了。（用于形容词前）

几乎/差不多全校师生都参加了运动会。（用于主语前）

2. “几乎”和“差不多”的不同之处。

“差不多”重在说明与某个数量很接近，比较客观；“几乎”带有说话人的主观感情，语气有点儿夸张。因此，当对数量表示较客观的估算时，用“差不多”。“差不多”可以直接用在数量词语前，“几乎”则不行。如：

他昨天一口气游了差不多十圈。

我跟她分开差不多十年了。

由于“几乎”带有夸张语气，可以用于强调某个情况或某个动作的程度接近极端（往往是不希望的情况），这些都无法用具体、客观的数量说明，因而不能用“差不多”。如：

我被人挤得几乎透不过气来。

小明累得几乎走不动了。

*我被人挤得差不多透不过气来。

*小明累得差不多走不动了。

二、“几乎”和“差点儿”的异同

1. “几乎”和“差点儿”的相同之处。

两词都带有说话者的某种主观倾向或感情，“几乎”带有夸张语气，“差点儿”带有庆幸语气。两词都可以用于说明某个说话人不希望的、已经发生的情况，强调其程度之深或情况之严重，用于动词的肯定形式或否定形式之前，意思相同。如：

我被人挤得几乎/差点儿透不过气来。（实际上没有透不过气来）

小刘小时候不小心掉到河里，几乎/差点儿(没)淹死。（实际上没有死）

他们俩越吵越厉害，几乎/差点儿(没)打起来。（事实上没打起来）

2. “几乎”和“差点儿”的不同之处。

(1) 希望实现的情况很难但终于实现了，一般用“差点儿”，带有庆幸的语气。“几乎”不这样用。如：

那天路上堵车，我差点儿没赶上火车。（事实是赶上了）

昨天晚上我们八点才去食堂，差点儿没吃上饭。（事实是吃到了）

没想到手续那么麻烦，我差点儿没去成。（事实是去成了）

我到售票处时，只剩下最后一张票了，差点儿没买到。（事实是买到了）

(2) “差点儿”可以用来客观说明希望实现的情况接近实现而终于没有实现，带有惋惜的语气；动词多用肯定形式，并且常有“就”配合使用。“几乎”不能这样用。如：

排了一个小时队，差点儿就买到票了，结果售票员去吃饭了，我们只能重排。（事实没买到）

我数学就错了一点，扣了0.5分，差点儿就是满分了。（事实不是满分）

提示

(1) “几乎”常用于书面语。“差点儿”“差不多”常用于口语。

(2) “差点儿”不能像“几乎”“差不多”那样表示与某一数量非常接近。

(3) “差不多”又是形容词，可以作谓语、补语或定语。这是“几乎”“差点儿”没有的用法。如：

他俩的汉语水平差不多。

她带的钱花得差不多了。

姐姐买了颜色差不多的两件衣服。

(4) 用于比较句中作谓语的“差点儿”实际上是形容词“差”+“(一)点儿”，它不是副词。如：

玛丽的汉语比起马克来，还差(一)点儿。

小结:

词语	适用语体	作状语	作定语谓语补语	直接修饰数量词	客观说明	主观语气		
						夸张	庆幸	惋惜
差不多	口语	+	+	+	+	−	−	−
几乎	书面	+	−	−	−	+	−	−
差点儿	口语	+	−	−	−	−	+	+

练一练

一、看看下列各句中的"几乎"哪些可以用"差不多"替换,哪些可以用"差点儿"替换。

1. 几乎所有的男人都会爱上她的。

2. 那件事以后两人关系一直不好,几乎就离婚了。

3. 那小孩长得很快,几乎像一个大人了。

4. 他只习惯吃妈妈做的饭菜,几乎没尝过别的味道。

5. 为了那件事她几乎一夜没睡。

6. 那副眼镜几乎花了他三分之二的钱。

二、HSK 仿真题:在下面 ABCD 中选择唯一正确的填入空中。

1. 要不是他动作太慢,我______就赶上那班火车了。
A. 简直　B. 几乎　C. 差点儿　D. 差不多
2. 我对着镜子看,不仔细观察,______看不出刀口。.
A. 有点儿　B. 几乎　C. 差点儿　D. 差不多
3. 她______不上街,外面发生的事情对她来说很陌生。
A. 简直　B. 几乎　C. 差点儿　D. 差不多
4. 她的叫声很可怕,司机的手______握不住方向盘。
A. 简直　B. 几乎　C. 有点儿　D. 差不多
5. 那个女孩很内向,她的回答______听不清。
A. 差点儿　B. 几乎　C. 有点儿　D. 差不多
6. ______在整个夏天快要过去的时候,我见到了杜美。
A. 一点儿　B. 差点儿　C. 有点儿　D. 差不多
7. 我______跑遍了苏州的所有书店才买到这本词典。
A. 几乎　B. 差点儿　C. 有点儿　D. 简直
8. 过了好多年回来,发现这里______没什么变化。
A. 差点儿　B. 几乎　C. 有点儿　D. 差不多
9. 饿了几天以后我们终于找到了一家饭馆,小王______吃伤了胃。

A. 简直　　　　B. 差点儿　　　　C. 有点儿　　　　D. 差不多

10. 要不是他告诉我，我______认不出她来了。

A. 一点儿　　　　B. 差点儿　　　　C. 有点儿　　　　D. 差不多

三、用“几乎”或“差点儿”完成句子。

1. 临上火车时他发现车票不见了，______________________________。
2. 要不是我帮他，______________________________。
3. 那天，汽车在路上坏了，______________________________。
4. 她身体很差，______________________________。
5. 我们逛遍了南京路，______________________________。

四、判断下列句子的对错，对的打“√”，错的打“×”并改正。

1. 这个学校的学费比别的学校差不多贵。

2. 北京的名胜古迹我几乎去过了。

3. 要不是我拦着他，他几乎没把这事说出去。

4. 我昨天睡了差不多十个小时。

5. 沈老师讲过的话我差点儿都忘了，因为我从来不记笔记。

五、HSK 仿真题：找出下面每段话中有错误的一部分。

1. 在这次马拉松比赛中（A），他一直跑在最前边（B），快到终点时被别人赶过去了（C），差不多就得了第一名（D）。

2. 这些话一句一句非常清晰地送进李明的耳里（A），他感动得要差点儿流下泪来（B）。他仔细地看这个人（C），但是他泪眼模糊，还是看不清楚（D）。

3. 没有电灯的地方，如竹林、松林之类（A），树枝间挂了不少的小灯笼（B），红的，绿的，黄的（C），差点儿各种颜色都有（D）。

4. 下棋的时候我很用心（A），差点儿忘掉了一切（B）。小林的象棋水平很一般（C），所以我连赢了他三局（D）。

参考答案

一、1. 差不多　2. 差点儿　3. 差不多　4. 不可以　5. 差不多　6. 差不多

二、1. C　2. B　3. B　4. B　5. B　6. D　7. A　8. B　9. B　10. B

三、1. 临上火车时他发现车票不见了，差点儿没坐上火车。
　2. 要不是我帮他，他几乎连办公桌都没有。
　3. 那天，汽车在路上坏了，我们差点儿就回不了家了。
　4. 她身体很差，几乎连路也走不动。
　5. 我们逛遍了南京路，走得腿几乎都快断了。

四、1. ×，应改为：这个学校的学费跟别的学校差不多贵。
　2. ×，应改为：北京的名胜古迹我几乎都去过了。
　3. √
　4. √
　5. ×，应改为：沈老师讲过的话我差不多都忘了，因为我从来不记笔记。

五、1. D，应改为"差点儿就得了第一名"。"差不多"不用于主观夸张的语气。
　2. B，应改为"他感动得差点儿要流下泪来"。
　3. D，应改为"差不多各种颜色都有"。"差点儿"不用于对数量的说明。
　4. B，应改为"几乎忘掉了一切"。"几乎"常用于夸张的语气。

第六课　简直　几乎

试一试

判断下面的句子是否都正确，如果都正确，请比较两者的不同。

1. A. 她很平静，平静得几乎让人诧异。
   B. 她很平静，平静得简直让人诧异。
2. A. 那天回来以后，我几乎累得喘不过气来。
   B. 那天回来以后，我简直累得喘不过气来。
3. A. 雪大得几乎像鹅毛一样。
   B. 雪大得简直像鹅毛一样。
4. A. 她几乎像疯子似的，冲到马路上去。
   B. 她简直像疯子似的，冲到马路上去。
5. A. 这个小孩子几乎太没家教了。
   B. 这个小孩子简直太没家教了。
6. A. 因为没有好好儿复习，她这次考试几乎不及格。
   B. 因为没有好好儿复习，她这次考试简直不及格。
7. A. 这篇文章她几乎写了两年。
   B. 这篇文章她简直写了两年。

讲一讲

“简直”是表示语气的副词，带有说话人强烈的主观情绪，夸张语气相当强。“简直”有“完全”的意思，“几乎”则接近但未达到“完全”的程度。两词的用法有同有异。

一、“简直”和“几乎”的相同之处

当强调某种情况或某个动作达到的程度时，“简直”与“几乎”用法相同，但“简直”的语气比“几乎”强。结构为：

1. 简直/几乎＋谓语＋得＋状态补语，或：谓语＋得＋简直/几乎＋补语。如：

   那天回来以后我简直/几乎累得喘不过气来。

   那里的东西贵得简直/几乎无法想象。

2. 简直/几乎＋“让、使、令”等表使令的动词……。如：

   她很平静，平静得简直/几乎让人诧异。

   两个少年把一个老人杀了？这样的消息简直/几乎令人难以置信。

第二种结构更多地用“简直”。因为“简直”不仅可以跟“几乎”一样强调情况大大出乎所料，而且所强调的情况多为不希望出现的或中性的。当要赞美某个情况时，一般用“简直”，像下面的句子一般不用“几乎”，因为“几乎”没有“完全”之意，语气还不够强：

这一工程之伟大，简直令人惊叹。

他的谈吐十分有力，简直令人陶醉。

这本小说内容生动有趣，加上引人入胜的插图，简直令人爱不释手。

魔术师的表演太神奇了，我简直不敢相信自己的眼睛。

3. 简直/几乎+连……都……。如：

小李忙得几乎/简直连吃饭的时间都没有。

他变得太厉害了，几乎/简直连他的父母都认不出他来了。

等手术结束一觉醒来时，她身体极为虚弱，几乎/简直连说话的力气都没有。

上面例句中“简直”或“几乎”修饰的“连……都……”结构，通过举出某种极端的例子（少见的或最不可能出现的）强调某种客观的状态达到的程度之高。如果说话人强调的是客观事实，多用“几乎”。

二、“简直”和“几乎”的不同之处

1. 当句中带有较强的主观看法或评价的语气时，一般用“简直”而不用“几乎”。下面三类用法都是如此：

（1）“简直”后面可以带有比喻或比较，“几乎”一般不用于这种情况。结构为：简直+像+……一样/似的。如：

她简直像疯子似的，冲到马路上去。

那个人画的鱼简直像真的一样。

雪大得简直像鹅毛一样。

*雪大得几乎像鹅毛一样。

（2）“简直”可以带简短的谓语，或用于“简直+（是）……”结构，表示强烈不满，“几乎”则不能。如：

这简直是胡闹！

你简直是在白日做梦。

简直不像话！

会议上作出这样的决定简直毫无道理！

这个小孩子简直太没家教了。

*这个小孩子几乎太没家教了。

（3）当句中“连……都……”结构用来表示主观看法或评价（表示批评、不满、赞扬或感叹等）时，一般也只用“简直”而不用“几乎”。如：

做出这样的事，他简直连畜生（chù · sheng）都不如。（说话人认为“他”人格太低）

像今天这样的好生活，我以前简直连想都不敢想。（说话人认为生活太好了，超出想象）

2. “几乎”有以下两种意义和用法是“简直”所没有的：

（1）“几乎”有“差点儿”的意思，常用于表示客观事实接近某个不希望出现的情况（但实际上并没有出现）。如：

因为没有好好儿复习，她这次考试几乎不及格。

*因为没有好好儿复习，她这次考试简直不及格。

浴室地上太湿，我几乎摔了一跤。

＊浴室地上太湿，我简直摔了一跤。

(2) “几乎”还可以表示接近某数量或范围，但“简直”没有这种用法。如：

这篇文章她几乎写了两年。

＊这篇文章她简直写了两年。

练一练

一、请把下面的句子改写成使用“简直”的句子。

1. 他好像饿得可以吃下一头牛似的。

2. 他的话非常使人吃惊。

3. 那个人非常坏。

4. 我们真的不知道该怎么办才好。

5. 这里太美了，跟海南岛差不多。

二、HSK 仿真题：在下面 ABCD 中选择唯一正确的填入空中。

1. 我看过她跳的独舞，那______和诗一样的美丽！
A. 几乎　　B. 差不多　　C. 差点儿　　D. 简直

2. ______每个人都反对这条规定。
A. 简直　　B. 几乎　　C. 多半　　D. 差点儿

3. 我______不敢相信这话是从他嘴里说出来的。
A. 几乎　　B. 差不多　　C. 差点儿　　D. 简直

4. 我们班______每个人都去过香港。
A. 多半　　B. 几乎　　C. 差点儿　　D. 简直

5. 经济越是发展，人的流动性也越大，没有汽车的日子______难以想象。
A. 几乎　　B. 差不多　　C. 差点儿　　D. 简直

6. 她说话太快，低年纪的学生______听不懂她说什么。
A. 几乎　　B. 差不多　　C. 差点儿　　D. 大约

7. 那件事以后两人关系一直不好，______就离婚了。
A. 几乎　　B. 差不多　　C. 大概　　D. 简直

8. 山是绿的，水是绿的，地里的菜更是绿的，再加上水兵们的绿军装，______就是一个绿色的世界。
A. 几乎　　B. 差不多　　C. 差点儿　　D. 简直

9. 你说出这样的话，______太可笑了！
A. 几乎　　B. 差不多　　C. 差点儿　　D. 简直

10. 队伍走走停停，慢得______像乌龟爬。

A. 差不多　　B. 几乎　　C. 差点儿　　D. 简直

三、HSK 仿真题：请在下面一段话的空格处填上合适的词语。

1. 这几句话对她__①__成了一个启示，眼前__②__明亮了。她明白她的事情__③__没有绝望，能不能成功__④__要靠她自己努力。总之希望还是有的，希望在自己，并不在别人。她想到这里，觉得那一切的绝望和悲哀__⑤__全消失了，

① A. 差点儿　　B. 几乎　　C. 简直　　D. 差不多

② A. 一时　　B. 顿时　　C. 马上　　D. 随时

③ A. 又　　B. 就　　C. 并　　D. 白

④ A. 就是　　B. 还是　　C. 却是　　D. 要是

⑤ A. 一点儿　　B. 有点儿　　C. 一口气　　D. 一下子

2. 事情据说是这样的：开演的时候，有两三个小青年不买票一定要进去__①__看戏。收票的人告诉他们说这跟普通戏园不同，不买票就不能看戏。可他们__②__不讲道理，一定要进去，__③__被我们的人赶了出来。

① A. 光　　B. 白白　　C. 白　　D. 单

② A. 差点儿　　B. 简直　　C. 几乎　　D. 差不多

③ A. 终于　　B. 到底　　C. 终究　　D. 毕竟

参考答案

一、1. 他饿得简直可以吃下一头牛。
　　他简直饿得可以吃下一头牛。
　2. 他的话简直令人吃惊。
　3. 那个人简直坏透了。
　4. 我们简直不知道该怎么办才好。
　5. 这里太美了，简直跟海南岛差不多。

二、1. D（“简直”后面可以带有比喻或比较）
　2. B（修饰范围和数量用“几乎”）
　3. D（语气夸张）
　4. B（修饰范围和数量用“几乎”）
　5. D（语气夸张）
　6. A（说明程度，可能补语前用“几乎”）
　7. A（有主观倾向）
　8. D（“简直”后面可以带有比喻或比较）
　9. D（表示不满的语气）
　10. D（“简直”后面可以带有比喻或比较）

三、1. ① C　② B　③ C　④ B　⑤ D
　2. ① C　② B　③ A

第七课 渐渐 逐步 逐渐 慢慢

试一试

请用“渐渐”“逐步”“逐渐”“慢慢”填空。

1. 学校的各项工作正在＿＿＿＿＿展开。
2. 太阳＿＿＿＿＿从地平线升起来了。
3. 飞机起飞了，＿＿＿＿＿远去，最后消失在我们的视野中。
4. 一声长鸣，火车＿＿＿＿＿离开站台，开向远方。
5. 立秋以后，天气＿＿＿＿＿凉快了。
6. 随着时间的推移，我们的思路＿＿＿＿＿明确起来。
7. 全国的雨情由北向南＿＿＿＿＿严重。
8. ＿＿＿＿＿地，我被他的故事吸引住了。
9. 年老的父亲看着水缸，＿＿＿＿＿举起了锄(chú)头。

讲一讲

“逐步”“渐渐”“逐渐”“慢慢”这四个词都可以表示行为动作或状态慢慢地变化，但意义和用法有所不同。具体区别是：

1. “逐步”一般表示人为的，有意识、有计划的行为活动一步一步地向前推进，有时也可以表示能力、水平等循序渐进地发展。如：

学校的各项工作正在逐步展开。

在这一阶段，儿童对事物是逐渐地认识、逐个地掌握的，由此看出儿童的抽象概括能力是逐步提高的。

2. 当要表示事物或人的自然、客观的慢慢的变化时，“渐渐”“逐渐”都可以用，“渐渐”用得更多。如：

飞机起飞了，逐渐/渐渐远去，最后消失在我们的视野中。

火车一声长鸣，逐渐/渐渐离开站台，开向远方。

(1) “渐渐”还可以表示新出现的事物慢慢地显现，行为动作无目的地、缓慢地发展；“逐渐”一般不用于这方面。如：

太阳渐渐从地平线升起来了。

听到那渐渐走近的脚步声，韩素云渐渐从轮椅上站起来。

随着改革的深入，经济欠发达的王家村渐渐冒出一个奇特的现象。

（2）“逐渐”常用在叙述政治、经济等重大的事物方面的一步步自然的变化，可以用在“随着”所带的动词宾语前；“渐渐”一般不这样用。如：

随着工农业的逐渐恢复，政府财政收入逐年增加。

随着市场的逐渐开放，亚洲还有可能吸收更多的欧洲产品。

*随着工农业的渐渐恢复，政府财政收入逐年增加。

*随着市场的渐渐开放，亚洲还有可能吸收更多的欧洲产品。

（3）“逐渐”有时也可以用于人出于某个目的的、有计划的动作前，但计划性没有“逐步”强；“渐渐”不能。如：

等孩子长大以后，应逐渐教会他们一些简单的劳动。

他之所以爱学习，是因为父母从小就有计划地教他读书识字，逐渐培养了他的学习兴趣。

*等孩子长大以后，应渐渐教会他们一些简单的劳动。

*他之所以爱学习，是因为父母从小就有计划地教他读书识字，渐渐培养了他的学习兴趣。

3. “逐步”只能修饰动词性成分；“逐渐”和“渐渐”除了修饰动词性成分，还可以修饰形容词，表示自然变化的程度慢慢地加深。如：

随着时间的推移，我们的思路逐渐/渐渐明确起来。

全国的雨情由北向南逐渐/渐渐严重。

经过几个小时的积极救治，病人的面色逐渐/渐渐红润，呼吸也逐渐/渐渐平稳了。

4. “逐渐”和“渐渐”也可以出现在句首，出现在句首时，后面常常跟“地”。如：

渐渐地，地上出现了点点绿色，小草开始发芽了。

渐渐地，她头部、胸部的伤好了，偶尔能谈些身世了。

逐渐地，孩子已经习惯自己在家中的这种地位。

逐渐地，我被他的故事吸引住了。

5. 形容词重叠的“慢慢”也常用来修饰动词，它和“逐渐”和“渐渐”的异同是：“慢慢”说明行为动作或变化有一个缓慢的发展过程时，可以和“逐渐”和“渐渐”互换。如：

改革开放了，他大胆地养起鸟来，慢慢（逐渐/渐渐）做起了卖鸟的生意来。

庙会原来与宗教活动有关，后来慢慢（逐渐/渐渐）成为大型民俗文化的盛会。

当强调有意放慢动作或希望很慢地做某个动作，一般用“慢慢”而不用“逐渐”和“渐渐”。如：

年老的父亲看着水缸，慢慢举起了锄头。（不能用“逐渐/渐渐”）

别着急，慢慢说。（不能用“逐渐/渐渐”）

我喜欢买很多水果和食品，放在家里慢慢享用。（不能用“逐渐/渐渐”）

“逐渐”可修饰“加快、加深、加大、加重、加强”等动词，多用于大的方面、比较正式；“渐渐”可以修饰“加快、加深、加大、加重”，用的次数比“逐渐”少，常用于小的方面；“慢慢”极少这样用。如：

应逐渐加快经济改革的步伐。

她发现有人在跟着她，便渐渐加快了脚步。

人类对自然的认识是逐渐加深的。

练一练

一、HSK 仿真题：在下面 ABCD 中选择唯一正确的填入空中。

1. 听着妈妈的摇篮曲，宝宝______地睡着了。

A. 逐渐　　B. 缓慢　　C. 逐步　　D. 慢慢

2. 在工作中，我______了解了人生存的价值和意义。

A. 逐渐　　B. 徐徐　　C. 逐步　　D. 慢慢

3. 太阳出来了，广场上的人______多起来了。

A. 不断　　B. 渐渐　　C. 逐步　　D. 缓慢

4. 政府正在想办法，______改善老百姓的住房。

A. 逐渐　　B. 渐渐　　C. 逐步　　D. 慢慢

5. 春天到了，树叶______绿了。

A. 缓缓　　B. 渐渐　　C. 逐步　　D. 慢慢

6. 在老师们的帮助下，同学们的汉语交际能力正在______提高。

A. 逐渐　　B. 连续　　C. 缓慢　　D. 慢慢

7. ______地，我们的联系越来越少。

A. 不断　　B. 渐渐　　C. 逐步　　D. 慢慢

8. 夜深了，街上______冷清了。

A. 渐渐　　B. 接连　　C. 逐步　　D. 慢慢

二、判断下列句子的对错，对的打"√"，错的打"×"并改正。

1. 立春了，天气逐步地暖和了。

2. 搞好经济，逐步提高人民的生活水平是目前最重要的任务。

3. 在妻子的劝说下，他的怒气逐步消失了。

4. 树上的桔子渐渐红了。

三、HSK 仿真题：将下面句后（　　）中的词语放在唯一合适的地方。

1. 玛丽和大卫一起 A 工作的 B 时间久了，C 开始对他 D 产生了好感。（渐渐）
2. 孩子长大以后，社会能力、抽象能力、概括能力 A 也 B 发展 C 起来 D 了。（逐渐）
3. 我们 A 认为我国的医疗保险制度 B 要 C 建立 D 起来。（逐步）
4. 这盆花你 A 总不能 B 眼看着它 C 干枯吧，得 D 给它浇水了。（渐渐）
5. 朋友们都 A 走了，李丽 B 想到现在 C 只剩下她一人了，她的眼睛 D 湿了。（渐渐地）
6. 他 A 刚来的时候，这里的气候和环境 B 让他很难受，现在 C 已经 D 适应了。（逐渐）

四、HSK 仿真题：找出下面每段话中有错误的一部分。

1. <u>爸爸讲的话我一开始并不理解</u>，<u>可是</u>，<u>随着时间的推移</u>，<u>我对于爸爸的讲话的理解在渐</u>

A　　B　　C

渐加深。

D

2. 李丽远远看见家门口围着很多人，好像还有一辆警车，这情景使她感到不安，她逐步加快了脚步。

A　B　C　D

3. 当孩子学习上感到困难时，父母不要太着急，要一步步地来，要知道孩子的学习能力渐渐提高。

A　B　C　D

4. 进入 90 年代后，上海的发展慢慢加快，开始进入持续、快速的增长阶段，城市建设的速度也明显加快了。

A　B　C　D

参考答案

一、1. D　2. A　3. B　4. C　5. B　6. A　7. B　8. A

二、1. ×，应改为：立春了，天气逐渐/渐渐暖和了。

2. √

3. ×，应改为：在妻子的劝说下，他的怒气逐渐/渐渐消失了。

4. √

三、1. C　2. B　3. C　4. C　5. D　6. D

四、1. D，应改为“我对于爸爸的讲话的理解在逐渐加深”。

2. D，应改为“她渐渐加快了脚步”。

3. D，应改为“要知道孩子的学习能力是逐步提高的”。

4. B，应改为“上海的发展逐渐加快”或“上海的发展逐步加快”。

第八课 确实　的确　实在　其实

试一试

请选择合适的词语填空。

1. 那天小王__________病了，才没来上课。（确实　的确　实在　其实）
2. 我哥哥__________上过研究生，没骗你。（确实　的确　实在　其实）
3. 你让我休息一会儿吧，我__________太累了。（确实　的确　实在　其实）
4. 西湖__________太美了，美得我都不想回家了。（确实　的确　实在　其实）
5. 西湖__________很美，“上有天堂，下有苏杭”这句话，我信了。（确实　实在　其实）
6. 当了公务员就应该__________地为人民办点事。（确确实实　实实在在）

讲一讲

“确实”“的确”“实在”“其实”这四个词都可以对客观情况的真实性表示肯定，但仍有一定的区别。

1. “的确”和“确实”都可以强调事情的真实性。可以用在句首，后面有停顿，语气更强烈，还可以用 AABB 的形式重叠使用。如：

那天小王确实/的确病了，才没来上课。

我哥哥确实/的确上过研究生。

这台电视机确实/的确比那台好。

确实/的确，我那时有过这样的想法。

这件事情确确实实/的的确确发生过。

但是，“的确”是副词，只作状语；而“确实”还可以是形容词，作定语、谓语和补语。如：

这是一个确实的消息，不是传闻。（作定语）

这件事确实吗？（作谓语）

他说得确确实实。（作补语）

杰克学习确实有了很大进步。（作状语）

2. 作为副词的“实在”可以和“的确”和“确实”一样作状语。如：

我实在/确实/的确不知道这件事。

他们脱离了旧的思想，境界实在/确实/的确很高。

提示

(1) 说话者用"实在",带有强烈的主观感情,强调的是语气,并不关心所说的是否是真实的;而"确实""的确"则强调所说的客观真实性,句子前后常有可以证明是"真实"的证据。如:

西湖实在太美了,美得我都不想回家了。("实在"不能换作"确实",下同)

你让我休息一会儿吧,我实在太累了。

西湖确实很美,"上有天堂,下有苏杭"这句话,我信了。

("确实"不能换作"实在",但可换作"的确",下同)

他确实病了,不信你看医生的证明。

(2) 同样用于感叹句,"实在"的使用频率比"确实、的确"要高得多,因为用"确实、的确"往往有肯定某人的说法的含义在内,"实在"只要表示说话人的主观看法、感受、感情时都可以用。如:

这种人实在太可恶了!(主观感受)

你说得不错,的确是这样的。小李比我小两岁,的确太年轻了。不过,我愿意嫁给他,因为他人好。(肯定对方所说的,下同)

是呀,这里的光线确实太暗了,我得拿眼镜去。

(3) "其实"也是副词,一般用在复句的第二分句,引出一个表示事实的句子,表示转折,有纠正上文的作用;"实在""确实"和"的确"没有这种用法。如:

听她说话像北方人,其实她是南方人。

大家都以为老李没什么学问,其实他懂得很多。

有时是对上文的补充说明。如:

以前只知道她会说英语,其实她还会说德语呢。

(4) "实在"又是形容词,常以重叠式作状语,表示"踏实、认真、不含糊";"的确"和"确实"没有这种用法。如:

当了公务员就应该实实在在地为人民办点事。

练一练

一、判断下列句中的"实在"是否可以用"确实"或"的确"替换。

1. 大家对我实在太好了。

2. 这实在不是她的错,我可以作证。

3. 不是我想隐瞒,我是实实在在不知道这件事。

4. 这点忙都不帮,你实在太不够意思了。

二、HSK 仿真题:在下面 ABCD 中选择唯一正确的填入空中。

1. 正如你所说的,她今天的打扮,______是花了一番功夫的。

A. 确实　B. 实在　C. 其实　D. 老实

2. 他的自行车撞了我,他对我说:"对不起,______对不起!"

A. 简直　B. 实在　C. 其实　D. 确实

3. 只要______地一个一个地解决问题,我们的事业就会不断前进。

A. 实实在在　B. 的的确确　C. 老老实实　D. 确确实实

4. 他病得______坚持不下去了,才住进了医院。

A. 简直　B. 实在　C. 其实　D. 确实

5. 参赛队伍______太少了,比赛方法需要改进。

A. 确实　B. 实在　C. 其实　D. 老实

6. 这件衣服看上去很小,______穿起来一点儿也不小的。

A. 其实　B. 确实　C. 的确　D. 几乎

7. 他______是病了,不信你看医生的证明。

A. 实实在在　B. 的的确确　C. 老老实实　D. 确确实实

8. 没用的话少说点,______地干活倒是真的。

A. 确确实实　B. 的的确确　C. 老老实实　D. 实实在在

9. 别看她穿得不怎么样,______她家很有钱的。

A. 的确　B. 确实　C. 其实　D. 几乎

10. 这件事我______不知道,不骗你。

A. 其实　B. 确实　C. 简直　D. 几乎

三、请用"其实"完成句子。

1. 大家都以为她是一个很粗心的人,________________________。

2. 你们只知道他是一位软件工程师,________________________。

3. 大家都说他有六十岁,________________________。

四、HSK 仿真题:找出下面每段话中有错误的一部分。

1. 你不要生气了(A),他今天没有来参加你的生日晚会(B),实在是有事(C),千万不要怪他(D)。

2. 爷爷说他并不担心(A),确实心里急得不得了(B),老让我打电话(C),问爸爸的病怎么样(D)。

3. 王师傅(A),您怎么不相信呢?(B)这实实在在是你儿子特地给你买的(C),他让我带给您的(D)。

4. 两个人对望着(A),好像没有话说了(B),心里的确正有着千言万语(C),只是不知道从何说起(D)。

参考答案

一、1. 不可以　2. 可以　3. 可以　4. 不可以

二、1. A(强调真实性)　2. B(加强主观语气)　3. A(强调认真努力)　4. B(加强程度)　5. B(加强程度)　6. A(有转折语气)　7. B(强调真实性)　8. D(强调认真努力)　9. C(承接上文表示转折)　10. B(强调真实性)

三、1. 大家都以为她是一个很粗心的人，<u>其实她有时也是很细心的</u>。

2. 你们只知道他是一位软件工程师，<u>其实他还是全国书法家协会的会员呢</u>。

3. 大家都说他有六十岁，<u>其实他只有五十五岁</u>。

四、1. C，应改为"确实是有事"。

2. B，应改为"其实心里急得不得了"。

3. C，应改为"这确确实实是你儿子特地给你买的"。

4. C，应改为"其实心里正有着千言万语"。

第九课 偷偷 悄悄 暗暗 默默

试一试

请在(　　)中选择合适的词语填空。

1. 弟弟瞒着妈妈,＿＿＿＿跑到河里游泳去了。(偷偷　悄悄　暗暗　默默)
2. 老张＿＿＿＿地说了声“我先走了”,就离开了会场。(偷偷　悄悄　暗暗　默默)
3. 我们看到老人身体越来越不好,都＿＿＿＿为她担心。(偷偷　悄悄　暗暗　默默)
4. 十多年来,他一直在山区＿＿＿＿地工作着。(偷偷　悄悄　暗暗　默默)

讲一讲

“偷偷”“悄悄”“暗暗”“默默”这四个词都有“不引人注意”的意思,在句中作状语,修饰动词。如:

我们偷偷地跟在他后面,生怕被他发现。

我们悄悄地跟在他后面,谁也不敢出声。

我们暗暗地跟在他后面,听到他在用手机跟别人联系。

我们默默地跟在他后面,谁也不说话。

它们之间有以下细微的差别:

1. “偷偷”表示因为担心、害怕被人发觉,所以瞒着别人(做某事)。如:

弟弟瞒着妈妈,偷偷跑到河里游泳去了。(怕大人知道了不同意)

她和男朋友分手后,常常躲在自己房间偷偷地哭。(怕别人知道后说她)

2. “悄悄”侧重于强调“声音小或者没有声音”,为了不让人发觉,常用于“说、问”等说话类动词前,表示低声地;也常用在“走、站、坐、躺、回、望、盯”等动作动词前,表示无声地,后面常用“地”。如:

老张悄悄地说了声“我先走了”,就离开了会场。

我悄悄地问旁边的人,主席台上的人是谁。

3. “暗暗”多表示动作者有意识的,但不让别人知道的秘密的动作或心理活动。如:

我暗暗地观察她,发现每天下班她总是第一个走。

刘叔叔一直暗暗帮助着那些山区的穷孩子。

他暗暗下决心一定要学好汉语。

我们看到老人身体越来越不好,都暗暗为她担心。

4. “默默”指人在做某个动作或持续某个状态时什么也不说，不发出声音，后面常用“地”。如：

十多年来，他一直在山区默默地工作着。

他一个人坐在屋子里，默默地想着心事。

“默默”常用于形容人长期从事艰苦的工作或忍受痛苦而什么也不说。如：

这位老教师默默地在山区工作了几十年。

为了不让妻子伤心，他没有将此事告诉她，而是独自默默地忍受痛苦。

练一练

一、HSK 仿真题：在下面 ABCD 中选择唯一正确的填入空中。

1. 那次失败以后，我______下决心，下次一定要得第一。
A. 偷偷　B. 悄悄　C. 暗暗　D. 默默

2. 这些年她总是______地忍受着一切，不反抗，不抱怨。
A. 偷偷　B. 常常　C. 白白　D. 默默

3. 早上一家人睡得正香的时候，妈妈______起来给他们做早饭。
A. 偷偷　B. 悄悄　C. 暗暗　D. 默默

4. 他趁妈妈不注意，______拿了十块钱。
A. 偷偷　B. 悄悄　C. 暗暗　D. 渐渐

5. 看着她手忙脚乱的样子，我心里______好笑。
A. 偷偷　B. 悄悄　C. 暗暗　D. 默默

6. 同学们______地听他讲着那件感人的事情。
A. 偷偷　B. 悄悄　C. 暗暗　D. 默默

7. 我发现树叶全都掉光的时候，才知道冬天______地来了。
A. 偷偷　B. 悄悄　C. 暗暗　D. 默默

8. 妻子______地把香烟藏了起来，不让丈夫抽。
A. 偷偷　B. 悄悄　C. 暗暗　D. 默默

9. 我拿书挡住了脸，______笑了起来。
A. 偷偷　B. 悄悄　C. 暗暗　D. 默默

10. 我们听到这个消息，都______吃了一惊。
A. 偷偷　B. 悄悄　C. 暗暗　D. 默默

二、判断下列句子的对错，对的打“√”，错的打“×”并改正。

1. 我们站在纪念碑前，向英雄们默默地敬礼。

2. 听到这个消息，我心里默默地高兴。

3. 他们俩悄悄对视着，谁也不说话。

4. 他暗暗地走过去，大声一叫，把大家吓了一跳。

5．考试时，她偷偷问我借了块橡皮。

三、HSK 仿真题：将下面句后（　　）中的词语放在唯一合适的地方。

1．李丽满脑子 A 是那个烦恼，尽管大家都在 B 餐桌边说笑，但她却 C 坐在一边 D 发呆。（默默地）

2．王平 A 知道她的话里有刺，但是在祖父面前，他不好发作，便 B 掉开脸不说话，C 用力 D 咬自己的嘴唇皮。（暗暗地）

3．他 A 跟着朋友们 B 走到一家酒馆去。他 C 在他们的中间 D 渐渐地感到了忘我的快乐。（默默地）

4．起初她们还 A 背着人 B 议论。后来有一天陈科长 C 带着严肃的表情 D 对刘明弟兄正式讲起了他们造成的“不良影响”。（暗暗地）

5．她 A 连忙 B 走到堂屋里去，C 就站在祖父的房门口 D 朝里张望。（偷偷）

四、HSK 仿真题：找出下面每段话中有错误的一部分。

1．我轻轻地开锁（A），打算摸黑悄悄地进屋（B），突然灯亮了（C），爸爸怒气冲冲地站在我面前（D）。

2．听到妈妈得了癌症的消息（A），她流了泪（B）。但在妈妈面前却装出笑脸（C），把眼泪悄悄地往肚里咽（D）。

3．为了避免不必要的麻烦（A），她趁大家都睡觉时（B），暗暗离开了（C），家里人谁也没发现（D）。

参考答案

一、1. C　2. D　3. B　4. A　5. C　6. D　7. B　8. A　9. A　10. C

二、1. √

2. ×，应改为：听到这个消息，我心里暗暗高兴。

3. ×，应改为：他们俩默默地对视着，谁也不说话。

4. ×，应改为：他悄悄地走过去，大叫一声，把大家吓了一跳。

5. √

三、1. C　2. C　3. A　4. A　5. D

四、1. B，应改为“打算摸黑偷偷地进屋”。

2. D，应改为“把眼泪暗暗地往肚里咽”。

3. C，应改为“悄悄离开了”。

第十课 总算 终于

试一试

请选择"总算"或"终于"完成句子。

1. 他__________进了世界著名的大企业。
2. 这个大学差一点就差一点,不管怎么样,他__________考上了。
3. 要不要进去呢?她犹豫不决,过了一会儿,__________下了决心,推开了办公室的门。
4. 再坚持一下也许情况就有转机了,可他__________还是放弃了。
5. 我们还是找到了一些有用的证据,这次__________没白来。

讲一讲

一、"总算"和"终于"的相同之处

1. "总算"和"终于"都常作状语,修饰带完成意义的动词短语(包括"动词+结果补语""把字结构"等)。如:

等了两个月,总算/终于等到了家人给我寄的包裹。

费了半天劲,总算/终于把这屋子打扫干净了。

"总算"和"终于"也常修饰形容词,形容词后面经常有"了"或者"起来""下去"等趋向补语。如:

热了那么久,这两天的天气总算/终于凉快些了。

整整调理了两个月,她的气色总算/终于红润起来了。

雨总算/终于小下来了,赶紧走吧,一会儿大了又该走不了了。

2. "总算"和"终于"都可以表示经过很长时间,希望的动作实现了或希望的结果出现了。

二、"总算"和"终于"的不同之处

1. "总算"比"终于"更多地带说话人的主观情绪。"终于"相对客观一些,下列情况下"终于"都不能换成"总算"。

(1) 客观叙述某个动作最终完成、实现或始终坚持。如:

因为西湖诗意的背景,我终于固执地保留了主人公是在西湖自杀的情节。

要不要进去呢?她犹豫不决,过了好长时间,终于下了决心,推开了办公室的门。

(2) 客观叙述说话者所不希望的情况最终还是出现了,常跟"还是"一起用,有表示遗憾的意味。如:

看了好多大夫,也吃了不少的药,终于还是没能保住这个孩子。

*看了好多大夫,也吃了不少的药,总算还是没能保住这个孩子。

再坚持一下也许情况就有转机了,可他终于还是放弃了。

*再坚持一下也许情况就有转机了,可他总算还是放弃了。

2. 从满意度看,“终于”比“总算”高。当经过长期努力,目标实现,十分令人满意时,可用“总算”,更多地用“终于”。如:

我的理想终于实现了,当上了一名教师。

经过多年的努力,他终于进了世界著名的大企业。

当对别人最终完成的动作表示不满时,多用“总算”。如:

你总算来了。(等了很长时间,有点儿埋怨的口气。用“终于”这种口气弱一些)

3. “总算”常用于“没+白+动词或动补短语”前,表示对某个已实现的动作进行主观评价。评价是肯定的,即结果勉强让人满意或感到欣慰,这是“终于”没有的用法。如:

这个大学差一点就差一点,不管怎么样,他总算考上了。(不用“终于”)

我们还是找到了一些有用的证据,这次总算没白来。(不用“终于”)

孩子考上了大学,咱们当父母的也总算没白忙。(不用“终于”)

4. “总算”比“终于”更多地用于口语。

练一练

一、请用“终于”或“总算”完成句子(有的句子里,两个都可以用)。

1. 试了多少次了,这次__________做出一个像样的蛋糕来了。
2. 这些话憋在我心里很久了,这次__________痛痛快快说出来了。
3. 走了一夜的山路,天亮时我__________觉得有点撑不住了。
4. 在健身房练了几个月,__________有点肌肉了。
5. 吃了这种药,她脸上的斑__________淡下去一些了。
6. 音乐会真是精彩,这500块钱的门票钱__________没白花。
7. 大家都不断地鼓励她,可她__________还是决定退出比赛。

二、请补出句子中缺少的部分。

1. 经过反复修改,我的论文总算发表
2. 等了很久,他终于来
3. 天气总算暖和
4. 连着忙了几个月,总算把这个项目做
5. 他问了不少人,终于找了要找的人
6. 在家人的细心照料下,她的身体终于开始好

三、用给定的词语完成句子。

1. 儿子考上了名牌大学,我们做父母的______________________。(总算　白　辛苦)
2. 他给我解释了半天,我______________________。(终于　明白)
3. 尽管他很爱她,可她______________________。(终于　还是)
4. 经过三个多小时的讨论,______________________。(总算　把)
5. 由于长期坚持跑步,身体______________________。(终于)
6. ______________________,门卫总算同意让我们进去了。(商量)
7. ______________________,我终于得到了这份工作。(竞争)

四、HSK 仿真题：找出下面每段话中有错误的一部分。

1. 小新不愿在别人面前哭，但说到这里，实在太难过了，他终于忍了这么久的眼泪流了出来。

A 小新不愿在别人面前哭　B 但说到这里　C 实在太难过了　D 他终于忍了这么久的眼泪流了出来

2. 这些生命对于他来说是太亲近了，他不能够失掉她们，然而她们总算跟他永别了。他也不能挽救她们。

A 这些生命对于他来说是太亲近了　B 他不能够失掉她们　C 然而她们总算跟他永别了　D 他也不能挽救她们

3. 本来他们几个人曾经嘱咐我一定要把小琴留在这里过新年，但她妈妈说家里有事，终于带她回去了。这样大家都没有兴致了。

A 本来他们几个人曾经嘱咐我一定要把小琴留在这里过新年　B 但她妈妈说家里有事　C 终于带她回去了　D 这样大家都没有兴致了

4. 房里正好没有人，她看着诱人的蛋糕，越看越想吃，忍不住终于吃了一口。

A 房里正好没有人　B 她看着诱人的蛋糕　C 越看越想吃　D 忍不住终于吃了一口

5. 为了这个病，我吃了不少药，一点儿效果也没有，白白吃了。

A 为了这个病　B 我吃了不少药　C 一点儿效果也没有　D 白白吃了

参考答案

一、1. 总算/终于　2. 总算/终于　3. 终于　4. 总算/终于　5. 总算/终于　6. 总算　7. 终于

二、1. 句尾缺少“了”。
2. 句尾缺少“了”。
3. 句尾缺少“了”。
4. “做”后缺少结果补语“好”或者“完”，句尾缺少“了”。
5. “找”后缺少结果补语“到”，句尾缺少“了”。
6. “好”后缺少趋向补语“起来”。

三、1. 儿子考上了名牌大学，我们做父母的＿总算没白辛苦＿。
2. 他给我解释了半天，我＿终于明白了＿。
3. 尽管他很爱她，可她＿终于还是嫁给了别人＿。
4. 经过三个多小时的讨论，＿总算把问题解决了＿。
5. 由于长期坚持跑步，身体＿终于渐渐强壮起来了＿。
6. ＿我们和门卫商量了半天＿，门卫总算同意让我们进去了。
7. ＿经过激烈的竞争＿，我终于得到了这份工作。

四、1. D，应改为“他忍了这么久的眼泪终于流了出来”。
2. C，应改为“她们终于还是跟他永别了”。
3. C，应改为“终于还是带她回去了”。
4. D，应改为“终于忍不住吃了一口”。
5. D，应改为“白吃了”。

第十一课 毕竟 究竟 到底

试一试

请用“毕竟”“究竟”或“到底”填空。

1. 孩子__________还小,不能像大人那样去要求他。
2. 大学生__________是大学生,这点问题难不倒你。
3. 这本书虽然旧,__________是珍本。
4. 你这家伙毛手毛脚的,__________把花瓶打碎了。
5. __________他还只是个孩子,发生这样的事情实在不是他能控制的。
6. 问题__________出在哪里呢?
7. __________他不是有意伤害你,你就别生他的气了。
8. 然而,这件事__________太大了,谁也不敢作出决定。
9. 运动员们的表现__________没让我们失望。
10. 听他说了半天,我__________也没明白是怎回子事!

讲一讲

一、“毕竟”“究竟”“到底”的相同之处

副词“毕竟”“究竟”“到底”都可用在动词或形容词的前面。下面的用法比较相近(更多地用“毕竟”)。

1. 强调某一情况是事实,表示“不管怎么样,就是这样”的意思,作为所提出的某个观点的根据,或表示对某种情况的理解,常用在动词、形容词前。如:

孩子毕竟/究竟/到底还小,不能像大人那样去要求他。

学生会毕竟/究竟/到底是学生自己的组织,应该多搞些学生喜欢的活动。

她的基础知识毕竟/究竟/到底太差,口试时出了洋相,引得人们哄堂大笑。

所以常常构成这种格式:名词 + 到底/毕竟/究竟 + 是 + 名词,一般用来强调名词的特点。如:

年轻人毕竟/究竟/到底是年轻人,学东西就是快。

大学生毕竟/究竟/到底是大学生,这点问题难不倒你。

有时仅用于强调说话人的观点,隐含反驳、否定对方的某个看法或观点的意思,只用于陈述句。如:

谎言毕竟/究竟代替不了事实。

不管怎么说，这么做毕竟不好。

2. 强调某一值得肯定的事实，用于在看到不好的一面时，还应肯定好的一面。常用于让步转折从句中。如：

不论怎么说，他毕竟/究竟/到底还是来了。

这本书虽然旧，毕竟/究竟/到底是珍本。

二、“毕竟”“究竟”“到底”的不同之处

1. “毕竟”不能用于疑问句，而“究竟”和“到底”常用于疑问句，表示进一步追究，有加强语气的作用。用在主语前的“究竟”和“到底”，是针对主语提问的，用在主语后的“究竟”和“到底”，是强调谓语的。如：

究竟/到底室内温度有多高？

究竟/到底谁负责这项工作？

究竟/到底你去还是他去？

问题究竟/到底出在哪里呢？

这台机器究竟/到底好用不好用？

“毕竟”可以放在主语前强调整个句子，也可放在主语后强调谓语部分，但都是用于陈述句。如：

毕竟他不是有意伤害你，你就别生他的气了。

毕竟他还只是个孩子，发生这样的事情实在不是他能控制的。

不管怎么说，他毕竟还是向你道歉了。

2. “毕竟”常用来表示主观评价，肯定已部分完成的动作或有所发展的情况，一般是说话人感到满意和值得欣慰的。像下面句中的“毕竟”一般不能换作“究竟”和“到底”：

研究工作尽管困难重重，但毕竟已经迈出了可贵的一步。

现在虽然还未找到最后答案，但毕竟已经看到了希望之光。

任务毕竟已完成了一大半，自己觉得可以松口气了。

3. “到底”还可以表示最终。常表示说话人担心发生的事情最终还是发生了，这一用法是“毕竟”和“究竟”所没有的。下面的句子不用“究竟”和“毕竟”：

她心里藏不了东西，到底还是把那件事说出去了。

你这家伙毛手毛脚的，到底把花瓶打碎了。

4. “毕竟”常用在“太+形容词”前，多表示主观看法，常用于解释原因的句子；“究竟”和“到底”很少这样用。如：

她伤情毕竟太重，最后还是死了。

然而，这件事毕竟太大了，谁也不敢作出决定。

公开宣布出来毕竟太不光彩，而且容易引起纠纷。

5. “毕竟”和“到底”比“究竟”更多地用于否定句，尤其是“到底”可以表示对比较满意的情况的感叹。可以出现在复句的前后分句，也可以以单句形式出现。如：

时代毕竟不同了，人们对这种现象已习以为常了。

你这十年学到底没白上，你比以前聪明多了。

运动员们的表现到底没让我们失望。

6. “到底”多用于口语，“毕竟”“究竟”多用于书面语。

提示

“到底”用在疑问句中时，句中不能再用“吗”。下面的句子是错的：

＊他到底去吗？

改：他到底去不去？

“究竟”除了作副词外，还可作名词，有结果、原委的意思。如：

对这件事情，大家都想知道个究竟。

他小的时候什么事情都喜欢问个究竟，老师有时都被他问住了。

“到底”除了作副词外，还有动词用法，常作补语。如：

我们要将改革进行到底。

说到底，这一代孩子将长成什么样，责任在于成人的我们。

我们对售出的商品一定要负责到底。

好事要做到底。

三、“到底”和“终于”的相同之处

“到底”和“终于”都可能表示经过很长时间之后，某个期望的情况最终出现了。如：

经过一番波折，事情到底成功了。（“到底”可换成“终于”）

四、“到底”和“终于”的不同之处

1. “终于”常可以用来客观说明某种期望的情况是经过人主观长时间有意识的努力，好容易才实现；“到底”很少这样用。如：

在厂长的带领下，我们终于提前完成了任务。

经过多年的试验，他们终于生产出了这种可以看电影的手机。

2. “到底”可表示说话人担心发生的事情最终还是发生了，“终于”不能这样用。如：

爷爷年轻时怕被抓去当兵，但到底也没躲过这个灾难。

我们都担心他会辞职，极力想留住他，可到底他还是走了。

3. 当要表示经过主观长时间有意识的感知，却得到否定的结果，或者要表示动作者经过长时间的思考，却作出了否定的选择，一般用“到底”而不用“终于”。如：

听他说了半天，我到底也没明白是怎回事！（“到底”不能换成“终于”）

她曾想过到条件好一点儿的地方去，但她到底没有离开这些孩子，她要亲手把他们培养成优秀的人才。（“到底”不能换成“终于”）

4. “终于”有时可以用于一段话最后一句的句首，“到底”不行。如：

终于，在导师的指导下，他取得了成功。

练一练

一、用（　　）里的词语完成句子。

1. 纸包不住火，老王偷东西的事情____________________。（到底）

2. ____________________？我们都在等你的决定呢！（究竟）

3. 虽然现在和城市比，农村的生活条件还不算好，但是经过这几年的努力，农民的生活水平____________________。（毕竟）

________________,中文说得那么好。(到底)

4. 事________________,你还是跟大家商量商量吧。(毕竟)

列句子中的“到底”能否替换成“终于”。

虽然很多人都不希望,但他们到底还是离婚了。

到底是个孩子,这么复杂的事情他不会懂。

. 他到底才学了一年汉语,翻译不了这篇文章。

4. 听他说了半天,我到底也没明白是怎回子事!

5. 小明的表现到底没让我们失望。

三、判断下列句子的对错,对的打“√”,错的打“×”并改正。

1. 她虽然已经很努力了,但到底还是考了最后一名。

2. 她到底是你要找的人吗?

3. 哥哥终于考北大。

4. 她哽咽了半天,终于放声哭。

四、HSK 仿真题:在下面 ABCD 中选择唯一正确的填入空中。

1. 在厂长的带领下,我们______提前完成了任务。
A. 终于　　B. 到底　　C. 简直　　D. 几乎

2. ______,激动人心的那一刻到来了。
A. 逐步　　B. 简直　　C. 终于　　D. 到底

3. 经不起后母的折磨,桂花______还是离家出走了。
A. 白白　　B. 毕竟　　C. 到底　　D. 差点儿

4. ______是春天了,天气一天比一天暖和。
A. 终于　　B. 到底　　C. 还是　　D. 最后

5. 那里的气候______冷不冷?
A. 终于　　B. 到底　　C. 简直　　D. 毕竟

6. 火星上______有没有生命?
A. 究竟　　B. 终于　　C. 都　　D. 完全

7. 专家______是专家,很快就把问题解决了。
A. 光　　B. 毕竟　　C. 只　　D. 终于

8. 他______是个孩子,你怎么能这样要求他呢?
A. 终于　　B. 最后　　C. 到底　　D. 终于

9. 职业棋手______跟业余棋手不同。
A. 终于　　B. 简直　　C. 最后　　D. 到底

10. 专家______是专家,水平就是不一样。
A. 逐渐　　B. 终于　　C. 最后　　D. 毕竟

五、HSK 仿真题:找出下面每段话中有错误的一部分。

1. <u>她曾想过到条件好一点儿的地方去</u>(A),<u>至少可以换个工作什么的</u>(B),<u>但她没有到底离开这</u>

些孩子，她要亲手把他们培养成优秀的人才。
C　　　　　　　　D

2. 他觉得做一个"男儿"应该抛开家庭到外面去，一个人去创造出一番不寻常的事业。至
A　　　　　　　　B
于这事业毕竟是什么，他自己也只有一点不太清楚的概念。
C　　　　　　　　D

3. 小明拼命把小石子往对岸扔，怎么也扔不到河对面。对岸离他究竟远，石子达不到。
A　　　　　　　　B　　　　　　　　C　　　　　　D

4. 说到底，最早谈论吸烟是不是危害健康的，谁敢说不是吸烟者自己呢？究竟还是他们
A　　　　　　　　B　　　　　　　　C
最关心这个问题吧。
D

5. 这几年在中国的留学生活，使他的眼界渐渐地宽了，他究竟开始明白了人生是怎么一回事，
A　　　　　　　　B　　　　　　　　C
做一个人应该怎样。
D

参考答案

一、1. 纸包不住火，老王偷东西的事情＿到底还是被人发现了＿。
2. ＿你究竟同意不同意这么做＿？我们都在等你的决定呢！
3. 虽然现在和城市比，农村的生活条件还不算好，但是经过这几年的努力，农民的生活水平＿毕竟比以前改善了许多＿。
4. ＿田中到底是中文系的高材生＿，中文说得那么好。
5. 这件事＿毕竟跟大家都有关系＿，你还是跟大家商量商量吧。

二、1. 可以　2. 不可以　3. 不可以　4. 不可以　5. 不可以

三、1. √
2. √
3. ×，缺少完成义，应改为：哥哥终于考上北大了。
4. ×，"到底"表示"最终"意义时，用于已经完成的动作或状态，所以谓语必须带动态助词"了"，或其他表示完成的词语，故句后应加"了"。

四、1. A　2. C　3. C　4. B　5. B　6. A　7. B　8. C　9. D　10. D

五、1. C，应改为"但她到底没有离开这些孩子"。
2. C，应改为"至于这事业究竟是什么"。
3. C，应改为"对岸离他毕竟远了一些"。
4. D，应改为"毕竟还是他们最关心这个问题吧"。
5. C，应改为"他终于开始明白了人生是怎么一回事"。

第十二课 大概 大约 大体 大致

试一试

在下面 ABCD 中选择唯一正确的填入空中。

1. 现在______三点半。

A. 大概　　B. 大约　　C. 大体　　D. 大致

2. 他最近一直没精神，______生病了。

A. 大概　　B. 大约　　C. 大体　　D. 大致

3. 我们的看法______相同。

A. 大概　　B. 大约　　C. 大体　　D. 大致

4. 我______了解了一下儿情况，还没发现什么特别的，明天我再仔细研究一下。

A. 大概　　B. 大约　　C. 大体　　D. 大致

讲一讲

1. “大概”“大约”都可以直接用在数量词前，表示对数量（包括时间、年龄、重量、长度等）不精确的估计；“大体”和“大致”没有这种用法。如：

现在大概/大约三点半。

那个女人大概/大约有三十岁。

参加会议的大概/大约有130人。

2. “大概”还常用于谓语前，表示对某种情况的推测、估计；“大约”基本上不表示这种意思；“大体”“大致”没有这种用法。如：

他最近一直没精神，大概生病了。

看你这么高兴，大概有什么好事吧。

他大概是韩国人，我刚才听到他用韩语打电话。

3. “大体”表示的是大多数的情况，或主要方面的意思，它强调的重点是基本的、一般的情况，所以有时和“上”连用，构成“大体上”的形式，在句中作状语。如：

今天的会议大体上就说这么多。

我们的看法大体相同。

4. “大致”主要表示“粗略地”，即动作者粗粗地做某个动作，或观察者根据大的方面进行的较粗的判断，不要求动作或判断的详尽、仔细或精确。如：

我大致了解了一下儿情况，还没发现什么特别的，明天我再仔细研究一下。

他们的衣服大致相同。

这本书我大致翻了翻，没仔细看。

5．此外，“大概”“大约”“大体”“大致”还有别的词性和用法。

（1）“大概”可作名词，表示大致的内容或情况，一般作宾语，可以带量词“个”。如：

这件事我已经了解了个大概。

这一意义的“大概”不能作状语。下面的句子是错的：

＊这件事我已经大概了解了。

改：这件事我已经大体上了解了。

（2）“大体”也有名词用法，但表示“重要的道理”，与“大概”的意思不一样，而且跟它搭配的动词很少，通常只有“识、知、关”等。如：

这些都是无关大体的事，别在意。

让山里的孩子读党报、知大事、识大体、立大志，是件很有意义的事情。

（3）“大概”“大体”“大致”还有形容词的用法。形容词“大概”表示不十分精确、详细的意思，“大体”“大致”表示多数情况。如：

他的年龄我不太清楚，只能说个大概的数字。

大体/大致的意思就是这样。

小结：

词语	作副词	作名词	作形容词
大约	对数量的估计	–	不十分精确
大概	对数量的估计；对某情况的推测、估计	基本的内容	
大体	强调大多数的情况	重要的道理	大多数的、主要方面的
大致	粗略地判断或行动	–	

练一练

一、HSK仿真题：下面每个句中都有一画线词，ABCD四个答案是对这个词的解释，请选择其中最接近该词语的一种解释。

1．我们的意见大体一致。

A．也许　　B．大概　　C．大约　　D．基本上

2．从这里到象山，大概要五个小时。

A．也许　　B．大约　　C．大致　　D．基本上

3．那本书我只是大致翻了翻，没有仔细看呢。

A．粗略地　　B．大约　　C．基本　　D．可能

4．问题大体上已经解决了。

A．大概　　B．大致　　C．大多数　　D．基本

5．他大概早把答应我的事忘在脑后了。

A．可能　　B．大致　　C．大多数　　D．基本

6．别看他年纪不大，挺识大体的。

A．基本　　B．可能性　　C．大多　　D．重要的道理

二、HSK 仿真题：在下面 ABCD 中选择唯一正确的填入空中。

1. 这台电脑______上没什么毛病，只是外壳有一点问题。
A. 大概　B. 大致　C. 大约　D. 大体

2. 我昨天______只睡了两个小时。
A. 大致　B. 大概　C. 基本上　D. 大体

3. ______一顿饭的功夫，他就把手续办好了。
A. 大致　B. 可能　C. 大约　D. 大体

4. 这两件衣服的颜色______相同。
A. 大概　B. 大多数　C. 大约　D. 大体

5. 老师只给我们划了一个______的考试范围。
A. 大体　B. 大约　C. 大多　D. 大概

6. 从______上说，这个设计方案已经很不错了。
A. 大约　B. 大概　C. 大致　D. 大体

7. 他______跑了五十米突然停了下来。
A. 大致　B. 大约　C. 大体　D. 基本

8. 这件事，他也只是知道个______。
A. 大约　B. 大体　C. 大致　D. 大概

9. 这个人______二十五六岁的样子。
A. 大多　B. 大体　C. 大致　D. 大约

10. 刚才王总______介绍了一下这个公司的情况，下面我们再听小张详细地介绍一下。
A. 大概　B. 大致　C. 大约　D. 大体

三、HSK 仿真题：将下面句后(　)中的词语放在唯一合适的地方。

1. 地震 A 发生后，B 一度出现饮水困难，C 现在 D 克服了。(大体上)
2. A 天 B 这么阴，C 快要 D 下雨了。(大概)
3. A 你估计一下，这个大楼 B 有 C 多 D 高。(大约)
4. A 改编后的 B 电影，内容与 C 原来的小说 D 相同。(大致)

四、HSK 仿真题：找出下面每段话中有错误的一部分。

1. 下山的时候(A)，她突然滑倒了(B)，前面的人大致听到了她的惊叫声(C)，都回过头来看她(D)。

2. 据测算(A)，吸一支烟(B)，生命会缩短 5 分 30 秒(C)，大体和吸一支烟的时间相等(D)。

3. 这件事发生后(A)，社会上有各种各样的传说，应本报记者的要求(B)，市长就某些方面进行了(C)相应的大概解释(D)。

4. 对不起(A)，那本书我只是大约翻翻(B)，你问我什么地方写得好(C)，我还说不出来(D)。

5. 一般来说，父母都对自己的孩子抱有很大的期望，有不少人有目的地培养孩子在某个方面的兴趣，因此儿童的学习动机大概反映了父母的态度和信仰。

A（一般来说） B（父母都对自己的孩子抱有很大的期望） C（有不少人有目的地培养孩子在某个方面的兴趣） D（因此儿童的学习动机大概反映了父母的态度和信仰）

参考答案

一、1. D 2. B 3. A 4. D 5. A 6. D

二、1. D 2. B 3. C 4. D 5. D 6. D 7. B 8. D 9. D 10. B

三、1. D 2. C 3. B 4. D

四、1. C，应改为“前面的人大概听到了她的惊叫声”。

2. D，应改为“大概和吸一支烟的时间相等”。

3. D，应改为“市长就某些方面进行了相应的大致解释”。

4. B，应改为“那本书我只是大致翻了翻”。

5. D，应改为“因此儿童的学习动机大体反映了父母的态度和信仰”。

第十三课　也许　恐怕

试一试

请用“大概”“也许”“恐怕”填空。

1. 从这里坐火车到上海，__________只要一个半小时。
2. 你去问问王老师，__________他知道手续该怎么办。
3. __________情况不像你想的那么糟糕。
4. 这件事__________我一个人做不了。

讲一讲

“也许”和“恐怕”在句中作状语，表示推测，和“大概”很接近，常常可以互相替换，而意思不改变。但是三者的侧重点还是有区别的。

1. 从三词所表示的客观性看，“大概”客观性较强些，“也许”“恐怕”客观性较弱。当推测、估计是有一定的客观依据时，一般用“大概”，其语气比“也许”“恐怕”要肯定。如：

从这里坐火车到上海，大概只要一个半小时。

今天第一天就有这么多人报名，这次参加 HSK 的人数大概要超过上一次了。

2. “也许”主要用于主观推测。

（1）当对实际情况或将来可能产生的情况加以推测时，“也许”的语气比“大概”更不确定。所以，当说话人对所说的没有多大把握时，一般用“也许”；如果把握较大，“也许”就可以换用“大概”；如果对所推测的情况有些担心，则用“恐怕”（另见下文“恐怕”的有关说明）。如：

你去问问王老师，也许他知道手续该怎么办。

也许情况不像你想的那么糟糕。（可换用“大概”或“恐怕”）

厂长这样处理问题，也许会有很多人反对的。（可换用“恐怕”或“大概”）

（2）这三个副词都可以用于表示主观评价的句中，用“也许”语气比“大概”委婉，和“恐怕”差不多。不管评价是积极的还是消极的，肯定的还是否定的，都可以用“也许”。“恐怕”或“大概”多用于消极方面或否定的评价。如：

考虑到将来，现在学两门外语也许是应该的。

我们这么对他，也许/恐怕/大概不太合适吧。

3. “恐怕”也可用于推测和估计。

（1）“恐怕”有动词用法，表示“害怕、担心”，所以作为副词的“恐怕”也常带有担心的意味，有较强的主观倾向；“大概”和“也许”没有这样的含义。“恐怕”后一般是消极意义的词语或谓语的否定式。如：

再不下雨，这些庄稼恐怕都要干死了。

你要是不让他干，他恐怕会发脾气的。

这件事恐怕我一个人做不了。

他的肌肉拉伤了，恐怕再也不能参加这次比赛了。

（2）由于“恐怕”含有说话人的担心，所以语气较“也许”还要委婉，比“大概”和“也许”更多地用于比较客气的批评或劝说。句尾要是带了“吧”，语气则更委婉。试比较：

你这样做不太好。——你这样做恐怕不太好吧。

（用“恐怕”含有站在对方的立场，替对方担心的语气，下同）

你这样做太冒险了。——你这样做恐怕太冒险了吧。

您年纪大了，去旅游恐怕还是坐飞机更好些。

（3）“恐怕”和“大概”“也许”一样，也可用于条件、假设复句的的第二分句，表示对将来可能出现的情况的估计。与“大概”“也许”相比，“恐怕”由于带说话者的主观倾向，语气更委婉。如：

这次比赛他们准备了很长时间，恐怕会赢咱们的。（为“咱们”担心）

你多跟他谈谈，你们之间的误解恐怕就不会这么深了。（替对方考虑）

小结：

词语	主要特点		
	表示主观评价	客观与主观	语气
大概	有一定客观依据	比较肯定	消极
也许	较主观	不太确定，委婉	积极或消极
恐怕	含担心意味带主观倾向	不太确定，委婉	消极

练一练

一、请用“大概”“也许”或“恐怕”填空。

1. 她________跑了两公里。
2. 孩子们盼望的除了六一儿童节外，________要数春节了。
3. 如果从居民人数讲，热闹镇________是全国最小的镇了。
4. 听口音，她________是福建人。
5. 你这样做，________对人家不太负责了。
6. 你控制一下儿饮食________对你减肥有好处。
7. 她被车撞了，________活不了几天了。
8. 这个人看上去不年轻了，________有五十岁了吧？
9. ________是因为我是老师，他们没检查我的身份证。
10. 这事情不太好办啊，________还得找人托托关系才行。

二、判断下面哪些画线词语可以用括号里的词语替换。

1. 她的命运恐怕比你好不了多少。（大概）
2. 都十二点了，她还没来，恐怕不会来了。（也许）
3. 也许是因为天气不好，也许是因为路途远，有一半人没来参加聚会。（恐怕）
4. 大概在下午四点钟的时候，有个男人来找你。（也许）
5. 也许我们应该先问问她再决定。（大概）
6. 让我来试试，也许我能帮上忙。（大概）
7. 她走了恐怕有一个多月了。（大概）
8. 咱们这样对他，也许不太合适吧。（恐怕）

三、HSK 仿真题：找出下面每段话中有错误的一部分。

1. 你这套房子并不大，居然要两百万，大概太贵了吧，会有人买吗？

A　B　C　D

2. 我觉得刘教授说的大概是对的，他在这方面是专家，看到的听到的不比咱们多？还是多考虑考虑他的意见。

A　B　C　D

3. 再过两天你丈夫就可以出院了，你要把心放宽一点儿，老是愁闷，会恐怕愁出病来。

A　B　C　D

4. 李明因为愤怒说了许多语气很重的话，在平时这样的话大概会给他招来不少的麻烦，这个时候反而因为语气太重的缘故，对方倒让步了。

A　B　C　D

参考答案

一、1. 大概　　2. 大概/恐怕/也许（推测的依据不太明显）

3. 大概（“从居民人数”表示有一定的客观依据）　　4. 大概（“听口音”表示该判断有一定的客观依据）

5. 恐怕（表达委婉的语气，常用于商量）　　6. 也许（不确定的推测）

7. 恐怕（表示担心的语气）　　8. 大概（比较肯定）

9. 大概（比较肯定）　　10. 恐怕（表示担心的语气）

二、1. 可以　2. 可以　3. 不可以　4. 不可以　5. 不可以　6. 不可以　7. 可以　8. 可以

三、1. C，应改为“恐怕太贵了吧”。

2. A，应改为“我觉得刘教授说的大体是对的”。

3. D，应改为“恐怕会愁出病来”。

4. B，应改为“在平时这样的话恐怕会给他招来不少的麻烦”。

第十四课　尤其　特别　格外　比较　较

试一试

请用(　　)里的词语填空。

1. 喝酒对身体不好，__________影响心脏。(尤其　格外)
2. 要注意饮食卫生，__________是生吃瓜果，一定要洗干净。(尤其　比较)
3. 被老师夸了几句以后，小明__________骄傲了。(格外　尤其)
4. 这是我__________从法国带来了葡萄酒，尝尝吧。(特别　格外)
5. 你们几个，谁__________能喝酒？(特别　尤其)

讲一讲

一、尤其　特别

1. 这两个词都可以作状语，表示在同类许多人或事物中，某人或某事物显得很突出。常见的形式是：

特别/尤其+是+名词。如：

他很喜欢音乐，特别/尤其是古典音乐。

这个班的学生都很认真，特别/尤其是李丽。

特别/尤其+(是)+动词/小句。如：

她不喜欢抽烟，特别/尤其不能容忍别人在公共场所抽烟。

喝酒对身体不好，特别/尤其影响心脏。

要注意饮食卫生，特别/尤其是生吃瓜果，一定要洗干净。

我们学校的老师对学生都很好，特别/尤其是张老师，非常关心学生。

2. "尤其"一般要用于复句的第二分句(见上例)。"特别"还可以表示"非常"的意思，可以用于单句中修饰形容词或动词。如：

他今天早上起得特别晚。

我特别喜欢他穿白色的衣服。

3. "特别"还可以表示"特意"的意思。如：

这些是我特别为你准备的。

下课的时候，老师特别留下来为我讲解不明白的地方。

4. "特别"还有形容词的用法，而"尤其"只有副词用法。如：

她今天的样子有点儿特别。

二、格外

“格外”表示程度超出一般，比平常进一层。隐含比较，表示某人或某事物较说话前某个时点前后程度更进一步，因此句中常有表示时间或条件的短语，常修饰形容词、助动词、动词及其短语，后面可以加“地”。既可以用于肯定句，也可以用于否定句。如：

最近几天他好像格外地高兴。

叔叔自从得了奖以后，格外爱说话了。

小孩子生病以后，格外不听话了。

一个女人离婚后带两个孩子格外不容易。

距离那么远，再加上有雾，格外看不清楚。

“格外”不能像“尤其”“特别”那样用于在一类人或事物中突出其中某人或某事物。上面“尤其”“特别”常见形式下的例句都不能换用“格外”。

三、比较　较

“比较”表示程度不太高，隐含与同类别的人或事物的比较，不用于否定句。常修饰形容词、助动词、动词及其短语。如：

从这里走比较近。

那儿的经济比较落后。

他比较喜欢吃辣的。

现在他也比较会办事了。

“较”的用法同“比较”，多修饰单音节形容词，而且只用于书面语，如“气温较高”“水平较高”等。

“比较”不能像“格外”那样表示某人或某事物较说话前某个时点前后程度更进一步，也不能像“尤其”“特别”那样用于在同类许多人或事物中突出某人或某事物。

小结：

词语	语义上		使用条件	用于否定句	做定语
尤其	同类许多人或事物中突出某人或某事物		复句第二分句	+	−
特别			单句中	+	−
格外	隐含比较	程度超出一般	单句中	+	−
比较/较		程度一般	单句中	−	−

练一练

一、HSK 仿真题：在下面 ABCD 中选择唯一正确的填入空中。

1. 她皮肤很好，白里透红，一笑两个酒窝，乌黑的大眼睛显得______灵活。

A. 比较　　B. 更加　　C. 尤其　　D. 格外

2. 宋人范成大有首《祭灶诗》，______全面地记录了当时民间的祭灶风俗。

A. 比较　　B. 格外　　C. 稍微　　D. 有点儿

3. 老师应多鼓励和表扬学生，______要表扬并不优秀的学生。

A. 格外　　B. 极其　　C. 稍微　　D. 尤其

4. 他说你以前是个需要______细心照顾的孩子。

A. 比较　　B. 尤其　　C. 格外　　D. 很

5. 随着孩子的年龄增大，______是到了 8 ~9 岁的时候，孩子的推理、理解能力提高了很多。

A. 格外　　B. 极其　　C. 稍微　　D. 特别

6. 据说最近这段时间大楼______不安全，接连发生偷窃事件。

A. 稍微　　B. 格外　　C. 比较　　D. 有点儿

7. 花园里有各样的花，粉的、红的、黄的、白的，只有这一丛与众不同的花______引人注目，引得很多人停下来观看。

A. 特别　　B. 相当　　C. 比较　　D. 有点儿

8. 刘三经常来我家，而且每次开着宝马(BMW)过来，邻居就对我______地注意。

A. 很　　B. 有点儿　　C. 格外　　D. 尤其

9. 这个菜是妈妈______为你做的，你快多吃点吧。

A. 尤其　　B. 特别　　C. 格外　　D. 极其

10. 弟弟本来不爱说话，也不会说话，工作几年之后，现在也变得______会说话了。

A. 比较　　B. 尤其　　C. 格外　　D. 极其

二、HSK 仿真题：将下面句后(　　)中的词语放在唯一合适的地方。

1. 因为 A 昨天 B 停诊，所以今天的病人 C 就 D 多一些。(格外)
2. 她 A 非常 B 老实，所以王平 C 信任她，D 很多重要的事都对她说。(特别)
3. 由于家里 A 很穷，B 我们几个孩子生活 C 都很节约，D 是大姐。(尤其)
4. 从上海回来，A 坐在书房里，B 心情 C 平静，D 平静得忘记了一切烦恼。(格外)
5. A 我感到 B 高兴的是，我们公司比起十年前 C 有了很大的 D 发展。(特别)
6. 对那些生活 A 特别困难的职工，B 政府 C 要 D 关心照顾他们。(尤其)

参考答案

一、1. D　2. A　3. D　4. C　5. D　6. B　7. A　8. C　9. B　10. A

二、1. D　2. C　3. D　4. C　5. B　6. C

第十五课 又$_2$ 再$_2$

试一试

请用"又"或"再"填空。

1. 写完以后，你应该＿＿＿＿＿检查检查。
2. 这部电影很好看，我有时间想＿＿＿＿＿看一遍。
3. 你要是＿＿＿＿＿迟到，以后就别来了。
4. 时间还早，我＿＿＿＿＿坐了一会儿。
5. 秋天快到了，树叶＿＿＿＿＿要落了。

讲一讲

我们在前面第一单元和第二单元讲过"又"和"再"的部分用法，本课讲这两个副词的另外一些意义和用法。

一、又$_2$

"又"还可以表示语气，主要有以下几种用法：

1. 表示转折，出现后一分句的谓语前，常和"但是、可是、却"等一起用。前后分句常表示矛盾的动作或心理。如：

   心里有很多话要说，却又说不出来。

   她说马上就来，可是又坐着不动。

2. 加强否定，所否定的句子常作为后一结论句的充足的根据，语气很强。如：

   你又不是我爸爸，我的事不用你管。

   她又不是不知道，我最近刚买了房子，哪有钱啊？

3. 加强反问，"又"后常为疑问代词等，表示"结果不会改变"。如：

   平时不学习，现在要考试了，着急又有什么用？

   你妈妈来了又怎么样？谁也救不了你！

二、再$_2$

表示程度的增加或减弱。主要有以下几种结构。

1. 再＋形容词＋一点儿。如：

   水再热一点儿就好了。

   请说得再慢一点儿。

2. 再＋动词＋（得）＋形容词＋（一点儿/一些）。如：

你的字再写得大一点儿。

再走近些，就看得清楚了。

上述这两类句式一般用于希望、建议或请求。

3. 再＋形容词，用于让步的假设。如：

天气再冷，我们也要坚持锻炼。

工作再苦，再累，我也不怕。

4. 用于比较。

（1）没有比……＋再＋形容词。如：

没有比这再好吃的了。

没有比他再可恨的人了。

（2）再（也）没有比……更＋形容词。如：

再也没有比这趟车更快的了。

再也没有比这个更让人高兴的了。

再也没有比老王更老实的人了。

（3）形容词＋得＋不能＋再＋形容词＋了。如：

这个瓜甜得不能再甜了。

他们俩好得不能再好了。

上面三个比较句式都表示某人、某事物在某个方面的程度达到极点。

（4）再＋形容词＋也没有了/不过了。这种句式一般表示情况令人满意。如：

你能跟我一块儿去，那是再好也没有了。

李丽穿这件衣服再合适不过了。

练一练

一、请用“再”或“又”填空。

1. 今天下午，王经理__________问起了这件事。
2. __________过几天就是中秋节了。
3. 我看__________也没有比他跑得更快的人了。
4. 她__________不是不知道，我最近刚买了房子，哪有钱借给她啊？
5. 这件事不着急，过几天__________说吧。
6. 我__________没做错什么，为什么骂我？
7. 你能__________说明一下儿那儿的情况吗？
8. 弟弟睁开眼睛看了看，翻了个身__________睡着了。
9. 你去__________合适不过了，别人都不行。
10. 天气__________不好，妈妈也要坚持每周去看外婆。

二、HSK 仿真题：在下面 ABCD 中选择唯一正确的填入空中。

1. 要是你______不走，就赶不上飞机了

A. 又　　B. 再　　C. 还　　D. 都

2. 夜深了，他______在学习。

A. 再　　B. 就　　C. 还　　D. 又

3. 她很想跟大家一起去，但______不好意思开口。

A. 再　　B. 还　　C. 又　　D. 光

4. 火车已经晚点了，着急______有什么用？

A. 又　　B. 再　　C. 还　　D. 都

5. 要是汤______淡一点儿就更好了。

A. 再　　B. 就　　C. 才　　D. 都

6. 这种笔很好用，我要______买一支。

A. 又　　B. 再　　C. 还　　D. 都

7. 医生说，晚餐之后至少要过三个小时______能睡觉。

A. 再　　B. 就　　C. 才　　D. 都

8. 房价涨了好几年了，______这么涨下去，我可买不起了。

A. 又　　B. 再　　C. 还　　D. 都

9. 都已经开始下雨了，你______说天气不会变呢！

A. 再　　B. 就　　C. 还　　D. 又

10. 主席的话说完后，有一个人鼓掌，______有一个人鼓掌，接着，会场上响起了一片掌声。

A. 又　　B. 再　　C. 还　　D. 更

三、按要求改写句子。

1. 不管有多少困难，我们也要坚持到底。（再＋形容词）

2. 钱包丢了，生气也没有用。（用“又”的反问句）

3. 她知道我最不喜欢紫色，怎么还给我紫色的衣服？（用“又”的双重否定句）

4. 你能说得更详细一点儿吗？（再）

5. 这是最合适的鞋子了。（用“再”的比较句）

6. 你能参加比赛最好了。（用“再”的比较句）

7. 我吃得饱极了。（用“再”的比较句）

四、HSK 仿真题：将下面句后（　　）中的词语放在唯一合适的地方。

1. 几家邻居 A 先后都 B 搬走了，只有老王 C 住在 D 原来的地方。（还）

2. 既然大家 A 一再要求 B，我 C 就 D 唱一个。（再）

3. 我 A 这 B 不是什么大病，你 C 不用 D 太担心。（又）

4. 你 A 把问题的严重性 B 跟他说 C 一下儿，他 D 不会不考虑后果的。（再）

5. A 在我国某些地方，B 服务于百姓生活的行业 C 十分 D 短缺。（还）

6. 自从我们 A 搬家之后，我 B 也 C 没到以前 D 住过的那个院子去过。（再）
7. 我 A 觉得那个房间已经 B 够 C 亮的了，你 D 嫌暗？（还）
8. 亚足联 A 要求他们 B 在今后的足球比赛中 C 不得 D 发生类似的不当行为。（再）

参考答案

一、1. 又 2. 再 3. 再 4. 又 5. 再 6. 又 7. 再 8. 又 9. 再 10. 再

二、1. B 2. C（表示动作状态没有变化，应用“还”） 3. C 4. A 5. A 6. B 7. C（这里强调“睡觉”时间晚） 8. B 9. C（表示没有变化，应用“还”） 10. A

三、1. 困难再大，我们也要坚持到底。
2. 钱包丢了，生气又有什么用呢？
3. 她又不是不知道我最不喜欢紫色，怎么还给我紫色的衣服？
4. 你能说得再详细一点儿吗？
5. 没有比这再合适的鞋子了。
6. 你能参加比赛再好不过了。
7. 我饱得不能再饱了。

四、1. C 2. D 3. B 4. B 5. C 6. B 7. D 8. D

第十六课 就$_3$ 才$_3$

试一试

请用"就"或"才"填空。

1. 这个孩子不到一岁__________会说话了,那个孩子三岁__________会叫"妈妈"。
2. 这件事我早__________知道了,你怎么现在__________听说?
3. 这篇课文他读了十分钟__________记住,我只用了一半时间。
4. 他刚回到家,楼上的老王__________来找他了。

讲一讲

我们在前第一单元分两课讲过"就"和"才"的部分用法,本课讲这两个副词的另外一些意义和用法。

1. "就"可以表示肯定的语气。如:

　　她就是王芳。

　　教室不远,就在二楼。

　　你要找的人我们这儿就有一个。

2. "就"和"才"都有强调语气的作用,多用于口语。

(1) 就+动词。这种"就"一般用在表示爱憎、意志的谓语前,强调的是说话人的主观态度。"就不+动词"突出的是坚决不做某动作的意志。如:

　　我就讨厌她那种人。

　　我就看不惯不尊敬老人的人。

　　说不吃,就不吃,打死我也不吃。

(2) 才+形容词+呢。这种"才"一般用在形容词谓语前强调程度,表示说话人的主观评价。如:

　　老王,您的话才厉害呢!

　　那位书法家的字才棒呢。

　　昨天的球赛才好看呢。

(3) 才+[是]……。有"别的不是"之意,排除其他的意思。这种"才"的作用在于加强判断,表示说话人主观肯定的评价,多用于称赞,有时也用于肯定某种做法。如:

　　这才是我的好女儿。

这才像话！（别的都不像话）

妈妈做的饭才好吃。（别人做的都不好吃）

（4）才＋动词/形容词＋（呢）。

这种用法的“才”起加强语气的作用，常用于纠正某种说法或看法，多用于对话。如：

A：这是宜兴的陶器吧。

B：那不是宜兴的陶器，这才是。（纠正对方的说法，强调事实）

A：我还是喜欢上次穿的那套衣服。

B：我觉得那套衣服不适合你，这套你穿起来才漂亮呢。（强调看法）

有时也用于反驳对方，语气很重，一般在不服对方指责时用。如：

A：你真是个坏蛋！

B：你才是坏蛋！

A：你瞎说！我怎么可能干这种事呢？

B：你才瞎说！我没有根据会这么说吗？

（5）才＋（不）＋动词＋呢！这类“才”一般用于带否定意义的结构前，加强否定，明确表示主观态度。如：

她不亲自来请我，我才不去呢！（“她亲自来请我”是“我去”的唯一条件）

让我演坏蛋，我才不干呢！（对命令满不在乎）

你别拿老师吓唬我，我才不怕呢！（对对方的做法满不在乎，下同）

你爱吃不吃，我才懒得管呢！

提示

强调主观态度的“就”和“才”的区别

用“就＋不＋动词”，一般是有人再三要求或劝说说话人做某个动作时，说话人表示坚持不做的态度时才用。“才＋不＋动词”不用于上述语境，“才”一般用于在一定条件满足后才做某事，或对某个命令、要求、做法或态度等各种情况满不在乎时用(详见上文)。

“就”可以用于肯定的动词谓语前强调主观意志，常带助词动词“要”。如：

你不让我唱，我就(要)唱！

父母不让我跟王平好，我就跟他好！

“就”常用于肯定的心理动词谓语前强调主观态度。如：

我就烦这种人，一点儿小事就大惊小怪。

爸爸就喜欢老实人。

“才”一般不用于上述肯定的谓语前，只用于像下面这样表面上是肯定的谓语形式，但实际是表示否定意义的反语之前。如：

这种喜欢自吹的人我才懒得理他呢！(才不理他呢)

（6）（要是）……＋才怪呢。如：

我要是相信他才怪呢！（我肯定不会相信他）

这么好的事情他要不去才怪呢！（他肯定会去）

他这么聪明学不会才怪呢！（他肯定学得会）

“才”常跟“要是”构成“要是……才怪呢”，“要是”也可以省略，但都是表示推断的、紧缩假设复句。句子形式如果是肯定的，表达的是否定的意思；相反，句子形式是否定的，则表达的是肯定的、毫无疑问的意义。（详见上）“才”在句中起强调语气的作用，表示说话人的主观态度或推测。

练一练

一、用“才”改写句子，要求加强语气，但意思不变。

1. “________________（他肯定不是诗人），你被他骗了。”她笑着说。
2. A：你脑子是不是不正常？
   B：________________！（你脑子不正常）
3. 别看他们一天到晚嘻嘻哈哈，什么都不在乎，其实________________（不是那么一回事）。我太了解他们这种人了，心里很苦闷，想干点什么又干不了。
4. 你怎么比得上我爸妈，________________（他们对我真好）。
5. 人家________________，我哪儿能算有钱？

二、用“才”或“就”填空。

1. 你别找了，我这儿________有一个。
2. 人家________是真正的电脑高手，我只是会用电脑而已。
3. ________不是你想的那样呢，你别在那儿乱说，我跟他一点儿也不熟。
4. 我________讨厌你这种一生气就走人的坏脾气。
5. 干那么多活只有五十块，我________不愿意去呢。
6. 他家________在这条路边。
7. 你别得意，我________不信我考得没你好。
8. 他这么懒，会这么早起来________怪呢！

三、HSK 仿真题：下面 ABCD 是对句中画线部分的解释，请在其中选择唯一正确的答案。

1. 他才回到家，老王就把他喊出去了。
   A. 他刚回到家　　B. 他很晚回到家
   C. 他很早回到家　　D. 他好容易回到家
2. 都十二点了，他才睡。
   A. 他睡得很早　　B. 他睡得很快
   C. 他睡得很晚　　D. 他睡得很慢
3. 才看了一遍，还要再看一遍。
   A. 我看得太慢　　B. 我晚看了一遍
   C. 我晚看了一遍　　D. 我只看了一遍
4. 别拿虫子吓唬我，我才不怕呢！
   A. 我很害怕　　B. 我后来不怕了
   C. 我一点儿也不怕　　D. 我有点儿怕
5. 书架上就这么几本书，其他都是 CD。
   A. 书架上只有这么几本书　　B. 书架上正好有这么几本书
   C. 书架上有很多书　　D. 书架上没有书

6. 着什么急，你要的书我这儿就有一本。

A. 你要的书我这儿只有一本　　B. 你要的书我这儿正好有一本

C. 你要的书我这儿没有　　D. 你要的书我这儿不止一本

7. 为什么非让我去找她？我就不去！

A. 我马上去　　B. 我已经去了

C. 我肯定不去　　D. 我会去

8. 她这么精明的人，不去才怪呢。

A. 她一定会去　　B. 她去了就奇怪了

C. 她不会去　　D. 她很奇怪

参考答案

一、1. “他才不是什么诗人，你被他骗了。”她笑着说。

2. B：你脑子才不正常呢！

3. 别看他们一天到晚嘻嘻哈哈，什么都不在乎，其实才不是那么一回事。我太了解他们这种人了，心里很苦闷，想干点什么又干不了。

4. 你怎么比得上我爸妈，他们对我才真好。

5. 人家才有钱哪，我哪儿能算有钱？

二、1. 就　2. 才　3. 才　4. 就　5. 才　6. 就　7. 就　8. 才

三、1. A　2. C　3. D　4. C　5. A　6. B　7. C　8. A

单元练习

一、HSK 仿真题:在下面 ABCD 中选择唯一正确的填入空中。

1. ______地,我发现他有一种奇特的吸引力。

A. 终于　B. 渐渐　C. 总算　D. 逐步

2. 哥哥觉得母亲说得有理,心情才______开朗起来。

A. 逐渐　B. 逐步　C. 恐怕　D. 到底

3. 这种情况在很长一段时间内______不会有什么改善。

A. 大约　B. 大体　C. 恐怕　D. 终于

4. 她虽然不怎么喜欢这个男人,但______还是嫁给他了。

A. 究竟　B. 终于　C. 逐渐　D. 快要

5. 这个孩子才十五岁,可是他常常______地在房里抽烟。

A. 悄悄　B. 默默　C. 暗暗　D. 偷偷

6. 今天上课我迟到了,为了不影响别人,我______地从后门进去。

A. 悄悄　B. 默默　C. 暗暗　D. 偷偷

7. 老师问大家问题,可大家都______地坐在那儿,谁也不说话。

A. 悄悄　B. 暗暗　C. 默默　D. 偷偷

8. 李老师______是老教师,教学很受学生的欢迎。

A. 就　B. 才　C. 终于　D. 毕竟

9. 看你们吃得这么香,我这半天在厨房______没______忙乎。

A. 总算　白白　B. 终于　白　C. 总算　白　D. 到底　白白

10. 他的脸色不太好,______是生病了。

A. 恐怕　B. 大约　C. 大体　D. 大概

11. 为了不让妻子伤心,他没有将此事告诉她,而是独自______地忍受痛苦。

A. 悄悄　B. 默默　C. 暗暗　D. 偷偷

12. 他们的计划眼看______成功了,却遇到了这样倒霉的事情。

A. 就要　B. 快要　C. 才　D. 快

13. 人家那______叫大款,我这哪算有钱啊?

A. 就　B. 才　C. 也　D. 还

14. 那天回来以后我______累得喘不过气来。

A. 差不多　B. 大概　C. 简直　D. 恐怕

15. 这事很难办,你还是请领导来解决吧,领导说一句话,作用______比咱们大得多。

A. 大概　B. 大致　C. 大约　D. 恐怕

16. 我______看不惯那种嘴上一套,背后一套的人。

A. 就　B. 才　C. 也　D. 还

17. 你的婚礼我很想参加，但那天______是有事，真对不起。
A. 本来　　B. 的确　　C. 特别　　D. 原来
18. 她的基础知识______太差，口试时出了洋相，引得人们哄堂大笑。
A. 究竟　　B. 终于　　C. 其实　　D. 毕竟
19. 距离那么远，有又加上雾天，______看不清楚。
A. 格外　　B. 极其　　C. 相当　　D. 尤其
20. 因为没有好好儿复习，她这次考试______不及格。
A. 差不多　　B. 差点儿　　C. 大概　　D. 简直
21. 你的词典______是旧的，现在怎么又变成新的了？
A. 实在　　B. 的确　　C. 特别　　D. 原来
22. 一个月三千块的工资不能______拿，我们总要做点什么。
A. 白白　　B. 光　　C. 白　　D. 只
23. 保姆工资准备给二十五块至三十块，每月______发放。
A. 按时　　B. 按期　　C. 顿时　　D. 随时
24. 北京的车迷早就______不满足日常小规模的比赛了。
A. 曾经　　B. 已经　　C. 都　　D. 立刻
25. 一听到那个消息，她______像个泄了气的皮球，没有信心了。
A. 准时　　B. 按时　　C. 顿时　　D. 按期

二、用（　　）里的词语完成句子。

1. 看到那么大的钻石戒指，她______________________。（简直）
2. ______________________，所以我一直觉得很对不起她。（确实）
3. 把这种很丢脸的事情在报上登出来，______________________？（究竟）
4. ______________________，哭了一会又玩儿去了。（毕竟）
5. 连着熬了一个星期的夜，小刘______________________。（终于）
6. ——听说您的孩子考上了大学，恭喜啊！
——______________________。（总算 + 没 + 白 + 忙）
7. 大家都以为老李没什么学问，______________________。（其实）
8. 昨天我们说好了去公园划船，你怎么没去啊？______________________。（白）
9. 她喜欢音乐，______________________。（尤其）
10. 司机突然觉得心脏非常不舒服，浑身无力，______________________。（几乎）

三、HSK 仿真题：将下面句后（　　）中的词语放在唯一合适的地方。

1. 过了好几年，我 A 终于 B 明白了 C 事情的真相。（才）
2. 他的肌肉拉伤了，A 再 B 也 C 不能 D 参加比赛了。（恐怕）
3. 很多人吃了保健品没多大用处，他们 A 对保健品的认识 B 才 C 清晰 D 起来。（逐渐）
4. 要不是等他，A 我 B 就 C 赶上 D 那班火车了。（差点儿）
5. 做出这样的事情，A 他 B 连 C 畜生 D 都不如。（简直）
6. 今天老板请客，我们 A 不 B 吃 C 不吃 D。（白）
7. 我觉得你 A 很面熟，B 好像 C 在哪儿 D 见过你。（曾经）
8. 这个地方 A 没 B 什么意思，一会儿孩子们 C 就 D 吵着要回家了。（到底）
9. 大概 A 是因为 B 喝了一点儿酒，他 C 好像显得 D 兴奋。（特别）

10. 我 A 刚到中国的时候，听力 B 很差，老师上课说的 C 我 D 都听不懂。（几乎）

四、HSK 仿真题：找出下面每段话中有错误的一部分。

1. 我看见她的嘴唇微微在动，我想她大概说什么话，谁知道她把头一掉，一句话也不说就走进去了。

A 我看见她的嘴唇微微在动　B 我想她大概说什么话　C 谁知道她把头一掉　D 一句话也不说就走进去了

2. 老实说，朱先生把《宝岛》改编成剧本，本来就编得不好，演出来不会大概有什么好成绩。

A 老实说　B 朱先生把《宝岛》改编成剧本　C 本来就编得不好　D 演出来不会大概有什么好成绩

3. 听了那个消息，他很失望，再不说什么，把电话挂了。

A 听了那个消息　B 他很失望　C 再不说什么　D 把电话挂了

4. 王平经过多年努力，终于进了一家有名的跨国公司，他对父母说："这几年终于没白白忙。"

A 王平经过多年努力　B 终于进了一家有名的跨国公司　C 他对父母说　D "这几年终于没白白忙。"

5. 一片鞭炮的响声把地也震动了，四面八方都是这同样的声音，人们究竟分不出它们是从什么地方来的，一直到天亮才稍微安静了点儿。

A 一片鞭炮的响声把地也震动了　B 四面八方都是这同样的声音　C 人们究竟分不出它们是从什么地方来的　D 一直到天亮才稍微安静了点儿

6. 李丽犹豫了半天，不过究竟还是微红着脸说了出来："大姐，你说我嫁给他好不好？"

A 李丽犹豫了半天　B 不过究竟还是微红着脸说了出来　C 大姐　D 你说我嫁给他好不好

7. 我们到那里的时候，天快黑了，村长大约给我们介绍了一下村里的情况，就安排我们在旅馆里住下了。

A 我们到那里的时候　B 天快黑了　C 村长大约给我们介绍了一下村里的情况　D 就安排我们在旅馆里住下了

8. 昨天下午他实在是来过，我可以证明，不过他做了些什么，我不清楚。

A 昨天下午他实在是来过　B 我可以证明　C 不过他做了些什么　D 我不清楚

9. 陈教授给我们讲了两个半小时，他对当前国际形势分析得一清二楚，见解十分精辟，我们听了不禁默默佩服。

A 陈教授给我们讲了两个半小时　B 他对当前国际形势分析得一清二楚　C 见解十分精辟　D 我们听了不禁默默佩服

10. 看到这个年轻人对老人如此无礼，我非常生气，几乎想上去揍他一顿，不过最后还是忍住了。

A 看到这个年轻人对老人如此无礼　B 我非常生气　C 几乎想上去揍他一顿　D 不过最后还是忍住了

参考答案

一、1. B 2. A 3. C 4. B 5. D 6. A 7. C 8. D 9. C 10. A 11. B 12. A 13. B 14. C 15. D 16. A 17. B 18. D 19. A 20. B 21. D 22. C 23. A 24. B 25. C

二、1. 看到那么大的钻石戒指,她 简直快疯了 。

2. 我确实伤害过她 ,所以我一直觉得很对不起她。

3. 把这种很丢脸的事情在报上登出来, 究竟有什么好处 ?

4. 小孩子毕竟是小孩子 ,哭了一会又玩儿去了。

5. 连着熬了一个星期的夜,小刘 终于把论文写完了 。

6. ——听说您的孩子考上了大学,恭喜啊!

——谢谢,我们做父母的总算没白忙 。

7. 大家都以为老李没什么学问, 其实他是北京大学的高材生呢 。

8. 昨天我们说好了去公园划船,你怎么没去啊? 害得我们白白等了你一个小时 。

9. 她喜欢音乐, 尤其是中国古典音乐 。

10. 司机突然觉得心脏非常不舒服,浑身无力, 几乎握不住方向盘了 。

三、1. A 2. A 3. C 4. B 5. B 6. C 7. C 8. A 9. D 10. D

四、1. B,应改为"我想她大概要说什么话"。

2. D,应改为"演出来大概不会有什么好成绩"。

3. C,应改为"不再说什么"。

4. D,应改为"这几年总算没白忙"。

5. C,应改为"人们分不出它们到底是从什么地方来的",或"人们分不出它们究竟是从什么地方来的"。

6. B,应改为"不过到底还是微红着脸说了出来"。

7. C,应改为"村长大致给我们介绍了一下村里的情况"。

8. A,应改为"昨天下午他确实是来过",或"昨天下午他的确是来过"。

9. D,应改为"我们听了不禁暗暗佩服"。

10. C,应改为"简直想上去揍他一顿"。

·第四单元·

第一课 分明 明明

试一试

请用“分明”或“明明”填空。

1. (   )是他打破了花瓶，现在却要怪我。
2. 这(   )是挑衅。
3. 她(   )还是个孩子。
4. 你(   )知道答案，为什么不说出来呢?
5. 天这么冷，(   )是冬天了。

讲一讲

一、分明

表示显然、确实，一般用于强调较重要的事情，可以以单句的形式出现，也可以用于因果复句的后一结论分句中，常与“是”构成“分明是……”，强调说话人的主观判断。如：

这分明是挑衅。

她分明还是个孩子。

天这么冷，分明是冬天了。(前一分句是原因、理由，后一分句是结论)

刘明在批评王平时，说话很小心，用词很谨慎，分明是在帮他。

“分明”也是形容词，表示分得清楚，对比分明。常与之搭配的词语有“爱憎、公私、黑白、节奏、四季、奖罚、泾渭、层次”等。“明明”没有这样的用法。如：

她爱憎分明。

他是个是非分明的人。

二、明明

表示明白、确实。“明明”所用的范围比“分明”大，大事小事都可以使用。“明明”不能以单句的形式出现，常出现在转折复句的前一分句中，强调某个客观事实，后面的句子往往表示与前一事实相反的情况。如：

明明是他打破了花瓶，现在却要怪我。

你明明知道答案，为什么不说出来呢？

明明是在做戏，但演员、观众却又不由自主地走入情节中去了。

“明明”有时也可以表示对事实作出的主观判断，但后面往往跟带有转折意义的、表示相反情况的句子。如：

奇怪的是，院子里这些人本来明明是在等他的，可是他来了之后，又偏偏没有一个人过来跟他打招呼，都只是默默地站在那儿。

你这样做明明是在伤她的心，却说什么是帮助她。

小结：

词语	可单独成句	常用复句	适用范围	语用特点	作形容词
分明	+	用于因果复句后一分句	强调重要的事	强调主观判断	+
明明	-	用于转折复句前一分句	大事小事皆可	强调客观事实或主观判断后转折	-

练一练

一、请用“分明”或“明明”填空。

1. 你(　　)学过汉语，为什么说没有学过？
2. 这个人(　　)是在说谎。
3. 我(　　)看见他在操场上打篮球，怎么现在打电话来说他生病了？
4. 你(　　)知道事情的经过，却一直没说，这(　　)是想帮他隐瞒真相。
5. 这个故事(　　)是他编出来的。
6. 日本处于温带地区，气候温和，四季(　　)。
7. 她(　　)表示同意，你怎么说她不同意呢？
8. 这个姑娘是个是非(　　)的好孩子。
9. 我(　　)是在关心他，他却说我干涉他的隐私。
10. 这个宗教集团里等级(　　)。

二、HSK 仿真题：将下面句后(　　)中的词语放在唯一合适的地方。

1. 我 A 把钱 B 放进了钱包，C 怎么现在 D 没有了？（明明）
2. 小林是是非 A 的人，B 不会帮这种 C 不讲道理的人 D 跟人吵架的。（分明）
3. 他 A 会说汉语，B 却 C 装作什么也 D 听不懂的样子。（明明）
4. 这 A 哪里 B 是什么母鸡？ C 是只公鸡 D。（分明）
5. 那件事 A 是他的责任，B 怎么 C 怪起 D 我来了？（明明）

三、HSK 仿真题：找出下面每段话中有错误的一部分。

1. 你看，他的汽车分明停在那里，怎么说车不见了？害得我们找了半天。
   A 你看　B 他的汽车分明停在那里　C 怎么说车不见了　D 害得我们找了半天

2. 我明明刚才听见大卫的声音，但是大家都说他没来过。是我听错了，还是大家在说假话？
   A 我明明刚才听见大卫的声音　B 但是大家都说他没来过　C 是我听错了　D 还是大家在说假话

3. 李丽向你道歉了,已经分明认识到自己错了,你就少说她两句,给她留点儿面子。
A B C D

4. 他从小就不是一个是非明明的孩子,总是跟一些不三不四的人一起干坏事,父母说他,他还总说自己是对的。
A B C D

5. 会上你说了那么多,可大家都不说话,明明是对你有意见,你怎么看不出来呢?
A B C D

参考答案

一、1. 明明 2. 分明 3. 明明 4. 明明 分明 5. 分明 6. 分明 7. 明明 8. 分明 9. 明明 10. 分明

二、1. A 2. A 3. A 4. C 5. A

三、1. B,应改为“他的汽车明明停在那里”。
2. A,应改为“我刚才明明听见大卫的声音”。
3. B,应改为“分明已经认识到自己错了”。
4. A,应改为“他从小就不是一个是非分明的孩子”。
5. C,应改为“分明是对你有意见”。

第二课 千万 万万

试一试

请用"千万"或"万万"填空。

1. 你才出院,(　　)不要到处乱跑,要多休息。
2. 搞研究,没钱是(　　)不能的。
3. 出门在外,你们(　　)要小心啊!
4. 考试时偷看别人的考卷是(　　)不行的。
5. 晚上你们可以到河边去钓鱼乘凉,但(　　)不可游泳,(　　)不可!
6. 我(　　)没有想到,他竟然就是小偷!

讲一讲

一、千万

"千万"表示"一定"的强调语气,既可以用于肯定句,也可以用于否定句。肯定句一般要修饰"要",否定句常修饰的词语有"不要""别""不能""不可""动词+不得",其中"不要""别"的使用频率较高。"千万"一般用于表示嘱咐和建议的祈使句,多用于口语。主语一般为第二人称代词,常省略。如:

你才出院,千万不要到处乱跑,要多休息。

出门在外,(你们)千万要小心啊!

上面肯定句中的"千万"可以换成"一定"。但"千万"与"一定"有差别,其不同之处在于:"千万"只用能于第二人称的祈使句,"一定"的使用范围要大得多;"千万"常常用在"别"前,而"一定"不能用于"别"前。如:

我将来一定要周游世界。(陈述句,主语为第一人称,表示主观意志)

王平一定会来的,你不要担心。(陈述句,主语为第三人称,表示主观估计)

*你是男子汉,一定别哭。

二、万万

"万万"常表示"绝对"的强调语气,只能用于否定句。一般用于"不可""不能""不行""动词+不得"等之前,不能用于"不要"和"别"之前。多用于表示警告、禁止等的祈使句。口语和书面语都常用。如:

外出旅游,万万不可大意。

*你们万万别出去!

*你们万万要小心啊！

“万万”还常用于强调对已经发生的事情绝对没有估计到，后面一般跟“没想到、没料到、料不到”等，用于陈述句。这是“千万”所没有的用法。如：

我万万没有想到，他竟然就是小偷！

他们万万没料到最后一分钟对方踢进了一个球，结果他们竟然赢了。

*我千万没有想到，他竟然就是小偷！

“万一”和“万万”虽然都有同一语素“万”，但两者的用法很不一样。副词的“万一”只表示发生的可能性极小，用于不希望发生的事情。如：

你去工地要戴好安全帽，防止万一发生意外。

“万一”还可以作连词，表示可能性极小的假设。如：

万一发生火灾，就打119。

这些都是“万万”所没有的用法。

提示

“万万”与“千万”的区别

(1)“万万”可用于强调对已经发生的事情绝对没有估计到，“千万”没有这种用法。

(2)“千万”可用于肯定句，“万万”不能。

(3)“万万”不能用于“不要、别”前，“千万”常用于“不要、别”前。

(4)“万万”与“千万”虽都可用于“不可/不能”或“动词＋不得”等否定词前，但“万万”的语气比“千万”重。如：

这是国家机密，千万/万万不可告诉别人。

(5)“万万”常可以用于表示说话人的主观看法，主语常是第一人称，所在句的谓语可以只是“不可、不行、不能、动词＋不得”等，也可以是强调结构“是……的”。下面句中的“万万”都不能换作“千万”：

此事万万不行，还请你多包涵。

叫我承认父亲是个坏人，这万万不能。

搞研究，没钱是万万不能的。

考试时偷看别人的考卷是万万不行的。

我们的文化传统是万万丢不得的。

“千万”后面只跟“不可、不能、动词＋不得”作谓语的情况极少，两种情况下可以：或是在对话中，根据语境知道谓语所指的是什么；或前文已出现“不能、不可”等谓语。如：

甲：在已经污染的河里能游泳吗？

乙：不能，千万不能。

不能让病人现在就出院，千万不能！

老虎散养在笼子外，我们只能在车上看它，不可下车走近老虎，千万不可。

这样做使不得，千万使不得！

上面几个例句中的“千万”都可换用“万万”，只是“万万”的语气更强。

(6)“千万”“万万”也可以同时出现，因为“万万”比“千万”语气重，所以一般“千万”所在的句子在“万万”所在的句子前面，两者之间有递进关系。如：

晚上你们可以到河边去钓鱼乘凉，但千万不可游泳，万万不可！

他们还发出严重警告,要投资人千万小心谨慎,万万不可贸然买进这些股票。(前一“千万”用于肯定句,后一“万万”用于否定句)

小结:

词语	意义语气	祈使句	陈述句	肯定句	否定句	后跟谓语		
						不要、别	不可、不能、动词+不得	不行、是……的
千万	一定语气,重	+嘱咐、建议	-	+	+	+	+有条件,很少使用	-
万万	绝对语气,更重	+禁止、警告	+事实、看法	-	+	-	+用得多	+

练一练

一、请用“千万”或“万万”填空。

1. 钱不是万能的,但没有钱是(　　)不能的。
2. 老天,这次考试(　　)要让我通过。
3. 这件事(　　)不行,我不同意。
4. 这些天气温变化异常,你们(　　)要注意,别感冒了。
5. (　　)别离开房间,(　　)不可。
6. 她(　　)没想到,男朋友为她织了件毛衣。
7. 没有水,想生存下去,是(　　)不行的。
8. 公共汽车上,你(　　)要小心,现在小偷很多。
9. 你们(　　)不要重复我的这个错误。
10. 他(　　)想不到这样一个小小的要求却遭到了对方的拒绝。

二、判断下列句中“千万”或“万万”使用是否正确。

1. 你千万要想清楚。(　　)
2. 他这两天正在参加高考,家里出事的坏消息万万不能让他知道。(　　)
3. 一个星期不吃饭勉强可以,不喝水恐怕千万不行。(　　)
4. 万万别再做傻事了。(　　)
5. 妈妈千万想不到家里的钱是她的孩子偷的。(　　)
6. 咱们给她一个意外惊喜,事前千万不要告诉她。(　　)

三、HSK 仿真题:将下面句后(　　)中的词语放在唯一合适的地方。

1. A 不要 B 为了名利 C 做 D 错事。(千万)
2. A 好吃懒做是 B 要不得的,C 勤劳致富 D 才是根本。(万万)
3. A 虽然 B 只是感冒,但是你 C 要注意 D 按时吃药,保证休息。(千万)
4. 这次的事情 A 妈妈 B 已经原谅你了,C 只是以后 D 别再这么干了。(千万)
5. A 事情 B 还没有弄明白,C 不能自己 D 瞎猜。(万万)

四、HSK 仿真题:在下面 ABCD 中选择唯一正确的填入空中。

1. 我______没有想到,平时倒数第一的她这次竟然考了第一名。

A. 万万　　B. 千万　　C. 一定　　D. 十分

2. 下雨天开车你一定要小心，尤其在十字路口，______别闯红灯。

A. 必须　　B. 万万　　C. 一定　　D. 千万

3. 这件事你______上午告诉我你是知道的，为什么现在当着大家的面就说不知道了呢？

A. 明天　　B. 明明　　C. 明白　　D. 分明

4. 这______是个圈套，你______不可大意。

A. 明明　万万　　B. 明明　千万

C. 分明　万万　　D. 分明　千万

5. 这幅古画你______要保管好，______不可大意，______弄坏了，是无法修复的。

A. 万万　千万　万一　　B. 万万　万一　千万

C. 千万　千万　万万　　D. 千万　万万　万一

参考答案

一、1. 万万　2. 千万　3. 万万　4. 千万　5. 千万　万万　6. 万万　7. 万万　8. 千万　9. 千万　10. 万万

二、1. √　2. √　3. ×　4. ×　5. ×　6. √

三、1. A　2. B　3. C　4. D　5. C

四、1. A　2. D　3. B　4. C　5. D

第三课 只顾　只管

试一试

请用“只顾”或“只管”填空。

1. 做事情要有长远打算，不能（　　）眼前利益。
2. 最近我（　　）写毕业论文，其他的事一概不管。
3. 小王（　　）在屋里看电视，都不知道外面发生了什么。
4. 你有什么要求（　　）提出来。
5. 你（　　）忙你的，不必惦记我。
6. 老张做事（　　）自己，从来不考虑别人。
7. 李老师辅导 HSK 很有经验，跟她学汉语你（　　）放心好了。
8. 我最近（　　）忙工作，把你的生日都忘了，真对不起！
9. 我回头一看，她不知为什么（　　）哈哈大笑。
10. 她（　　）低着头写作业，没看到我进来。
11. 小船（　　）在湖中打转，就是不往岸边去。

讲一讲

一、只顾

副词“只顾”是由动词短语“只（副词）+顾（动词）”发展演变而来的。

动词短语“只顾”表示“只注意”，后面带宾语，句子常带批评意义。有时与反义的“不顾”呼应使用。如：

老张做事只顾自己，从来不考虑别人。

做事情要有长远打算，不能只顾眼前利益。

她不是那种只顾工作不顾家庭的职业妇女。

因此，副词“只顾”用在动词短语前，表示只注意做某件事，而没有考虑到别的，后面常跟“不顾”“忘了”“没看到”“不知道”“不考虑”等，引出没有考虑到的内容，多用于口语，常用于已经完成的动作或经常发生的动作。如：

她只顾低着头写作业，没看到我进来。

小王只顾在屋里看电视，都不知道外面发生了什么。

上课时，老师不能只顾自己讲，不注意学生的反应。

用“只顾”的句子多强调没有考虑到的方面，因此说话人常常表示不满。如：

这个老板只顾赚钱，根本不考虑我们工人的死活。

（老板不该只想着赚钱）

发生火灾时，她只顾自己逃生，竟然忘了孩子还在屋里。

（她应该抱着孩子一起逃生）

二、只管

副词“只管”是由动词短语“只（副词）+管（动词）”发展演变而来的。

动词短语“只管”的意思是：只负责、管理某一项工作或只做某一个动作，经常与反义的“不管”前后呼应使用，一般用于客观说明某个已发生的动作或经常性的动作，后面的动词一般是肯定式。如：

最近我只管写毕业论文，其他的事一概不管。

（客观地说明动作者只做“写毕业论文”这一动作，排除其他动作）

黄老师只管教一（3）班，不管教其他班。

［客观地说明黄老师只负责教一（3）班，排除其他班级］

因此，当副词“只管”用在动词短语前时，有两个意思：

1. 用于陈述句，客观地说明某个唯一情况的发生或出现，说话人没有批评责怪之意。如：

我回头一看，她不知为什么只管哈哈大笑。

他心情不好，低着头，一声不响地只管吃饭。

警察问老人见过照片上的人没有，老人只管摇头。

2. 用于祈使句，意义与副词“尽管”相近，表示希望对方放心去做某个动作，不必考虑别的。后面的动词一般是肯定式，常用于口语，用于将来发生的动作。“只顾”没有这种用法。如：

你有什么困难只管说，我们一定尽力帮忙。

客人想去哪儿，你只管陪他去，不用多问。

谁有意见只管提，我不会生气的。

李老师辅导 HSK 很有经验，跟她学汉语你只管放心好了。

*李老师辅导 HSK 很有经验，跟她学汉语你只顾放心好了。

这一用法的“只管”，常与“什么”等表示任指的疑问代词一起用。如：

你有什么要求只管提出来。

你喜欢什么只管买，我来买单。

提示

“只管”和“只顾”的区别

（1）用“只管”，往往表示说话者主观上认为应该只做某个动作，不管别的，特别是祈使句中的“只管”，因此，这类“只管”不能换成“只顾”。如：

你只管忙你的，不必惦记我。

家里的事用不着操心，你们只管好好干！

你只管呆着，爱看书就看书，爱玩就玩。

他要是有什么做得不对，你只管批评他。

你想说什么只管说，我会认真听的。

*你想说什么只顾说，我会认真听的。

用“只顾”,常表示说话者主观上认为不应该只注意做某个动作,应该照顾到其他,记着做别的事情。如:

张老师只顾教一(3)班,忘了其他班她还有课。

[说话者认为张老师不能只想着教一(3)班,忘了她应教的其他班]

发生火灾时,他只顾逃生,未及时组织救火,受到了严厉的处分。

因此,有的用“只管”和“只顾”虽然可以出现在相同的动词前(如“忙”),但后面的句子是不一样的。如:

你只管忙工作,不用担心我,我会自己照顾自己的。

(用“只管”,有希望对方专心工作的含义)

最近我只顾忙工作,把你的生日忘了,真对不起!

(用“只顾”,带有自我反省的意味)

(2)“只管”“只顾”都可以用于单纯地描述客观事实,不带说话人的任何主观评价。但“只顾”只能用于描写人,不能用于描写动物或事物;“只管”可以描写人和事物。如:

她已经吓坏了,你问她什么,她都只管摇头。(“只管”可以换成“只顾”)

他只管埋头读书,旁边发生了什么一点儿也没发觉。(“只管”可以换成“只顾”)

*小船只顾在湖中打转,就是不往岸边去。

小船只管在湖中打转,就是不往岸边去。

*春天的小鸟只顾在树林里歌唱。

春天的小鸟只管在树林里歌唱。

(3)“只管”有时也可用于批评对方只负责某一件事而未负责或很少负责做另一件事。同样是批评,“只管”更侧重“负责”方面。如:

你们只管收管理费,却很少注意怎么把管理工作搞好。

小结:

词语		意义	共现	适用句型	时态
只顾	用法一	只注意专做某事,说话人不认可这样的情况,多含批评意味	要有说明没有做或没有注意的方面的句子	陈述句	已然 经常
	用法二	客观描写人只注意做某事	不必有说明没做或没有注意的方面的句子,也可以有	陈述句	已然
只管	用法一	客观描写人、动物或事物只做某一动作	同上	陈述句	已然
	用法二	叫动作者放心地做某事,说话人认可这种情况。多用于鼓励	常与表示任指的疑问代词共现,也常有说明不必做的方面的句子	祈使句	未然

练一练

一、请用“只顾”或“只管”填空。

1. 春天的小鸟(　　)在树林里歌唱。

2. 你(　　)放心地回家吧，这里有我呢。
3. 书不能少读，报纸也不能少看，更不能(　　)读书而忽视看报。
4. 我们家多的是房间，你就(　　)在这儿住下吧。
5. 要看什么电影，你(　　)说，我请客。
6. 我(　　)和老同学聊天，忘了炉子上还烧着水呢。
7. 他(　　)朝前跑，掉了东西都不知道。
8. 她实在累了，(　　)躺在床上，什么话也没有说。

二、HSK 仿真题：找出下面每段话中有错误的一部分。

1. 你想吃什么只顾买(A)，现在最重要的是把身体养好(B)。身体好了(C)，比什么都好(D)。

2. 新校长是很民主的(A)，大家有意见只顾讲一讲(B)，不要有什么顾虑(C)，刘教授能不能先带个头(D)？

3. 老王只顾看书(A)，孩子分明摔倒了(B)，他也没看见(C)，气得他妻子对他大声叫喊(D)。

4. 她一向非常细心(A)，财务交给她(B)，只管你放心(C)，肯定不会出问题(D)。

5. 那时他只管自己往山上爬(A)，没有注意到身旁的危险(B)。结果(C)，被那个坏蛋推下了山(D)。

三、用(　　)内的词语完成句子。

1. 交通警察________________，不管抓小偷什么的。(只管)
2. 我________________，忘了去上课。(只顾)
3. 爸爸从不关心我的学习，________________。(只顾)
4. 家里的事用不着操心，________________。(只管)
5. ________________，我会认真听的。(只管)

四、HSK 仿真题：在下面 ABCD 中选择唯一正确的填入空中。

1. 有什么意见你______提，不用客气。
A. 只管　　B. 只顾　　C. 只好　　D. 只得
2. 如果明天的车票卖完了的话，那就______买后天的了。
A. 只管　　B. 只顾　　C. 只好　　D. 只得
3. 弟弟______玩游戏机，把妈妈嘱咐他的话都忘记了。
A. 只管　　B. 只顾　　C. 只好　　D. 只得
4. 你______去国外工作，家里的老人我来照顾。
A. 只管　　B. 只顾　　C. 只好　　D. 只得
5. 那个男人______一个人往前走，孩子摔倒了也不回头看看。
A. 只有　　B. 只顾　　C. 只好　　D. 只得

6. 王老师______发教材，选修课报名你得找李老师。

A. 只有　　B. 只管　　C. 只好　　D. 只得

五、HSK 仿真题：将下面句后（　　）中的词语放在唯一合适的地方。

1. 他 A 话也不说，B 头也不 C 抬，D 低着头干他的事。（只顾）
2. 大卫 A 失恋以后，整天 B 一个人喝酒，C 别的什么也不 D 干。（只顾）
3. A 有什么 B 对我不满意的，你 C 讲，我不会 D 生气的。（只管）
4. 发令枪响后，王平 A 就 B 往前冲，C 终于 D 打破了短跑全国纪录。（只顾）
5. 今天 A 是自助餐，大家 B 想吃什么就 C 拿，最后一起 D 算钱。（只管）

六、HSK 仿真题：在下面 ABCD 中选择最接近画线词意义的词语。

1. 你有什么要求只管开口。

A. 只顾　　B. 尽管　　C. 管理　　D. 管着

2. 你明明知道我不爱吃水果，还买了这么多桔子来。

A. 显然　　B. 绝对　　C. 分明　　D. 明白

3. 明天会下雨，你出门千万要带上雨伞。

A. 很快　　B. 务必　　C. 常常　　D. 很多

4. 他这次考了个第一，是我们大家都万万没想到的。

A. 全部　　B. 大概　　C. 许多　　D. 绝对

5. 她很害羞，不管你问她什么，她都只顾摇头。

A. 只管　　B. 照顾　　C. 顾得上　　D. 管得上

参考答案

一、1. 只管　2. 只管　3. 只顾　4. 只管　5. 只管　6. 只顾　7. 只顾　8. 只管

二、1. A，应改为“你想吃什么只管买”。

2. B，应改为“大家有意见只管讲一讲”。

3. B，应改为“孩子明明摔倒了”。

4. C，应改为“你只管放心”。

5. A，应改为“那时他只顾自己往山上爬”。

三、1. 交通警察　只管维护交通安全　，不管抓小偷什么的。

2. 我　只顾和朋友说话　，忘了去上课。

3. 爸爸从不关心我的学习，　只顾自己做生意赚钱　。

4. 家里的事用不着操心，　你只管好好学习，争取考上一所名牌大学　。

5. 　你只管讲我的缺点/有什么要求你只管提　，我会认真听的。

四、1. A　2. C　3. B　4. A　5. B　6. B

五、1. D　2. B　3. C　4. B　5. C

六、1. B　2. C　3. B　4. D　5. A

第四课 公然 毅然 猛然

试一试

请用“公然”“毅然”“猛然”填空。

1. 他感觉身后有人，(　　)一回头，却什么也没看到。
2. 你们随意扣留外国游客，这(　　)违反了国际法。
3. 为了追赶罪犯，他(　　)从几米高的楼上跳下，忍着双脚的剧烈疼痛向前追赶。
4. 那人(　　)侮辱正在执行职务的人民警察，被关进了拘留所。
5. 我以为他睡着了，正要离开，他却(　　)坐了起来。
6. 大哥(　　)放弃在首都工作的优厚条件，回到贫穷的老家教书。
7. 有的老板见利忘义，(　　)销售病死牛肉。
8. 通过了解、考察，乡长(　　)决定聘任这个刚从大学毕业的小伙子为代理村长。

讲一讲

一、公然

强调公开、毫无顾忌地（做违反法律、规则、道德等方面的坏事），谓语动词一般是贬义的，用于比较正式的书面语场合，含批评意味。如：

你们随意扣留外国游客，这公然违反了国际法。

那人公然侮辱正在执行职务的人民警察，被关进了拘留所。

有的老板见利忘义，公然销售病死牛肉。

他们公然宣布自己搞虚假广告是完全合法的。

当客观描述事实的过程中加上了“公然”，则表明了说话人的态度。如：

这个公司在运输商品中夹带毒品。（客观叙述）

这个公司在运输商品中公然夹带毒品。（带说话者的主观态度与评价）

他拒绝了我们的请求。（客观叙述）

他公然拒绝了我们的请求。（说话人认为，“我们”的请求是合理的，“他”拒绝是很不应该的）

有的句子内容完全合法合理，则不能用“公然”。如：

*我国公然大力发展经济。

*我国公然植树造林。

二、毅然

褒义词,表示坚决、毫不犹豫地(做一般人不愿意做或很难做到的某事),表示说话者赞扬、肯定的主观态度。如:

尽管国外的条件非常好,但他毅然回国,献身祖国的科学事业。

“毅然”所修饰的谓语常为:放弃(好的条件),坚决做(危险、艰苦类的动作),作出一般人难以作出的选择或决定等。如:

大哥毅然放弃在首都工作的优厚条件,回到贫穷的老家教书。

她舍弃了国外的豪华生活,毅然回到祖国,投身于祖国的戏曲发展事业。

黄教授为适应国家需要,毅然投入到核反应堆理论的研究工作中去了。

为了追赶前面的罪犯,他毅然从几米高的楼上跳下,忍着双脚的剧烈疼痛向前追赶。

通过了解、考察,乡长毅然决定聘任这个刚从大学毕业的小伙子为代理村长。

经过再三考虑,厂长毅然将这个准备了很长时间的项目暂时搁置了下来。

三、猛然

强调忽然(做某事),骤然(发生某事)。一般不以单句的形式出现,前后要有别的句子。

修饰的谓语动词通常是很快完成(动作)的动词,如“回头、发现、醒悟”。动词前常有“一”,强调动作发生快而突然。如:

他感觉身后有人,猛然(一)回头,却什么也没看到。

昨晚做了个梦,我从高楼上坠下来,就要着地的时候猛然一惊,醒了过来。

所跟的动词“坐、站、想”等后必须有趋向补语或者结果补语,如“坐起来、站住、想到”,不能跟“着”。如:

我以为他睡着了,正要离开,他却猛然坐了起来。

他一个劲儿往前跑,直到听到妈妈喊他的名字,才猛然站住,发起呆来。

小结:

词语	感情色彩	谓语情况	用法	语体
公然	贬义	贬义动词或中性动词	用于批评	书面
毅然	褒义	① 放弃……,(坚决)做…… ②(坚决)做…… ③ 作出(决定、选择)	用于赞扬	书面
猛然	中性	①(“一”)+很快完成的动词 ②“坐、站”+趋向、结果补语	用于客观描写	书面

练一练

一、HSK 仿真题:在下面 ABCD 中选择唯一正确的填入空中。

1. 李丽______一抬头,才发现整天思念的人儿此时就在眼前。

A. 居然　　B. 猛然　　C. 偶然　　D. 毅然

2. 这个犯罪集团______宣称,他们要炸毁整个城市。

A. 偶然　　B. 公然　　C. 自然　　D. 猛然

3. 他眼睛______一亮,大叫:“有办法了。”

A. 竟然　　B. 公然　　C. 毅然　　D. 猛然

4. 去年她______决定退出歌坛，放弃丰厚的报酬，回到学校继续学习。

A. 绝然　　B. 公然　　C. 毅然　　D. 偶然

5. 那个陌生人悄悄地来到他身后，______一把把他推下了楼。

A. 毅然　　B. 公然　　C. 猛然　　D. 自然

6. 面对熊熊燃烧的大火，消防队员们______冲了上去。

A. 毅然　　B. 猛然　　C. 自然　　D. 不然

7. 听到这样不好的消息，我的心也跟着______一沉。

A. 居然　　B. 猛然　　C. 毅然　　D. 公然

8. 那位明星在新闻发布会上，______大骂他原来的合作者。

A. 偶然　　B. 猛然　　C. 毅然　　D. 公然

9. 为了保卫祖国，青年们都______报名参军。

A. 公然　　B. 猛然　　C. 毅然　　D. 竟然

10. 这个学生______在成绩上弄虚作假，太过分了！

A. 公然　　B. 猛然　　C. 毅然　　D. 自然

二、HSK 仿真题：找出下面每段话中有错误的一部分。

1. 他到了警察局后，毅然承认他曾欺骗过很多女孩子。警察让他写出来，竟然有三十多人。

A 他到了警察局后　B 毅然承认他曾欺骗过很多女孩子　C 警察让他写出来　D 竟然有三十多人

2. 他非常爱李丽，当他得知李丽得了绝症，猛然决定立刻举行婚礼，李丽感动得哭了。

A 他非常爱李丽　B 当他得知李丽得了绝症　C 猛然决定立刻举行婚礼　D 李丽感动得哭了

3. 一到月初，你们只管收卫生费，可这里的垃圾放了好久了，却没有人清理。

A 一到月初　B 你们只管收卫生费　C 可这里的垃圾放了好久了　D 却没有人清理

4. 白发苍苍的母亲得知儿子的罪行后，公然劝他投案自首。记者知道后，都来采访她。

A 白发苍苍的母亲得知儿子的罪行后　B 公然劝他投案自首　C 记者知道后　D 都来采访她

5. 有人为了赚钱，不讲良心，有时竟毅然卖假药，危害别人的身体健康。

A 有人为了赚钱　B 不讲良心　C 有时竟毅然卖假药　D 危害别人的身体健康

三、HSK 仿真题：将下面句后(　　)中的词语放在唯一合适的地方。

1. 在法庭上 A 这个律师 B 为那个杀人犯辩护，C 引起了听众的 D 强烈不满。（公然）

2. A 随着队长的手 B 一挥，大家一起 C 扑了过去，D 将小偷牢牢地按倒在地。（猛然）

3. A 他 B 一拍桌子，声音 C 震天响，D 吓了我一跳。（猛然）

4. 为了 A 建设祖国，志愿者们 B 离开家乡，来到 C 最贫困的山区 D 帮助那里的人。（毅然）

5. 一个 A 年仅 15 岁的少女 B 身患绝症后，C 决定捐献自己的眼角膜，D 让生命和爱心延续。（毅然）

参考答案

一、1. B 2. B 3. D 4. C 5. C 6. A 7. B 8. D 9. C 10. A

二、1. B,应改为“公然承认他曾欺骗过很多女孩子”。

2. C,应改为“毅然决定立刻举行婚礼”。

3. B,应改为“你们只顾收卫生费”。

4. B,应改为“毅然劝他投案自首”。

5. C,应改为“有时竟公然卖假药”。

三、1. B 2. B 3. B 4. B 5. C

第五课 连连 一口气 一连

试一试

请用“连连”“一口气”“一连”填空。

1. 已经(　　)一个月没下雨了。
2. 这么长的文章哥哥(　　)就念完了。
3. 听了我的话，他(　　)点头。
4. 老李(　　)向我摆手，叫我不要答应。
5. 李明(　　)爬上了长城。
6. 不知为什么，这条路上(　　)出事。
7. 昨天我(　　)给你打了好几次电话，可是你都不在家。
8. 校长(　　)称赞我们表演得好。
9. 下课以后，他哪儿也没去，(　　)跑回了宿舍。
10. 大雨(　　)下了四天。

讲一讲

一、连连

表示在很短的时间内同一动作或情况不停地重复出现。如：

听了我的话，他连连点头。

老李连连向我摆手，叫我不要答应。

校长连连称赞我们表演得好。

不知为什么，这条路上连连出事。

提示

“连连”的主语大多是人，有时可以是处所，表示同一动作或情况不停地重复出现，强调的不是动作的完成或结束，而是连续不断，因而谓语动词一般不用带数量短语，也不用带表示完成或结果的补语。像“点头、摇头、摆手、招手、鞠躬、道谢、道歉、表示感谢、说、称赞、称道”等交际类动词和其他一些发生、获得类动词，常出现在“连连”之后。

二、一口气

表示在很短的时间内不间断地做完某件事，口语性强。如：

这么长的文章哥哥一口气就念完了。

李明一口气爬上了长城。

他太饿了，一口气吃了三碗饭。

那天记者采访小高，他很激动，一口气讲了半个小时。

提示

(1) 用“一口气”的句子中，谓语通常是表示动作完成的动补短语(见上“念完、爬上”)或后有数量短语。

(2) “一口气”的主语一般是人，不能是动物或事物。如：

*这只猫一口气吃了三条鱼。

改：这只猫一连吃了三条鱼。

*这里一口气发生了三次地震。

改：这里一连发生了三次地震。

三、一连

表示同一动作接连实行或同一情况接连发生。“一连”在句中的位置有两种情况：

1. 用在“动词 + 数量短语 + 名词”的前面。如：

这两天我们一连看了四场电影，真过瘾。

(“四场”名量词，表示同一动作发生的次数多)

今天下午饭店里一连来了好几批客人。

(“好几批”名量词，表示同样情况出现的次数多)

昨天我一连给你打了好几次电话，可是你都不在家。(“几次”表示动作的数量多)

大雨一连下了四天。(“四天”表示时间，表示动作连续发生的时间长)

2. 用在表示时间的数量短语前，后面是句子或动词。动词前常有“都”表示总括。如：

已经一连一个月没下雨了。

一连几天，我都没看到他。

提示

“连连”“一口气”“一连”的区别

(1) “连连”所修饰的动词短语后不用也不能带数量短语，“一连”所修饰的动词短语后则必须要有表示名量、动量或时间的数量短语。如：

这个运动员在比赛中连连得分。

这个运动员在比赛中一连得了十分。

陈红的作品连连获奖。

陈红的作品一连获了三次奖。

下面的句子都是错的：

*这两天我们一连看了电影，真过瘾。

*昨天我一连给你打电话，可是你都不在家。

*今天下午饭店里一连来了客人。

*他一连睡了。

(2)"连连"和"一连"后的谓语动词都是动词的简单形式。"连连"表示很短时间内同一动作的多次重复,一般用于交际类动作。"一连"常表示一段时间内同一动作接连实行或同一情况接连发生,动作和动作之间可以间歇,时段可长可短,以时间长的居多。而"一口气"表示在很短的一段时间内一个动作不间断地最终完成,后面的谓语应是动补短语("动词+结果补语"或"动词+名量短语"),后面不能带表示动量或时间的数量词。如:

下课以后,他哪儿也没去,一口气跑回了宿舍。

爸爸一口气喝了两瓶啤酒。

下面的句子都是错的:

*下课以后,他哪儿也没去,一口气跑了宿舍。

*爸爸一口气喝了啤酒。

(3)"连连"和"一口气"只能用于动词前,不能像"一连"那样用在表示时段的词语之前。

(4)在主语为人、谓语后带数量补语表示动作宾语的量的句子里,"一连"和"一口气"可以相互替换,只是强调重点不同。试比较:

哥哥一口气吃了五个鸡蛋。(在很短的时间不停地吃,强调动作完成得快)

哥哥一连吃了五个鸡蛋。(在一段时间内可吃吃停停,强调吃得多,时间可长可短)

(5)"一口气"后的动作往往是动作者可以控制的,"连连""一连"所修饰的动作有的是可控制的,有的是不可控制的。但"连连""一连"两个副词在用于相同或相近的动词前,句子的构成还是不太一样的。如:

他昨天晚上没睡好,现在连连打着哈欠在打电脑。

他昨天晚上没睡好,一连打了好多哈欠,想不打也不行。

王老师连连称赞我回答得好。(在同一短时间内)

王老师对她非常满意,一连称赞过她好几次。(可以在较长的一段时间内)

小结:

词语	主语	强调	动作之间能否间歇	动词后跟名量词	动词后要跟动量词或时间数量词	连续动作时间的长短	动作是否完成	可控制
连连	人	不停地重复	–	–	–	短	–	+/–
一口气	人	很快完成	–	+	–	短	+	+
一连	人、动物、事物	接连发生	+	+	+	可长可短,多为长的	+	+/–

练一练

一、HSK仿真题:在下面ABCD中选择唯一正确的填入空中。

1. 他听后先是一愣,接着______摇头:"不行,不行,这不好办啊。"

A. 一连　　B. 猛然　　C. 连连　　D. 毅然

2. 工厂里______来了三批参观的人。

A. 连连　　B. 一连　　C. 明明　　D. 一口气

3. 大雨______下了两天两夜才停。

A. 一口气　　B. 一连　　C. 连连　　D. 毅然

4. 我的弟弟很喜欢吃西瓜，______就把西瓜吃完了。

A. 一口气　　B. 分明　　C. 明明　　D. 一连

5. 这篇文章很难，要______把它读完更难。

A. 千万　　B. 连连　　C. 一连　　D. 一口气

6. 他好像感冒了，刚才______打了十几个喷嚏。

A. 猛然　　B. 连连　　C. 一连　　D. 毅然

7. 这种紧俏货今天______来了四五批，老板乐得合不拢嘴。

A. 明明　　B. 一连　　C. 分明　　D. 连连

8. 这个不幸的女人坐在角落里，______叹气，不知道又想起了什么伤心事。

A. 一口气　　B. 连连　　C. 还　　D. 一连

9. 这两天很热，气温______升高了好几度。

A. 一口气　　B. 连连　　C. 一直　　D. 一连

10. 姚明在全场观众的欢呼声中越打越有感觉，______进球；而观众们则看得眼花缭乱，______叫好。

A. 一连　连连　　B. 连连　一连

C. 连连　连连　　D. 一连　一连

11. 他______告诉我说他戒酒了，可今天晚上却______喝了好几杯酒。

A. 明明　一连　　B. 分明　连连

C. 分明　一连　　D. 明明　连连

12. 我们演出时，他______发出怪笑声，这______是捣乱嘛！

A. 连连　分明　　B. 一连　分明

C. 一口气　明明　　D. 继续　明明

13. 张明______在报上发了几篇文章，______声称我们公司的药是偷了他的发明。

A. 一口气　毅然　　B. 连续　毅然

C. 连连　公然　　D. 一连　公然

14. 厂里______出了好几次事故，这______是管理不善嘛。

A. 一连　分明　　B. 连连　分明

C. 接连　明明　　D. 一口气　明明

二、HSK 仿真题：找出下面每段话中有错误的一部分并改正。

1. 玛丽常写错汉字，老师让她多练习，所以她下午连连写了两页汉字，写得手都酸了。

A（玛丽常写错汉字）　B（老师让她多练习）　C（所以她下午连连写了两页汉字）　D（写得手都酸了）

2. 枪声一响，他便像箭一样冲了出去，一连跑到了终点，得了第一。

A（枪声一响）　B（他便像箭一样冲了出去）　C（一连跑到了终点）　D（得了第一）

3. 大雨一口气下了五天五夜。空气非常潮湿，洗的衣服晾了好几天，到今天也不干。

A（大雨一口气下了五天五夜）　B（空气非常潮湿）　C（洗的衣服晾了好几天）　D（到今天也不干）

4．这匹马公然一惊，把他重重地摔在地上。他的腿摔伤了，被送进了医院。
A　　　　B　　　　C　　　　D

5．听到这个消息，李丽连连难过了好几个星期，饭也吃不下，觉也睡不好。
A　　　　B　　　　C　　　　D

6．不管老板说什么，他都连连点头，一连说："对对对。"
A　　　　B　　　　C　　　　D

三、HSK 仿真题：将下面句后（　　）中的词语放在唯一合适的地方。

1．那句绕口令 A 他 B 说了十遍，一点儿错 C 都 D 没有。（一口气）
2．A 看到中国变化之大、发展之快，他们 B 十分 C 惊讶，D 称赞这是一个奇迹。（连连）
3．盘子里的葡萄 A 被 B 她 C 都 D 吃光了。（一口气）
4．A 大病 B 过后，妈妈的脸色 C 几个月都 D 不太好。（一连）
5．A 我 B 去了三家超市，C 都没有 D 找到我喜欢的那种巧克力。（一连）

四、下面句子中画线的词可以用括号里的词语替换吗？请说明理由。

1．我一连去了她几家书店，都没有找到那本辅导书。（连连）

2．临别的时候，老人们连连道谢，感谢她为老人院带来的变化。（一连）

3．台风来了，气温一连降了好几度，天气也凉快了不少。（一口气）

参考答案

一、1. C　2. B　3. B　4. A　5. D　6. C　7. B　8. B　9. D　10. C　11. A　12. A　13. D　14. A

二、1. C，应改为"所以她下午一连写了两页汉字"。
2. C，应改为"一口气跑到了终点"。
3. A，应改为"大雨一连下了五天五夜"。
4. A，应改为"这匹马猛然一惊"。
5. B，应改为"李丽一连难过了好几个星期"。
6. C，应改为"连连说"。

三、1. B　2. D　3. C　4. C　5. B

四、1. 不能。"连连"所修饰的动词短语后不能带数量短语。
2. 不能。因为"一连"所修饰的动词短语后必须要有表示名量、动量或时间的数量短语，此句若要用"一连"的话，可改为："临别的时候，老人们一连道了好几次谢，感谢她为老人院带来的变化。"
3. 不能。因为"一口气"的主语一般是人，不能是事物。

第六课 一旦 一度 一时 暂时

试一试

请用“一旦”“一度”“一时”或“暂时”填空。

1. 老师问了我一个很难的问题，我(　　)不知道该怎么回答。
2. 《月亮代表我的心》曾(　　)成为最受欢迎的歌曲。
3. (　　)给我这个机会，我一定不会让您失望。
4. 我(　　)紧张，把那个字写错了。
5. 大的问题我们都解决了，小问题可以(　　)放一放。
6. (　　)拿不出五百块钱房租，你就得把房子退了。
7. 我曾(　　)想过去国外留学。
8. 她刚来这儿的时候，因为生活上(　　)不适应，病了好几天。
9. 爸爸平常不给我零花钱，刚才(　　)高兴，给了我十块钱。
10. 你要的这本辞典(　　)没有，过两天你再来看一看。

讲一讲

一、一旦

强调如果有一天、只要有一天，引出表示假设的条件分句。不能单独成句，后面一定要有表示结果或结论的句子。如：

一旦女朋友哭了，他就什么办法也没有了。

*一旦女朋友哭了。

一旦给我这个机会，我一定不会让您失望。

*一旦给我这个机会。

这个产品一旦试制成功，就马上投产。

这些东西都是易燃物品，一旦发生火灾，后果不堪设想。

提示

“一旦”有名词用法，只用于少数书面语“溃(kuì)于、毁(huǐ)于”之后。如：

老板和技术人员之间出现了尖锐的矛盾，几乎使十年之功溃于一旦。

一场火灾使这座办公大楼毁于一旦，周围的商店也受到很大损失。

二、一度

表示曾经有一段时间(出现过的某种情况),常与“曾、过”一起使用。一般说话时这种情况已成为过去(已发生变化)。所修饰的谓语动词动作性不强,用于书面语。如:

我曾一度想过去国外留学。

《月亮代表我的心》曾一度成为最受欢迎的歌曲。

提示

(1)“一度”只表示过去发生的情况,因此不能与“正在、着”等表示现在进行或持续的词语一起用。下面的句子都是错的:

*我一度看着电视。

*他正在一度打电话。

(2)“一度”还可以表示(一年)一次或者一阵的意思,是书面语较固定的说法。如:

一年一度的中秋佳节又到了。

经过一度紧张的抢救,病人终于苏醒过来了。

三、一时

强调说话前或说话时的某种状态,或叙述的事件在当时某个短时间内的某种状态,一般与动作者的主观意志无关,用于客观叙述。如:

她刚来这儿的时候,因为生活上一时不适应,病了好几天。

他的名字怎么一时想不起来了呢?

一时解决不了的问题可以暂时先放一放。

四、暂时

强调说话时之后的短时间内的某种状态,或叙述的事件在当时一段时间内的某种状态,后面的谓语常是动作者有意识的行动,有时可以是客观的某种状态。如:

大的问题我们都解决了,小问题可以暂时放一放。

你要是觉得很累,可以暂时休息休息。

因为我们自己不能生产这种原料,只能暂时买他们的。

军队控制了那个地区之后,那里混乱的局面总算暂时安定了下来。

爷爷小的时候很瘦弱,被别人欺负时,只能暂时忍着。

用“暂时”常表示说话当时短时间内的情况,后面常可接描述在此之后情况可能发生变化的句子;“一时”不行。如:

你要的这本辞典暂时没有,过两天你再来看一看。

“暂时”可以构成“暂时性”,表示某种状态是短时间的,以后可能会发生变化。

在青春发育期,有的人可能会出现暂时性血压偏高现象。

提示

“一时”与“暂时”的区别

(1)“一时”常修饰心理动词或形容词的肯定式,但一般不是动作者平常的心理状态或后面出现了违反常态的动作。如:

我一时紧张,把那个字写错了。

他是一时糊涂说错了话，请原谅。

爸爸平常不给我零花钱，刚才一时高兴，给了我十块钱。

副词“一时”后面多为“动词＋不＋补语”的否定式或认知、思考类动词的否定式，表示是一种与主观意志无关的客观情况，所以常常是不太如意的。如：

电话一时打不通。

老师问了我一个很难的问题，我一时不知道该怎么回答。

(2) 如果某个动作是短时间内临时的选择或一般的状态，应该用“暂时”而不用“一时”。如：

因为学生宿舍没有空房间，他暂时住在朋友家。

爸爸的病暂时还瞒着妈妈。

“一时”一般不能修饰上述动词的肯定式。“一时”一般只用于陈述句，不能用于祈使句。下面的句子是错的：

＊我跟你说的话一时不要告诉别人。

“暂时”常用于祈使句，特别是在出于礼貌不得不请对方做某个动作时使用。如：

你在这里不太方便，请暂时回避一下。

我家床不够，今晚只好暂时委屈你睡沙发了。

(3)“一时”与“暂时”的最大区别是前者表示客观情况，后者常表示主观选择，所以两者有时可出现在同一段话中。如：

学习词语时，一时弄不清楚意思的，可以暂时放一放，学得多了自然会明白的。

一时交不起全部学费的，可以暂时先交一半，等有钱以后再补交。

(4)“一时”还有名词用法。

① 常作一些书面语词的补语或定语。如：

他的画展曾经轰动一时。

这种靠欺骗过日子的人，只能得逞于一时，终究不能长久。

我因为不了解当地的风俗，做错了一些事，导致与当地居民一时的关系紧张。

② “一时”还可以叠用，“一时……一时……”常跟一对意思相反的词，表示情况不稳定，有的时候这样，有的时候那样。如：

最近血压不太稳定，一时高一时低。

你看，那云多奇妙啊，一时黑的一时白的。

“一旦”“一时”“一度”的异同

(1)“一旦”表示将来某一天(可能出现某种情况或条件)。“一度”表示过去曾经有过那么一段时间(出现过某种情况，但现在情况已发生变化)。“一时”常表示说话前或说话时某一短时间内出现的不理想状态(不能完成某个动作或出现某种心理状态)。试比较：

他曾一度穷得连吃饭的钱都没有。(过去一段时间内)

我现在一时拿不出五百块钱来还给你。(现在一段时间内)

一旦拿不出五百块钱房租，你就得把房子退了。(将来某个时间)

(2)“一旦”和“一度”对所修饰的谓语的肯定、否定形式及意义没有什么限制；“一时”是有一定限制的(详见上)。“一旦”“一度”“一时”都不能用于祈使句。

(3)“一时”和“一旦”都可在书面语动词后作补语，“一旦”只用于少数如“功溃一旦”“溃于一旦”“毁于一旦”的固定搭配中，表示的是状态发生的时点，所以时间是极短的瞬间；“一时”常用于“轰动一时”“红极一时”“流行一时”等固定搭配中，表示的是动作曾持续过一段时间，表示的是时段，比“一旦”要长得多。

小结：

词语	意　义	时态	单独成句	谓语的限制	叠用	名　词	
						意思	固定用法
一旦	将来某一天（可能出现某种情况或条件）	未然	–	–	–	极短的瞬间	溃于一旦 毁于一旦
一度	过去曾经有过那么一段时间（出现过某种情况，但现在已发生变化）	已然	+	–	–	（一年）过一次或者一阵	一年一度
一时	说话前某一短时间内（的客观状态）	已然或当时	+	多为动作动词、可能补语的否定式、心理动词、形容词的肯定式	+	短时间	轰动一时 逞于一时 一时……一时……
暂时	说话时及之后的短时间内或所叙述的当时的短时间内（的主动选择）	未然或当时	+	谓语多为动作者可以主动控制的动作	–	短时间	暂时性

练一练

一、请用“一旦”“一度”或“一时”填空。

1. 这本书你拿去看吧，我(　　)还用不着。
2. 他曾(　　)是人们心目中的大英雄。
3. 听到这个好消息，她(　　)激动得热泪盈眶。
4. 天(　　)热起来，冷饮的生意就会好了。
5. 昨天夜里这里下过暴雨，地上(　　)还干不了。
6. 上个月我姐姐感冒了，很严重，还曾(　　)住院，现在已经完全康复了。
7. 明天天(　　)放晴，我们就去郊游，怎么样？
8. 上个星期的连日暴雨导致铁路(　　)中断。

二、HSK 仿真题：在下面 ABCD 中选择唯一正确的填入空中。

1. ______，就得出去工作了。

A. 一度考不上研究生　　B. 一旦考不上研究生

C. 一时考不上研究生　　D. 一连考不上研究生

2. ______，现在已经没有这个念头了。

A. 我曾一度想过出国　　B. 我曾一旦想过出国

C. 我曾一时想过出国　　D. 我曾暂时想过出国

3. 他打电话来说，正遇上堵车，______，让咱们别等他，先开会吧。

A. 暂时不能过得来　　B. 一度赶不过来

C. 一旦赶不过来　　D. 一时赶不过来

4. ______,他肯定要发火的。

A. 这件事一度被爸爸知道　　B. 这件事一时被爸爸知道

C. 这件事一旦被爸爸知道　　D. 这件事暂时被爸爸知道

5. ______,把题目都看错了。

A. 考试时他一旦慌张　　B. 考试时他一时慌张

C. 考试时他暂时慌张　　D. 考试时他一度慌张

6. 老板觉得现在没有更好的办法,______。

A. 只好暂时答应对方的条件　　B. 只好一时答应对方的条件

C. 只好答应对方的暂时条件　　D. 只好一度答应对方的条件

三、HSK 仿真题:将下面句后(　　)中的词语放在唯一合适的地方。

1. A 多年的老同学 B 联系 C 不上 D 几个。(一时)
2. 美国纽约 A 原油价格 B 升至每桶 C 42 美元 D 以上。(一度)
3. A 马上要 B 考试了,B 很多活动可以 D 停一停。(暂时)
4. A 她 B 说不出话来,C 可能 D 是太紧张了的缘故。(一时)
5. A 分别,我们 B 不知道 C 什么时候 D 才能再见面。(一旦)

四、把左右两边的小句连起来,完成一个完整的句子。

这里一旦发生火灾,	要不我过一会儿再试试。
这阵子天气一时冷,一时热,	居民要暂时搬到安全的地方去
电话一时打不通,	但后来放弃了。
大卫曾一度打算做翻译,	很不正常。
地震之后,这一带很危险,	救火车开得进来吗?

参考答案

一、1. 一时　2. 一度　3. 一时　4. 一旦　5. 一时　6. 一度　7. 一旦　8. 一度

二、1. B　2. A　3. D　4. C　5. B　6. A

三、1. B　2. B　3. D　4. B　5. A

四、这里一旦发生火灾,
这阵子天气一时冷,一时热,
电话一时打不通,
大卫曾一度打算做翻译,
地震之后,这一带很危险,

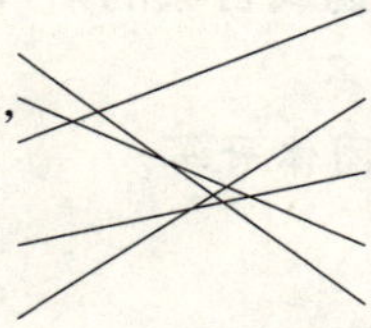

要不我过一会儿再试试。
居民要暂时搬到安全的地方去
但后来放弃了。
很不正常。
救火车开得进来吗?

第七课　一举　一下子　一下儿

试一试

请用"一举""一下子"或"一下儿"填空。

1. 这种新型电话凭着小巧的外形和优异的性能,(　　)打入了国际市场。
2. 听到这个不幸的消息,姐姐(　　)就昏了过去。
3. 全体乒乓球运动员团结努力,(　　)夺得了团体冠军。
4. 他渴极了,(　　)就把一锅水全喝光了。
5. 她的记性真好,那么长一串号码她(　　)就记住了。
6. 雨(　　)停了,很快太阳就出来了。
7. 他写了一首歌《老鼠爱大米》,结果(　　)成名。
8. 她在这场世界级的比赛中(　　)夺魁。
9. 由于天冷的缘故,他的脸(　　)就紫了,身子不由得发抖。
10. 你帮我检查(　　)作业吧。

讲一讲

一、一举

"一举",褒义副词,表示较难实现的动作在一次行动中成功地实现了,一般修饰带有"成功、成名"意义的书面语动词,带有对实现动作的赞扬或自豪的语气。如:

他写了一首歌《老鼠爱大米》,结果一举成名。

全体乒乓球运动员团结努力,一举夺得了团体冠军。

她在这场世界级的比赛中一举夺魁。

我军在那次战斗中一举消灭了一千多敌人。

二、一下子

"一下子"表示短暂的时间内某种动作完成得快(含有轻松的语气),或者某种情况出现得突然。所指多为日常生活中的行为,一般不很困难,但是因完成得过于短暂,所以有超出正常预期的意思。后面常跟"就",多用于口语,也可用于书面语。可以修饰的动词比"一举"多得多。如:

别以为那些名人是一下子成功的。

听到他被害的消息,我一下子惊呆了。

刚才灯灭了,一下子又亮了。

中了病毒后，这台电脑一下子就死机了。

三、一下儿

"一下儿"在作状语时，用法同"一下子"，多出现在北方方言的口语或较口语化的文学作品中。如：

听到这个不幸的消息，姐姐一下儿就昏了过去。

他渴极了，一下儿就把一锅水全喝光了。

"一下儿"还常在动词后作补语，表示动作的量少或轻微；"一下子"不行。如：

你帮我检查一下儿作业吧。

他想了一下儿，然后就答应我了。

提示

"一举"与"一下子"的异同

(1) 两个副词都有很快完成动作的意思，但"一举"是褒义词，"一下子"是中性词。"一举"后跟的动作，要完成它都有一定的难度，说话人多强调不易，有赞叹的意思；而"一下子"后多跟日常生活中的动作，一般不很困难，但是因完成得过快，有超出正常预期、出乎意料之外的意思。如：

这种新型电话凭着小巧的外形和优异的性能，一举打入了国际市场。

这几天他工作太累了，这不，才躺到床上，一下子就睡着了。

"一下子"有时候也可以跟"成功、成名"等动词，但是"一下子"表示的轻易和"成功"表示的不易是矛盾的，因此多出现在否定句或者反问句中，也可以用于表示希望的陈述句。如：

什么外语都不是一下子就能掌握的。（否定句）

难道他们是一下子成名的吗？（反问句）

他希望自己一下子成为百万富翁！（表示希望的陈述句）

(2) 用"一举"的例子有的可以换用"一下子"（但句子要做一些调整），有的比较固定的书面语四字结构或句中有表示成功获得不易的词语换成"一下子"就很不自然。如：

他写了一首歌《老鼠爱大米》，结果一下子成名了。

（可换成"一举成名"，但不要用"了"）

*全体乒乓球运动员们团结努力，一下子夺得了团体冠军。

（通过努力的事情一定不易，"一下子"带轻松的语气，不该用在这里）

*她在这场世界级的比赛中一下子夺魁。

（世界级比赛中夺冠应该是艰难的，而且"夺魁"属于书面语，不可以用"一下子"）

(3) "一举"多用于对已经一次获得成功的客观描述，而"一下子"可以用于对将来可能出现情况的说明。如：

*我希望在这场比赛中，一举获得成功。

改：我希望在这场比赛中，一下子获得成功。

（将来的情况，说话人也希望轻松获胜）

(4) "一举"通常修饰动作者积极主动的行为及结果，是人为的；而"一下子"所修饰的谓语既可以是人为的动作，也可以不是人为的。如：

1994年他参加第四届全国青少年象棋比赛，一举夺得第一名。（努力的结果，属人为）

她的记性真好，那么长一串号码她一下子就记住了。（属人为）

雨一下子停了，很快太阳就出来了。（自然现象，非人为）

由于天冷的缘故，他的脸一下子就紫了，身子不由得发抖。（生理反应，非人为）

（5）副词“就”多用于口语，“一举”属于书面语，所以“一举”后面一般不跟“就”；而“一下子”也属于口语，可以跟“就”，强调快而轻易地完成。

（6）“一举”有固定结构：“一举两得”“在此一举”“多此一举”；“一下子”不能进入这种结构。

小结：

<table>
<tr><th rowspan="2">词语</th><th rowspan="2">意　义</th><th rowspan="2">动作的态</th><th colspan="2">后面跟</th><th rowspan="2">语气</th><th rowspan="2">语体</th><th rowspan="2">色彩</th><th rowspan="2">动词后作补语</th></tr>
<tr><th>非人为产生的结果</th><th>“就”</th></tr>
<tr><td>一举</td><td>难以实现的动作一次成功实现</td><td>已完成</td><td>–</td><td>–</td><td>郑重、赞扬</td><td>书面语</td><td>褒义</td><td>–</td></tr>
<tr><td>一下子</td><td rowspan="2">很快完成，突然出现某种状态</td><td rowspan="2">已完成，未完成</td><td rowspan="2">+</td><td rowspan="2">+</td><td rowspan="2">轻松</td><td>口语、书面语</td><td rowspan="2">中性</td><td>–</td></tr>
<tr><td>一下儿</td><td>口语</td><td>+</td></tr>
</table>

练一练

一、HSK 仿真题：在下面 ABCD 中选择唯一正确的填入空中。

1. 他的这部长篇小说出版以后，非常受欢迎，他也因此______成名。

A. 一举　　B. 一时　　C. 一下儿　　D. 一下子

2. 这么点儿钱，只能应付______，可以后的日子怎么办呢？

A. 一下子　　B. 一举　　C. 一度　　D. 一时

3. 如果有客人来，你先接待______，我一会儿就回来。

A. 一举　　B. 一下子　　C. 一下儿　　D. 一时

4. 北方的冷空气来了，今天气温______就降低了好几度。

A. 一时　　B. 一下子　　C. 一连　　D. 一举

5. 她整天都幻想着能______成为电影明星。

A. 一举　　B. 一天　　C. 一下子　　D. 一时

6. 这次大赛这个年轻人______夺魁，引起了大家的关注。

A. 一举　　B. 一时　　C. 一下儿　　D. 一下子

7. 她越想越伤心，______哭了起来。站在旁边的王平______不知道该怎么办才好。

A. 一举　一时　　B. 一连　一下子

C. 一下儿　一连　　D. 一下子　一时

8. 这个录音机刚才______还好好儿的，怎么______就不转了？

A. 一度　一时　　B. 明明　一下子

C. 分明　一连　　D. 一时　暂时

二、HSK 仿真题：找出下面每段话中有错误的一部分。

1. 乌云密布，天越来越暗，雷声过后，大雨一口气就下来了。

A（乌云密布）　B（天越来越暗）　C（雷声过后）　D（大雨一口气就下来了）

2. 十年来她吃了不少苦，流了很多汗，功夫不负有心人，这次比赛她终于一下子夺冠。

A　　　　B　　　　C　　　　D

3. 看到自己孩子的不断进步，妈妈忍不住一连称赞起来。孩子听到表扬，反而有点儿不好意思了。

A　　　　B　　　　C　　　　D

4. 一场大雪以后，地上一举全白了。整个世界都成了银白色的，太美了。

A　　　　B　　　　C　　　　D

三、HSK 仿真题：将下面句后（　　）中的词语放在唯一合适的地方。

1. 老师 A 解释 B 了这个语法点以后，我 C 就明白 D 了。（一下子）
2. A 我们的军队 B 捣毁了敌人的总部，革命 C 终于 D 胜利了。（一举）
3. 苏州 A 有什么好玩的地方，B 请你 C 介绍 D 吧！（一下儿）
4. A 走进展览厅，B 那些缤纷多彩、形式多样的画儿 C 把我吸引住 D 了。（一下子）
5. 这次奥运会 A 举重比赛 B 非常精彩，中国女子举重队 C 打破了 8 项 D 世界记录。（一举）

参考答案

一、1. A　2. D　3. C　4. B　5. C　6. A　7. D　8. B

二、1. D，应改为“大雨一下子就下来了”。

2. D，应改为“这次比赛她终于一举夺冠”。

3. B，应改为“妈妈忍不住连连称赞起来”。

4. B，应改为“地上一下子全白了”。

三、1. C　2. B　3. D　4. C　5. C

第八课　一再　再三

试一试

请用"一再"或"再三"填空。

1. 我(　　)请张老师留下来跟我们一起吃饭,都被他客气地拒绝了。
2. 经(　　)了解,才知道他们吵架的真正原因。
3. 孩子做错了事,如果不加纠正,错误岂不是要(　　)犯下去吗?
4. 她(　　)要走,我们一再挽留,终于她留下来了。
5. 明天我要(　　)盘问他,非问清楚不可。
6. 由于气温上升,气候干燥,最近森林大火(　　)发生。
7. 考虑(　　),他决定不去国外旅游了。
8. 这次算了,下次见到小王,你一定要(　　)向他道歉。

讲一讲

一、一再

表示动作多次实行或者情况反复出现,多用于已经完成的动作,但有时也可以用于将要出现的情况。"一再"修饰的动词,可以是有意识的动作,也可以是自然发生的、不可控制的动作。如:

我一再请张老师留下来跟我们一起吃饭,都被他客气地拒绝了。

孩子做错了事,如果不加纠正,错误岂不是要一再犯下去吗?

由于气温上升,气候干燥,最近森林大火一再发生。

历史一再证明,全国人民只有团结一致,国家才能兴旺发达。

"一再"一般不修饰思考类动词。如:

*我一再考虑这个问题。

*他一再思考这如何解决这个难题。

二、再三

表示动作多次实行,所修饰的动词一般是有意识的、动作者可以控制的动作,不能是自然发生的动作。如:

经再三了解,才知道他们吵架的真正原因。

老师再三鼓励我,让我不要失去信心。

*一定要避免这种错误再三发生。

"再三"可以修饰一些如"考虑、斟酌"等少数表示认真思考的动词，而且还可以放在这些动词之后。如：

经过再三考虑，我觉得现在还是马上出发为好。

考虑再三，他决定不去国外旅游了。

提示

"一再"与"再三"的区别

(1)"再"有"第二次"的意思，汉语有"一而再，再而三"的说法，因而从强调动作重复的次数多的程度看，"再三"应比"一再"更重些。

(2) 当动词为可以控制类动词，尤其是说话类动词时，可以受这两个副词的修饰。如：

老师一再/再三强调，考试时千万不要着急。

妈妈一再/再三嘱咐我出门在外，要事事小心。

但是，如果动词所表示的动作是自然发生、不可控制的(如下面的"发生、犯"等)，前面只能用"一再"，不能用"再三"。如：

这个路口一再发生交通事故，所以专门派警察在这里指挥。

虽然考 HSK 一再失败，但是我不会放弃，我要加倍努力。

如果表示思考类动词，只能用"再三"，不能用"一再"。

(3) 这两个副词都可以放在助动词"要、会"之后。"一再"也可以放在助动词"要"前，"再三"不行。如：

她一再要走，我们一再挽留，终于她留下来了。

出国的事情请你一定要再三考虑。

学做菜的时候，妈妈会一再/再三提醒我该怎么做。

"一再"可与"能"一起使用，"再三"不行。"再三"可以跟"得"一起使用，"一再"不行。别的助动词(如"愿意、肯、想"等)不能与这两个副词一起用。如：

真正伟大的艺术品，总能一再引起人们对它的兴趣。

每次弟弟犯错，我总得再三帮他求情。

(4)"再三""一再"修饰的动词都可以是有意识的动作，但"再三"一般不能修饰贬义词，"一再"则可以。如：

我们一再/再三表扬他，他都不好意思了。("表扬"是褒义词)

通过一再/再三研究，公司决定把新厂房建在这里。("研究"是中性词)

小丽一再说谎，我们大家都不相信她了。("说谎"是贬义词)

*小丽再三说谎，我们大家都不相信她了。

(5)"再三"后面可以跟"动词+一下"，"一再"不行。如：

留学生在假期旅游时的安全问题，请各位老师对学生们再三强调一下。

我要再三提醒一下，觉得不舒服就要去医院，千万别乱吃药。

*假期旅游时的安全问题，请各位老师对学生们一再强调一下。

(6) 两个副词都可以用于将来发生的动作或事情，但是"一再"用于将来时，一定是曾经发生过的事再次发生，"再三"没有这个限制。如：

这次算了，下次见到小王，你一定要再三向他道歉。

(现在没有道歉过，下次见面时多次道歉只能用"再三")

*这次算了，下次见到小王，你一定要一再向他道歉。
一次道歉还不够，下次见到小王，你还要一再/再三向他道歉。
（这次已经道歉过了，下次再道歉可以用“一再”或“再三”）
明天我要再三盘问他们，非问清楚不可。
*明天我要一再盘问他们，非问清楚不可。

小结：

词语	意义	谓语					语态	
		与助动词的位置	动词色彩	动词为不可控制	思考类动词	修饰动词+“一下”	已然	未然
一再	动作多次实行，情况反复出现	会/要/能+一再 一再+要（较少）	褒义、贬义、中性	+	-	-	+	+（限发生过的事再发生）
再三	动作多次实行	会/要/得+“再三”	褒义、中性	-	+	+	+	+

提示

“一再”“再三”与“再”的区别

“再”重点表示重复，一般不强调动作的次数多，所以“再”常用于要求重复某个动作的祈使句、疑问句，带有说话者希望动作重复的含义。“再”也常用于假设复句或让步复句的第一分句，这些都是“一再”“再三”所没有的用法。下面这些句子只能用“再”，而不能用“一再”“再三”：

请再说一遍。　　　　*请一再／再三说一遍。
欢迎您再来。　　　　*欢迎您一再／再三来。
我能再提一个问题吗？　　　　*我能一再／再三提一个问题吗？
你再这么马虎，工作肯定会出大问题的。（假设复句）
*你一再／再三这么马虎，工作肯定会出大问题的。
即使工作再苦再累，我们也得把它干好。（让步复句）
*即使工作一再／再三苦一再／再三累，我们也得把它干好。

练一练

一、请用“一再”或“再三”填空。

1. 斟酌（　　），我们向对方提出了这一要求。
2. 婚礼上，新郎和新娘（　　）向来宾敬酒。
3. 事故（　　）发生，这不得不引起我们的重视。
4. 校长（　　）声明跟这件事无关。
5. 你得（　　）拒绝他，他才会死心。
6. 教学生写研究论文时，应（　　）强调一下材料的可靠性。
7. 她（　　）考虑，终于决定和男朋友分手。
8. 在我们的（　　）邀请之下，这位歌手又唱了三首歌。

二、HSK 仿真题：在下面 ABCD 中选择唯一正确的填入空中。

1. 天______这么热下去，真要热死人了。
A. 一再　　B. 再　　C. 再三　　D. 又
2. 这张老照片，总能______唤引我对童年的回忆。
A. 一再　　B. 再　　C. 再三　　D. 又
3. 我要______提醒一下大家，请保管好自己的行李物品。
A. 一再　　B. 再　　C. 再三　　D. 又
4. 是辞职还是继续留下来？考虑______，他选择了辞职。
A. 一再　　B. 再　　C. 再三　　D. 又
5. 我希望你能把刚才说的______重复一遍。
A. 一再　　B. 再　　C. 再三　　D. 又
6. 他______要我把你的论文给他看，我只好给他看了。
A. 一再　　B. 再　　C. 再三　　D. 又
7. 快点走吧，______不走就来不及了。
A. 一再　　B. 再　　C. 再三　　D. 又
8. 这个人是个马大哈，出门时，你得______叮嘱他，否则他肯定会丢东西。
A. 一再　　B. 再　　C. 再三　　D. 又
9. 这个人真讨厌，______给别人找麻烦。
A. 一再　　B. 再　　C. 再三　　D. 又
10. 这条街的商店______发生被盗事件，引起了警察的注意。
A. 一再　　B. 再　　C. 再三　　D. 又

三、HSK 仿真题：将下面句后（　）中的词语放在唯一合适的地方。

1. A 把大家的钱 B 弄 C 丢了，他 D 表示歉意。（再三）
2. 他们 A 发出 B 严重警告，投资股票一定要 C 小心谨慎，D 不可冲动大意。（再三）
3. 我 A 小的时候，姥姥 B 说，学习要 C 靠自己平时的努力，D 不要临时突击。（一再）
4. 领导 A 考虑了他的要求，B 把他 C 调到别的 D 部门去了。（再三）
5. 刘翔 A 是一名 B 优秀的运动员，这几年来 C 他 D 打破短跑记录。（一再）

参考答案

一、1. 再三　2. 一再/再三　3. 一再　4. 一再/再三　5. 再三　6. 再三　7. 再三　8. 一再/再三
二、1. B　2. A　3. C　4. C　5. B　6. A　7. B　8. C　9. A　10. A
三、1. D　2. A　3. B　4. A　5. D

第九课 一概 一律

试一试

请用"一概"或"一律"填空。

1. 所有的考卷(　　)收回。
2. 鲁迅的作品我(　　)爱看。
3. 看问题要从多方面考虑,不能(　　)而论。
4. 没有票的人(　　)不能上车。
5. 她要求参加活动的学生(　　)穿白色衬衫和黑色长裤。

讲一讲

一、一概

一般放在受某种条件限定的名词之后,表示总括,即这类名词所表示的每一事物在某方面没有例外。"一概"前的名词必须带表示限定的修饰语。要总括的名词不能放在"一概"的后面。"一概"后的谓语一般是表示主观态度类的动词。如:

鲁迅的作品我一概爱看。

凡是你提出来的要求,我们一概满足。

下面的句子是错的:

＊我一概喜欢鲁迅的作品。("一概"不能总括其后的名词)

＊书我一概喜欢。("一概"前的名词应有修饰语)

有时候,要总括的名词可以放在"一概"的后面,但是只限否定句。如:

我并不一概反对人们喝减肥药、减肥茶,只是希望大家要慎重。

他并非一概排斥新潮、时髦等字眼。

二、一律

一般放在表示人或事物的名词之后,表示总括,要求毫无例外地达到某个标准、做某个动作或不允许做某个动作。可以用于人,也可以用于事物。"一律"前的名词前常有限定词修饰。要总括的名词不能放在"一律"的后面。"一律"后的谓语一般是表示要求或禁止类的动词。如:

国家不分大小,应一律平等。

所有的考卷一律收回。

这次大赛规定,家长、教练一律不准进场。

下面的句子是错的：

＊一律收回所有的考卷。

"一律"还有整齐划一的意思。如：

她要求参加活动的学生一律穿白色衬衫和黑色长裤。

那个俱乐部的停车场里总是停满了汽车，一律是黑色的宝马。

老板要我们统一称呼，看到男的一律喊"先生"，女的一律喊"小姐"。

试比较下面两个句子：

周末我们一律休息。（强调每一个周末都休息）

我们一律周末休息。（强调我们每一个人都在周末休息）

提示

"一概"与"一律"的区别

(1) 两个副词的区别主要在于用法：

"一概"主要用总括某类事物的情况，谓语往往表示人对这一类事物的态度无一例外；"一概"前一般是表示事物的名词，极少是表示人的名词。

"一律"主要用于对某类人或事物提出统一的要求，要求其无一例外地达到某个标准，做某个动作或不允许做某个动作；"一律"前的名词既可以表示事物，也可以表示人。如：

＊没有票的人一概不能上车。

改：没有票的人一律不能上车。

＊这个班的学生一概都要检查身体。

改：这个班的学生一律都要检查身体。

(2) "一概"有固定说法"一概而论"，表示以同样的态度对待或处理，含贬义，多用于否定句或者反问句。如：

看问题要从多方面考虑，不能一概而论。

我和她虽然都是女孩子，但是爱好不同，特长也不一样，怎能一概而论？

(3) "一律"又可以作形容词，意思是"一样"，可以充当谓语，如"千篇一律"。"一概"没有这种用法。

小结：

词语	主客观性	要总括的名词放在该词后面	用于事物的全部	用于人的全部	固定结构
一概	多用于主观态度	否定句中可以	+	极少	一概而论
一律	多用于规定或要求	−	+	+	千篇一律

提示

"一概""一律""一同""一齐"的区别

与用来表示主观态度的"一概"和提出主观要求、规定的"一律"不同，"一同"一般用来表示动作者在同时同地做某件事，是客观说明动作的。"一齐"与"一同"相近，表示同时。当要表示很多人在某个时间整齐地发出某个动作时，一般用"一齐"，搭配的句子大多特别说明时间。如：

一班明天早上和二班一同从学校出发。

那年春节,总理亲自来到我们村,跟我们一同过年。

当英雄走上讲台,台下的观众一齐鼓起掌来。

大会开始时,同学们一齐站起来,高唱国歌。

练一练

一、请用“一概”或“一律”填空。

1. 与考试有关的书本、笔记本(　　)交到老师这里来。
2. 什么事都不能(　　)而论。
3. 妈妈要我仔细检查,过期的药品(　　)都扔掉。
4. 这个公司的员工(　　)得穿制服。
5. 他不喜欢热闹,凡是聚会,(　　)拒绝。
6. 那位售货员说,商品一旦售出,(　　)不能退换。
7. 要写出好文章,不能千篇(　　)。
8. 凡是体育运动,她(　　)没有兴趣。
9. 油腻的东西我(　　)拒绝。
10. 校长说过,损坏学校的公共财物(　　)要赔偿。

二、用(　　)内的词语完成句子。

1. 阅览室的书本、杂志________________。(一律)
2. 刚来中国的时候,________________。(一概)
3. ________________,我觉得没有意思。(千篇一律)
4. 他整天只知道睡觉,________________。(一概)
5. 请注意,考试时________________。(一律)

三、组词成句。

1. 休息　我们　一律　周末
2. 这　学生　学校　所　的　一律　校服　穿　得
3. 明星们　反对　我们　做广告　一概　并不
4. 房子　那儿　的　是　一律　青瓦白墙
5. 不　的　便　宜　我　东西　不买　一概

四、HSK 仿真题:在下面 ABCD 中选择唯一正确的填入空中。

1. 一听到爸爸的脚步声,两个孩子就______扔下玩具,看起书来。

   A. 一同　　B. 一律　　C. 一概　　D. 一齐

2. 不管你问他什么,回答______是冷冰冰的“不知道”。

   A. 一概　　B. 一律　　C. 一同　　D. 一齐

3. 大卫打电话约我们明天______外出游玩。

   A. 一同　　B. 一律　　C. 一齐　　D. 一概

4. 在大学里,我每天的生活都千篇______:上课,自修,吃饭,最后睡觉。

   A. 一概　　B. 一律　　C. 一同　　D. 一齐

5. 朋友们都劝他找医生看看，那个倔犟的老头就是______不听。

A. 一律　　B. 一概　　C. 一同　　D. 一齐

6. 暑假的时候，我和孩子们______去英国看望在那里工作的丈夫。

A. 一概　　B. 一律　　C. 一同　　D. 一齐

7. 我姐姐不吃肉，无论猪肉、牛肉、羊肉还是狗肉，她______不爱吃。

A. 一概　　B. 一齐　　C. 一同　　D. 一律

8. 妈妈临走时______嘱咐孩子，凡是不认识的人，______不得开门。

A. 再　一律　　B. 又　一同

C. 再三　一概　　D. 一再　一齐

9. 你______好好在大学学习，家里的事______别操心。

A. 只顾　一律　　B. 只管　一律

C. 只顾　一概　　D. 只管　一概

10. 针对不同的学生，我们应该采取不同的教学方法，______不可______而论。

A. 万万　一律　　B. 万万　一齐

C. 千万　一同　　D. 千万　一概

参考答案

一、1. 一律　2. 一概　3. 一概　4. 一律　5. 一概　6. 一概（说明这是售货员的态度）/一律（说明这是商场的规定）　7. 一律　8. 一概　9. 一概　10. 一律

二、1. 阅览室的书本、杂志<u>一律不能带出去</u>。

2. 刚来中国的时候，<u>中文报纸我一概看不懂/我对中国的文化一概不了解，现在了解多了</u>。

3. <u>这些电影的内容千篇一律/每天的生活千篇一律</u>，我觉得没意思。

4. 他整天只知道睡觉，<u>别的事一概不管</u>。

5. 请注意，考试时<u>一律不准交头接耳、东张西望</u>。

三、1. 周末我们一律休息。/我们一律周末休息。

2. 这所学校的学生一律得穿校服。/这所学校的学生得一律穿校服。

3. 我们并不一概反对明星们做广告。/明星们做广告我们并不一概反对。

4. 那儿的房子一律是青瓦白墙。/那儿一律是青瓦白墙的房子。

5. 不便宜的东西我一概不买。

四、1. D　2. A　3. A　4. B　5. B　6. C　7. A　8. C　9. D　10. D

第十课 不停 不住 不断 不时

试一试

请用"不停""不住""不断"或"不时"填空。

1. 她在屋子里(　　)地走来走去。
2. 他冷得(　　)地打哆嗦。
3. 她在家休息,(　　)有人敲门,(　　)有人电话打来,都要采访她。
4. 寒风(　　)地刮着,小王越走越觉得冷。
5. 她(　　)地看看手表,又看看外面,好像在等什么人。
6. 随着经济的发展,人民的收入(　　)增加,生活水平也不断地提高。
7. 老刘拿着讲稿,几乎(　　)地讲了三个多小时。
8. 河水(　　)上涨,村民们不得不离开了村庄。
9. 这个酒吧(　　)会邀请一些乐队来表演节目。
10. 听了他的话,大家(　　)地点头表示赞成。

讲一讲

一、不停

1. 是动词短语,可作状语,既可以用于口语,也可以用于书面语。主要用于两方面:

(1) 某人或某事物同一动作不停止、不间断地重复。如:

她在屋子里不停地走来走去。

寒风不停地刮着,小王越走越觉得冷。

(2) 表示某事物带有变化性动作不间断地发展。如:

河水不停上涨,村民们不得不离开了村庄。

现在,人们感到压力最大的是物价不停上涨。

"不停"作状语一般要带"地",只有在修饰少数双音节书面语动词时,可以不带"地"。

2. "不停"还可以作谓语和补语。如:

这位老人坚持每天早上练太极拳,寒暑不停,已有8年时间。

听了他的话,大家笑个不停。

二、不住

1. 是动词短语,可作状语,后面一般带"地",用于书面语,强调某人控制不住地重复或忍不住地重复同一动作。常修饰"发抖、冒汗、说、念叨、问、点头、回头、招手、挥手、鼓掌、喘气、感叹、赞扬、东张西望”等与人体动作或与交际有关的动作。如：

他冷得不住地打哆嗦。

我感到眼前阵阵发黑，身上不住地冒虚汗，只好坐了下来。

老人不住地称赞这几个年轻人能干。

听了他的话，大家不住地点头表示赞成。

有时，也可以表示某事物的某一动作无法控制地重复。如：

那人大腿受了伤，鲜血从伤口处不住地往外流。

2. “不住”可以放在“控制、止”等动词的后面，构成可能补语的否定式，后面一般还要再带动词，表示想控制却无法控制后面动作的发生。如：

她控制不住自己的感情，哭了起来。（“控制不住”是“控制得住”的否定式）

有时，这类否定式也可以作状语。如：

想到伤心处，眼泪止不住地流下来。（“止不住”是“止得住”的否定式）

三、不断

1. 表示同一动作或情况接连地发生，后面可带“地”，也可以不带，多用于正式场合，常修饰书面语动词。主语可以是人、动物或事物。如：

随着经济的发展，人民的收入不断增加，生活水平也不断地提高。

社会总是不断发展、不断变化的，我们也应该不断地研究新情况，解决新问题。

我不断地责备自己，为什么平时不能多花点时间陪陪妈妈。

政府开始了救援活动，源源不断地向灾区空运毛毯、食品等。

长臂猿隔着笼子与观众友好地握手，不断地叫着。

“不断”所修饰的动作可以有间歇，但说话者主观上认为是连着的。

2. “不断”还有动词用法，可以作谓语或补语。如：

教室里歌声不断。

最近真倒霉，麻烦不断。

这条麻绳太粗了，怎么剪也剪不断。（“剪不断”是“剪得断”的否定）

四、不时

1. 表示同一情况或动作经常但有间隔地、接连发生。间隔时间可长可短，没有一定规律。主语可以是人，也可以是处所。后面常带“地”，也可不带。用于书面语。如：

她不时地看看手表，又看看外面，好像在等什么人。（间隔时间短）

这个酒吧不时会邀请一些乐队来表演节目。（间隔时间长）

我们俩商量着去哪儿旅游，老张也不时参加我们的谈话。

2. “不时”还有名词用法，表示不定的某个时间，一般用于“不时之……”结构，是书面语。如“不时之需”“不时之用”。

提示

“不停”“不住”“不断”“不时”的区别

(1) 从所修饰的动作是否间断或有无间隔看，“不停”“不住”所修饰的动作一般是不间断的；“不时”是说话人明确动作在时间上有间隔(可长可短)；“不断”允许重复的动作之间可以有间断，但说话人主观上认为动作是接连发生的。如：

一年中，他不断(地)学习，终于考上了大学。

(学习的动作之间实际上是有间断的)

＊一年中,他不停地学习,终于考上了大学。

＊一年中,他不住地学习,终于考上了大学。

(2)“不住”主要用于修饰人体动作或与交际有关的动词;“不停”既可以修饰这类动词,还可以修饰如“吃、喝、跑、走、打、吵、闹”等动作动词;“不断”则多修饰比较正式、抽象意义的书面语动词,多用于大的方面。

(3)“不停”的动词后可以带表示时段的词语,其他词则不行。如:

老刘拿着讲稿,几乎不停地讲了三个多小时。

(4)“不停”“不住”不能出现在用“有”的兼语句前,“不断”“不时”则可以。比较起来,“不断”用得更多,而且可以连用;“不时”可以单用,但不能连用。结构相同的句子,所强调的方面也有不同。如:

她在家休息,不断有人敲门,不断有人电话打来,说要采访她。

＊她在家休息,不时有人敲门,不时有人电话打来,说要采访她。

那个小饭店不断有人出出进进。

(强调接连有人进进出出)

那个小饭店不时有人出出进进。

(强调间隔一段时间便有人进出)

小结:

词语	意义		语体	后面是否跟下列词			放在用“有”的兼语句前	可作补语	可作谓语
	动作发出者	有没有间隔		“地”	表时段的词语	动词			
不停	人或者事物	没有间断	书面语、口语	+	+	人体动作或者交际方面	−	+	−
不住	人	因控制不住或忍不住而没有间断	书面语	+	−	人体动作或者交际方面	+ 不能连用	+	−
不断	人、动物、事物	有间断,但说话人认为是持续的	书面语	+/−	−	正式、抽象意义动词	+ 可连用	+	+
不时	人或者处所	有间断,时间可长可短	书面语	+/−	−	人体动作或者交际方面	−	−	−

练一练

一、HSK 仿真题:将下面句后(　　)中的词语放在唯一合适的地方。

1. 他 A 一边 B 走着,C 一边 D 地回头看看。(不时)
2. 自从这位画家 A 出名后,B 有人上门 C 来 D 买画。(不断)
3. 他 A 地向我 B 暗示,C 让我别 D 说话。(不住)
4. 他 A 打电话来 B 问 C 有没有他母亲 D 的消息。(不断)
5. A 周末的音乐会上 B 乐队 C 地演奏着 D 同一首乐曲。(不停)

二、HSK 仿真题：在下面 ABCD 中选择唯一正确的填入空中。

1. 雨越下越大了，雨点______地打在我的头上。

A. 不停　　B. 不时　　C. 不断　　D. 不住

2. 校园里很安静，______能听到几声小鸟的叫声。

A. 不住　　B. 不停　　C. 不时　　D. 不断

3. 听了他说的笑话，大家笑个______。

A. 不停　　B. 不断　　C. 不时　　D. 不住

4. 只要你继续努力，一定能______进步。

A. 不停　　B. 不断　　C. 不时　　D. 不住

5. 考试前要复习的东西太多了，记也记______。

A. 不断　　B. 不时　　C. 不停　　D. 不住

6. 夏天要______给花浇水，否则花很容易死去。

A. 不停　　B. 不断　　C. 不时　　D. 不住

7. 这个孩子______地哭闹，我都不知道该怎么办了。

A. 不时　　B. 不住　　C. 不停　　D. 不断

8. 他______地打着哈欠，可能昨晚没睡好。

A. 不住　　B. 不停　　C. 不时　　D. 不断

9. 这场雨已经______地下了好几个钟头，到现在还没有停。

A. 不住　　B. 不断　　C. 不时　　D. 不停

三、用（　）内的词语完成句子。

1. 今天的语法很难，上课时______________________________。（不断）
2. 他太胖了，跑几步就喘，额头上______________________________。（不住）
3. 希望你在中国学习的这段时间，______________________________。（不断）
4. 这个时候动物园的老虎已经饿极了，______________________________。（不停）
5. 她越想越伤心，眼泪______________________________。（不住）
6. 孩子们认真地听着姐姐讲故事，______________________________。（不时）
7. 昨天晚上爸爸______________________________，好像有什么心事。（不停）
8. 她太想念自己的孩子了，嘴里______________________________。（不住）

四、组词成句。

1. 的　路边　不停　霓虹灯　地　着　颜色　变换

2. 里　传出　的　电影院　孩子们　笑声　不时

3. 提高　我们　要　汉语　的　自己　水平　地　不断

4. 感冒　小王　咳嗽　了　不住　一天到晚　地

5. 不断　留学生　增加　人数　近几年　在　我校

五、HSK 仿真题：在下面 ABCD 中选择最接近画线词意义的词语。

1. 在王老师住院的三个月里，学生们不时地去探望他，这让王老师很感动。

A. 不定时　　B. 不间断　　C. 不停　　D. 不住

2. 我到现在还不时会想起我的初恋男友，我知道这样不好，但是没法控制。

A. 很少　　B. 有时间　　C. 经常　　D. 从来不会

3. 刚才我给他打了电话，不过一时无法接通，要不我过一会儿再试试。

A. 不时　　B. 暂时　　C. 很久　　D. 很快

4. 王平经过不断地努力，终于发明了一种新的工具。

A. 不定时　　B. 不间断　　C. 不停　　D. 不住

5. 他一时愣在那里，半天没说出一句话来。

A 一个小时　　B. 那时　　C. 一段时间　　D. 一下子

参考答案

一、1. D　2. B　3. A　4. A　5. C

二、1. C　2. C　3. A　4. B　5. D　6. C　7. C　8. A　9. D

三、1. 今天的语法很难，上课时 不断有同学提问/同学们提问不断 。

2. 他太胖了，跑几步就喘，额头上 不住地在冒汗 。

3. 希望你在中国学习的这段时间， 不断学习，不断进步/汉语水平能不断提高 。

4. 这个时候动物园的老虎已经饿极了， 在笼子里不停地走来走去/在笼子里走个不停 。

5. 她越想越伤心，眼泪 不住地往下掉 。

6. 孩子们认真地听着姐姐讲故事， 不时插一两个问题 。

7. 昨天晚上爸爸 不停地抽烟/不停地叹气 ，好像有什么心事。

8. 她太想念自己的孩子了，嘴里 不住地念叨着孩子的名字 。

四、1. 路边的霓虹灯不停地变换着颜色。

2. 电影院里不时传出孩子们的笑声。

3. 我们要不断地提高自己的汉语水平。

4. 小王感冒了，一天到晚不住地咳嗽。

5. 近几年我校留学生人数在不断增加。/近几年我校留学生人数不断在增加。/近几年我校留学生在不断增加人数。

五、1. A　2. C　3. B　4. B　5. D

第十一课 势必 必定 必将 想必

试一试

请用“势必”“必定”“必将”或“想必”填空。

1. 这种情况如果不改变,(　　)会影响我国的科技进步和经济发展。
2. 他每次回家(　　)会去看望那两位老人。
3. 人口的不断增长(　　)会使粮食供应产生压力。
4. 教室里没有人,(　　)大家已经走了。
5. 想不到你居然会来帮我的忙,日后我(　　)重重酬谢。
6. 我给你寄的包裹(　　)收到了。
7. 中国的未来(　　)更加稳定、繁荣。
8. 只要我还能走能动,我(　　)去!
9. 新的政策保护了农民的积极性,(　　)推动农业的发展。
10. 他吃得很少,(　　)是胃口不好。

讲一讲

一、势必

用于主语之后。根据客观事物的发展趋势,对将来进一步的变化或结果(多为不太好的结果)作出的一种主观预测,后常跟“影响、造成、产生、引起、导致、使”等表示自然引起变化或产生结果的动词。表示估计将来发生的“会”“要”等助动词也常出现在这一副词后。一般用于比较大的方面。如:

这种情况如果不改变,势必(会)影响我国的科技进步和经济发展。

人口的不断增长势必会使粮食供应产生压力。

如果产品成本太高,这笔费用势必要加在价格上。

二、必定

用于主语之后,后跟动词或形容词。有两个意思:

1. 根据客观事物的规律,对情况进行十分肯定的推测或判断。后面可以直接跟动词或形容词。反义词是“未必”,即“不一定”的意思。

(1) 根据客观规律或人的习惯作十分肯定的判断。如:

如果不搞农业现代化,发展必定十分缓慢。

大师必定是英雄，而英雄未必就是大师。

他每次回家必定会去看望那两位老人。

依我的习惯，出差时必定会在包里塞几本书，供坐车、船、飞机时阅读。

（2）对将来可能出现的情况下十分肯定的断言，也可跟“会、能”等助动词。后面的动词或形容词可以不是动态发展类的。如：

只要我们每个人都献出一点爱，世界将必定会是一个全新的样子！

中毒而死的猪，人万一吃了必定有危险。

以上用于小的方面的“必定”，一般不用“势必”。如果“必定”是对大的方面已有情况进一步发展的判断，可以换成“势必”，但“必定”语气比“势必”强。如：

如果破坏了生物之间本来的这种平衡，必定/势必会造成严重的后果。

2. 表示说话人主动作出的保证，语气比“一定”强，主语通常为第一人称。常用于表示坚决采取某个行动的态度或很重的感谢。如：

只要我还能走能动，我必定去！

想不到你居然会来帮我的忙，日后我必定重重酬谢。

三、必将

用于主语之后，表示对将来情况的推断，是“必定将”的意思，不能用于对已发生情况的推测。后面直接跟动词或形容词，一般不跟“会、要、能”等助动词。如：

中国的未来必将更加稳定、繁荣。

环保意识必将深刻地影响到我们每一个人。

新的政策保护了农民的积极性，必将推动农业的发展。

有人说，随着电脑的普及化，电脑必将取代书本。

四、想必

可放在主语前，也可放在主语后，表示对情况的推测。后面直接跟动词或形容词。主要用于对日常情况的推测。

1. 根据日常生活规律，对过去、现在可能产生的情况、状态、动作的完成以及事件的因或果加以推测，语气比较婉转，一般不能换成“必定”。如：

我给你寄的包裹想必收到了。

他吃得很少，想必是胃口不好。

教室里没有人，想必大家已经走了。

如果没有我，你想必会跟别人约会。

刘老师要我在这儿等他，想必他有安排。

2. 很少用于对将来可能出现的情况的推测。语气比“必定”要弱。如：

这次比赛的结果，想必会在足球界引起震动。（“想必”可以换成“必定”）

提示

“势必”“必将”“必定”“想必”的区别

（1）“势必”“必将”“必定”应放在主语的后面；“想必”可放在主语之后，有时也可以放在主语前面。

（2）“势必”“必将”一般用于对大的方面（政治、经济、文化、社会、环境等）将来可能进一步出现的情况的推断。“必定”既可以用于对将来情况的推测，也可以用于对已发生情况的推测;既可以用于大的方面,也可以用于小的方面。“想必”多用于小的方面,即日常的、过去和现在情况的推测,很少用于大的方面或将来的情况。

(3) 当对大的方面发展的结果、变化进行推测,并且后面跟着“造成、导致、影响”等自然引发某种结果的动词时,多用“势必”,少用“必定”。如两个都可用,“必定”的语气比“势必”强。试比较:

当城市人口膨胀到一定程度,城市扩大到一定规模,势必造成会用地紧张、住房短缺等一系列问题。(多用“势必”)

有人认为,日益激烈的竞争环境,势必导致一部分女性回到家庭。(多用“势必”)

资金和技术跟不上,势必会影响中国汽车工业的发展。(多用“势必”)

资金和技术跟不上,必定会影响中国汽车工业的发展。(语气更强)

(4) 同样用于对将来情况的推断,“必将”后多是说话者所希望的、比较好的结果,“势必”后多是说话者所不希望的、不太好的结果,“必定”后则好坏的结果都较常见。如:

这些会谈必将会取得非常有益的成果。

我相信,再过几年,这一带必将成为最有发展前途的高新技术工业区。

他说,贸易摩擦势必会丧失许多双方经贸合作的机会。

如果没有先进的机器设备,势必会造成原料的浪费。

你只要照此努力下去,日后必定会大有出息的。

(5)“必定”“必将”“想必”后都可以跟形容词或“是、有”等动词。这些词都不能出现在“势必”之后,“势必”后只能跟自然引发变化、结果的动词。

(6)“必定”可以用于说话人主动作出保证,其他三个副词则不能。

小结:

<table>
<tr><th rowspan="3">词语</th><th rowspan="3">在主语前</th><th rowspan="3">使用范围和意义</th><th colspan="8">后跟</th></tr>
<tr><th rowspan="2">用“是”表判断</th><th colspan="4">助动词</th><th rowspan="2">有否定式</th><th rowspan="2">谓语情况</th><th rowspan="2">推断的性质</th></tr>
<tr><th>会</th><th>要</th><th>能</th><th>得</th></tr>
<tr><td>势必</td><td>–</td><td>对大的方面将来的发展趋势的预测</td><td>–</td><td>+</td><td>+</td><td>极少</td><td>极少</td><td>–</td><td>自然引发类动词</td><td>不太好的结果</td></tr>
<tr><td rowspan="2">必定</td><td>–</td><td>根据规律,对大、小方面,将来或已发生情况进行十分肯定的推测或判断</td><td>+</td><td>+</td><td>+</td><td>少</td><td>少</td><td>+</td><td>动词或形容词</td><td rowspan="2">好与不好的结果</td></tr>
<tr><td>–</td><td>对将来要做的动作作出保证</td><td>+</td><td>+</td><td>+</td><td>少</td><td>–</td><td>–</td><td>动词</td></tr>
<tr><td>必将</td><td>–</td><td>对大的方面将来可能出现情况的推断</td><td>+</td><td>极少</td><td>极少</td><td>极少</td><td>–</td><td>–</td><td>动词或形容词</td><td>较好的结果</td></tr>
<tr><td>想必</td><td>+</td><td>对日常小的方面将来或已发生情况的推测</td><td>+</td><td>极少</td><td>–</td><td>极少</td><td>–</td><td>+</td><td>动词或形容词</td><td>好与不好的结果</td></tr>
</table>

练一练

一、请用“势必”“想必”“必定”或“必将”填空。

1. 这次技术革新(　　)给国家和企业带来巨大的经济和环境效益。

2. 不管谁捡到我钱包，只要交还给我，我(　　)重谢。
3. 建材价格上涨引起建筑成本上升，(　　)导致房价呈上升趋势。
4. 这次考试不难，(　　)你和他都能及格，只是分高分低罢了。
5. 前面十字路口全是警察，车都堵在那里，(　　)是出了什么事了吧。
6. 看她有气无力的样子，(　　)是感冒了。
7. 大幅度减少粮食种植面积，粮食产量下降，(　　)产生粮食供需矛盾。
8. 从苏州到上海去，(　　)经过昆山。
9. 我相信，随着时代的进步，您的这一心愿(　　)实现。
10. 外面还在下大雪，(　　)很冷。

二、HSK 仿真题：在下面 ABCD 中选择唯一正确的填入空中。

1. 两位忙了半天，______肚子饿了，一起去吃饭吧？
A. 必定　　B. 势必　　C. 必将　　D. 想必
2. 连续的高物价______给城乡居民生活造成很大压力，尤其对中低收入家庭压力更大。
A. 必定　　B. 势必　　C. 必将　　D. 想必
3. 两国领导人的这次会谈______对今后的两国外交关系产生积极影响。
A. 必定　　B. 必将　　C. 必须　　D. 想必
4. 在国外留学，一到过节，______都会思念自己的亲人的。
A. 必须　　B. 想必　　C. 必将　　D. 势必
5. 有了大家的帮助，这次演出______能成功。
A. 必定　　B. 势必　　C. 想必　　D. 必将
6. 看这张照片，你妈妈年轻的时候，______有很多人追她。
A. 不必　　B. 势必　　C. 想必　　D. 必将
7. 如果你们之间总闹矛盾，______会影响工作。
A. 必要　　B. 必定　　C. 必将　　D. 想必
8. 想要成为一流的大夫，他______得付出更多的努力。
A. 必将　　B. 想必　　C. 必定　　D. 势必
9. 爱护学生的老师______会受到学生的尊敬。
A. 必定　　B. 想必　　C. 必将　　D. 势必
10. 您帮我解决了这个困难，我______忘不了您的好处！
A. 必定　　B. 势必　　C. 必将　　D. 想必

三、HSK 仿真题：将下面句后(　　)中的词语放在唯一合适的地方。

1. 不用 A 介绍，B 他就 C 是那位 D 有名的医生了。(想必)
2. A 每次旅游，B 他 C 会 D 买一些当地的土产回来。(必定)
3. 平时他 A 傻乎乎的，这回 B 怎么变聪明了？C 不对，他的身边 D 有个参谋！(必定)
4. 他 A 表示，相信 B 公司 C 克服一切困难，D 进入一个快速发展的新时期。(必将)
5. 这些工厂 A 在地震中 B 受损，C 使当地的工业 D 遭受严重打击。(势必)

四、HSK 仿真题：找出下面每段话中有错误的一部分。

1. 尽管我喜欢玩游戏，但是我一概反对充满血腥、暴力的网络游戏。因为这些东西会对人
A　　B

产生不良影响，甚至会引发犯罪。
C D

2. 那座山终年积雪，山上势必很冷。你要想登上那座山的山顶，必须要在防寒防冻方面做好充分准备。
A B C D

3. 满场观众似乎忘了现在是在观看比赛，忘了观看冰舞比赛时得保持安静的规则，尽管裁判一再示意让大家安静下来，可观众席中还是不停发出一阵阵热烈的喝彩声和鼓掌声。
A B C D

4. 最近沿海地区天气不好，连连几天刮着大风，又不停地下暴雨，大海里还受到台风的袭击。
A B C D

5. 妈妈十分惦记远在美国的女儿生活得是否顺利，尽管国际长途很贵，可犹豫一再后，还是忍不住拨了一个电话。
A B C D

参考答案

一、1. 必将 2. 必定 3. 势必 4. 想必 5. 想必 6. 想必 7. 势必 8. 必定 9. 必将 10. 想必
二、1. D 2. B 3. B 4. B 5. A 6. C 7. B 8. C 9. A 10. A
三、1. B 2. C 3. D 4. C 5. C
四、1. B，应改为“但是充满血腥、暴力的网络游戏我一概反对”。
2. B，应改为“山上必定很冷”。
3. D，应改为“可观众席中还是不时发出一阵阵热烈的喝彩声和鼓掌声”。
4. B，应改为“一连几天刮着大风”。
5. C，应改为“可犹豫再三后”。

第十二课　大都　大多　多半　大半

试一试

组词成句。

1. 圣诞节　快　是　了　多半　留学生　到　了　回国

2. 来自　大多　留学生　美国　这些

3. 大半　这个　的　是　书　中文书　资料室

4. 办公室　他的　里　没　多半　人　是　了　回家　吧

5. 年轻人　老师　那个　的　学院　是　大都

副词

讲一讲

一、大都

副词，大多数，用在谓语前作状语，用于大概的估计，比率大致可达到80%～90%。如：

今天有台风，风力大都在8级以上。

那个学院的老师大都是年轻人。

进这个商店买东西的人，走时大都不会空着手离开。

二、大多

副词，大部分、大多数，用在谓语前作状语，用于大概的估计，比率大致可达到60%～70%。如：

发生事故的原因大多为酒后驾车、闯红灯等违章驾驶。

这里的房子大多是二层小楼房。

三、多半

1. 副词，用在谓语前作状语，用于大概的估计，所估计的比率在50%以上。如：

他的假日多半是与家人在海边度过。

最近大家议论的话题多半是跟高考有关。

2. 表示可能性较大,超过50%,用于推测。主语一般为单数。如:

他的办公室里没人,多半是回家了吧?

姐姐在北京找到了一份很好的工作,多半不想回故乡找对象了。

3. “多半”还可以作数量词,前面常带“一”,可作主语、定语或宾语。如:

据统计,这个国家近20条主要江河中,几乎一多半都不同程度地受到了污染。

这位作家的一生,多半时间是在乡村度过的。

放假第一天,学生已经走了一多半。

我们班一起出来了20多个人,现在有一多半都回去了。

四、大半

1. 主要作数量词,表示过半数。在句子中可以充当状语、定语、宾语或补语,说话人是根据对数量进行实际的计算之后才使用该词的。如:

这两年,他大半在医院度过。(作状语,下同)

这一带年纪大的人大半没文化。

这里大半的留学生来自韩国。(作定语)

他的想法有大半跟我的一样。(作宾语,下同)

因为天气的缘故,今年的西瓜损失大半。

2. 副词,用在谓语前作状语,表示可能性较大,超过50%,用于推测。主语一般为单数。使用频率比“多半”要低。如:

他现在还不回来,大半是不会回来了。

提示

“大都”“大多”“多半”“大半”的异同

(1)“大多”和“大都”都表示“大部分、大多数”,比率有所不同(详见上)。“大半”和“多半”都有“超过半数”之义,副词用法是从数量词的用法发展而来的,在句中的用法与“大多”“大都”很相似:都要放在主语和谓语之间,主语一般是复数。如:

这些留学生大多/大都来自美国。

我们资料室的书大半/多半是中文书。

尽管都可以作状语,所表示的意义略有不同。如:

快到圣诞节了,外国学生大多/大都回国了。

(表示对数量比率的相关估计,说话把握较大)

快到圣诞节了,外国学生大半/多半回国了。

(这是歧义句:既可表示可能性较大,也可表示与数量比率有关的估计,要根据语境加以判断)

为了不产生歧义,“大半、多半”后常用“是”“吧”等明确表示推测,这类句中的“大半、多半”是不能换成“大多、大都”的。如:

办公室的门都关着,职员们多半是去开会了。(可用“大半”,但实际很少用,下同)

*办公室的门都关着,职员们大多/大都是去开会了。

我给孩子买的杂志他都不看,多半是不感兴趣吧。

*我给孩子买的杂志他都不看,大多/大都是不感兴趣吧。

(2)同样作状语,“大多、大都”主要用于对数量方面的估计、推测,所以一般要求主语是复数；而"大半"和"多半"的主语可以为单数，表示的是不太确定的推测。如：

好几天都没看见他，他多半出差了。（可用"大半"，但很少这样用，下同）

那辆汽车多半是中国车吧。

＊好几天都没看见他，他大多/大都出差了。

＊那辆车大多/大都是中国车吧。

(3)"大半"更多地作数量词，"多半"也可作数量词，因此，这两个词都可作定语或宾语，但"大都、大多"则不行。

(4)"多半"在表示推测方面，使用频率比"大半"要高，语气也更肯定一些。

小结：

词语	作为副词的概率	对可能性的推测	对数量比率的大概估计	主语单数	可作定语、宾语	后面常跟"是"或语气词"吧"	作数量词
大都	100%	−	＋，大致可达到80%～90%	−	−	−	−
大多	100%	−	＋，大致可达到60%～70%	−	−	−	−
多半	较多	＋	＋，50%以上	＋	＋，前面多带"一"	＋	＋
大半	较少	＋，但极少	−	＋	＋	＋	＋

练一练

一、HSK仿真题：在下面ABCD中选择唯一正确的填入空中。

1. 我们学院的汉语老师______去中国留过学。

A. 很多　　B. 大多　　C. 不多　　D. 太多

2. 同学______到教室去了，只有少数还留在宿舍里。

A. 大都　　B. 很多　　C. 多次　　D. 半数

3. 都十一点了，她______不会回来了。

A. 大都　　B. 大多　　C. 多半　　D. 半数

4. 在这三百万投资中，有一______是投入到环境建设和改造上的。

A. 大都　　B. 大多　　C. 多半　　D. 半数

5. 花园里的玫瑰______已经开了，只有一朵还是含苞待放的。

A. 大多　　B. 大都　　C. 多半　　D. 大半

6. 家里没有灯光，爸爸妈妈______睡了吧。

A. 多半　　B. 大多　　C. 大都　　D. 半数

7. 面试的时候，她的嘴唇______地哆嗦，______是太紧张了。

A. 不时　多半　　B. 不断　大半

C. 不住　多半　　D. 一个劲儿　多数

8. 人们捕来的鸟兽，______是活的，______吃不完，还可以留着、养着。

A. 大都　不时　　B. 多大　一下子

C. 大概　一下儿　　D. 多半　一时

二、HSK 仿真题：在下面 ABCD 中选择最接近画线词意义的词语。

1. 看样子，你爸爸多半是不回来吃晚饭了。

A. 大都　　B. 大概　　C. 多数　　D. 半数

2. 教室里大都是中国学生，也有几个外国学生。

A. 小半　　B. 大概　　C. 多数　　D. 一半

3. 人都来了一大半了，你可以先把材料发给大家。

A. 大都　　B. 大多　　C. 多数　　D. 多半

4. 厂里最初的一批老职工也大都退休了。

A. 年纪大　　B. 大概　　C. 全部　　D. 大多

5. 他俩长得这么像，多半是兄弟吧。

A. 大都　　B. 大多　　C. 多数　　D. 大半

6. 这些西瓜有大半是生的，现在还不能吃。

A. 大都　　B. 大概　　C. 多数　　D. 大多

7. 看她着急的样子，多半是丢了钱包。

A. 可能　　B. 不可能　　C. 大多　　D. 多数

8. 山上大半的苹果树上已经挂满了果实。

A. 大多　　B. 大都　　C. 大概　　D. 多半

三、HSK 仿真题：将下面句后（　　）中的词语放在唯一合适的地方。

1. A 现在的年轻人 B 喜欢 C 看 D 漫画。（大都）
2. A 篮子里的鱼 B 被 C 猫 D 吃了。（大多）
3. A 妈妈的脸色 B 不太好，C 是工作 D 太辛苦了。（多半）
4. A 这次的事情 B 是你的错，C 你为什么 D 不道歉？（大半）
5. A 同事们 B 有 C 都 D 同意他的建议。（大半）

四、用（　　）内的词语完成句子。

1. 我给家里打了好几个电话，都没人接，________________。（多半）
2. 班里汉语成绩好的学生________________。（大多）
3. 我的病________________，谢谢你的关心。（大半）
4. 人酒醉后的决定________________，你千万要想清楚啊。（大都）
5. 桌上的菜________________，打包带回去吧。（一多半）

参考答案

一、1. B　2. A　3. C　4. C　5. B　6. A　7. C　8. D

二、1. B　2. C　3. D　4. D　5. D　6. C　7. A　8. D

三、1. B　2. B　3. C　4. B　5. C

四、1. 我给家里打了好几个电话，都没人接，妈妈多半还没到家/多半家里没有人。

2. 班里汉语成绩好的学生大多是平时努力学习的。

3. 我的病已经好了大半了，谢谢你的关心。

4. 人酒醉后的决定大都是错误的/大都不理智，你千万要想清楚啊。

5. 桌上的菜一多半都没吃，打包带回去吧。

第十三课 亲笔 亲眼 亲手 亲自 亲身

试一试

请用“亲笔”“亲眼”“亲手”“亲自”或“亲身”填空。

1. 每次有学生生病住院，王老师都要买上水果(　　)去医院看望。
2. 他从书架上取下一本书来，(　　)签上自己的名字，送给了我。
3. 她(　　)目睹了事故发生的经过。
4. 我们全班同学都(　　)参加了这场救灾活动。
5. 我写了一封信给你伯伯，你一定要(　　)交给他。
6. 要不是(　　)瞧见，我还真不相信世界上还有带电的鱼。
7. 为了欢迎客人，妈妈(　　)去厨房做菜。
8. 通过几天的参观访问，他们(　　)感受到了家乡的巨大变化。

讲一讲

一、亲笔

意思是自己用笔(写)，后面一般都有“(书)写”“回(信)”“题(词)”等表示书写的动词呼应。如：

这是老校长亲笔题的校名。

他从书架上取下一本书来，亲笔签上自己的名字，送给了我。

提示

“亲笔”也是名词，表示某人自己写的字，通常作宾语、定语。如：

我一眼就看出，这封信是父亲的亲笔。(宾语)

影迷们都想得到这位影星的亲笔签名。(定语)

二、亲眼

表示自己用眼(看)，强调情况真实，后面可以跟“看”“瞧”“见”等动词呼应。如：

要不是亲眼瞧见，我还真不相信世界上还有带电的鱼。

她亲眼目睹了事故发生的经过。

三、亲手

表示自己动手(做)，后面一般与制作类、给予类动词呼应。如：

大年夜他亲手为爸爸妈妈做了一桌子的饭菜。

我写了一封信给你伯伯，你一定要亲手交给他。

四、亲自

强调自己直接去(做)，不让别人代替，后面常跟具体的动作性动词，极少跟“经历、感受、体验、体会、领略、检验”等较为抽象的动词。如：

为了欢迎客人，妈妈亲自去厨房做菜。

*我们亲自领略了桂林山水的秀丽风光。

五、亲身

强调“经历、体验、参加、实践”等动作是通过本人的身心去实行或体会的。如：

只有亲身经历过战争的人才知道战争有多么残酷。

我们全班同学都亲身参加了这场救灾活动。

通过几天的参观访问，他们亲身感受到了家乡的巨大变化。

“亲身”常作定语。如：

我要用自己的亲身经历，告诉生活在幸福中的人们，不要忘记过去的苦难！

提示

“亲自”与“亲身”的异同

(1)“亲身”所修饰的动词大多是需要用身与心共同去体察的、比较正式的动词，如“经历、体验、体会、领略、实践、检验、品尝、感受”等。这些动词都极少受“亲自”修饰，“亲自”所修饰的都是比较具体的动作动词。

(2)“亲身”常作定语，“亲自”只作状语。(详见上)

“亲自”与“亲手”的异同

(1)“亲自”“亲手”都常修饰具体的动作动词，当动词所表示的动作需用手完成时(也可以由别人代替完成)，这两个词可以互换。如：

他亲自为爸爸妈妈做了一桌子的饭菜。(强调不是由别人做而是自己做)

他亲手为爸爸妈妈做了一桌子的饭菜。(强调自己动手)

(2)“亲手”所修饰的动词比“亲自”少，应该是明确带“动手”意义的。有时相近的意义却要用不同的结构来表达。如：

张大夫亲自为这个病人动了手术。

*张大夫亲手为这个病人动了手术。

这个病人的手术是张大夫亲手做的。

(3)当动词所表示的动作可以由别人代替完成，但不是用手时，只能用“亲自”。如：

为了欢迎客人，妈妈亲自去厨房做菜。

*为了欢迎客人，妈妈亲手去厨房做菜。(“去厨房”不是用手完成的)

“亲自”可修饰“去/来＋处所词＋动词”的连动结构，“亲手”不行。如：

这次美国总统亲自来中国进行国事访问，说明他十分重视发展同中国的关系。

每次有学生生病住院，王老师都要买上水果亲自去医院看望。

(4)用“亲自”，表示动作者出于重视或者好意去做某一动作(一般是可以由别人代替的)，因此，所修饰的动词一般都是比较好的，那些不好的动词不能出现在“亲自”之后，但是“亲手”没有这个限制。如：

他万万没有想到，这个家伙竟亲手杀了他自己的女友。

*他万万没有想到，这个家伙竟亲自杀了他自己的女友。

小结：

词语	意义	语体	搭配动词		可以充当宾语、定语
			类	具体词语	
亲笔	自己用笔	书面语	书写类	题词、题写、写信　致信、书写、签名　签字、签署、署名　描绘、批示、挥就	+
亲眼	自己用眼	书面语、口语	观看类	目睹、看到、看着　看(一)看、见(到)　瞧见、观	–
亲手	自己用手	书面语、口语	给予类	送、交、插、放飞	–
			获得类	抓获、抓	
			制作类	做(饭)、烧烤、写	
			种植类	(栽)种、培育、播种	
			纺织类	织、捻、缝制	
			创造类	创造、塑造、开垦、建造	
亲自	自己直接(做)	书面语、口语	各类(包括以上的类别)	过问、主持、引进、主刀、出马、剪彩、参与、建立、来、去	–
				写、看、送、抓、做、种植、创造、开垦	
亲身	用身心共同完成	书面语、口语	较抽象	经历、体验、体会、领略、参加、实践、检验、品尝、感受	+

练一练

一、HSK 仿真题：在下面 ABCD 中选择唯一正确的填入空中。

1. 这次 HSK，你得______去上海报名。
A. 亲自　　B. 亲身　　C. 亲笔　　D. 亲手
2. 事关重大，你一定要______把这封信交给他。
A. 亲身　　B. 亲手　　C. 亲笔　　D. 亲眼
3. 这几个字的的确确是鲁迅先生的______。
A. 亲身　　B. 亲手　　C. 亲笔　　D. 亲自
4. 要不是我______目睹，我还真不敢相信，世界上还有这种事？
A. 亲身　　B. 亲眼　　C. 亲笔　　D. 亲自
5. 通过这个项目的合作研究，我______体会到团结协助的重要性。
A. 亲身　　B. 亲手　　C. 亲笔　　D. 亲自
6. 这件毛衣是她花了几个月______为男朋友织的。
A. 亲身　　B. 亲手　　C. 亲笔　　D. 亲自
7. 今天爷爷高兴，______为我们泡了一壶好茶。
A. 亲身　　B. 亲眼　　C. 亲笔　　D. 亲自
8. 为了忘记过去，她______毁掉了多年写下的日记。

A. 亲身　　　B. 亲笔　　　C. 亲手　　　D. 亲自

9. 这本书是他根据自己的______经历写成的。

A. 亲身　　　B. 亲手　　　C. 亲笔　　　D. 亲自

10. 我明明______看见他拿走了那本杂志，他怎么说没拿呢？

A. 亲身　　　B. 亲手　　　C. 亲眼　　　D. 亲自

11. 市长______来学校视察学生的学习和生活情况。

A. 亲身　　　B. 亲手　　　C. 亲眼　　　D. 亲自

12. 为了能写出一篇真实的报道，记者______前往北京、上海等大都市，______体察各地出租车的服务质量。

A. 亲自　亲身　　　B. 亲自　亲手

C. 亲身　亲自　　　D. 亲身　亲手

13. 有机会的话，你们______来中国看一看，______会比听广播、看报纸有更直接的感受。

A. 亲自　势必　　　B. 亲自　必定

C. 亲身　想必　　　D. 亲身　必将

14. 他所引用的资料总是______核实，推敲______，然后再用在论文中。

A. 亲自　一下儿　　　B. 亲身　再三

C. 亲自　再三　　　D. 亲身　一再

二、用(　　)内的词语完成句子。

1. 你小时候______________柳树，现在长得可大啦。(亲手)

2. 虽然这次中国之行只有一个星期，但我______________中国人的友好和热情。(亲身)

3. 我要______________这个房间，把它弄得漂漂亮亮的。(亲自)

4. 我______________他下了火车，你怎么没有接到他？(亲眼)

5. 我想______________交到他手里，请问他在哪儿？(亲手)

6. 你______________机场，把从日本来的客人接回来吧。(亲自)

7. 我真诚地希望中国的每一个孩子都能用上电脑，______________电脑带来的乐趣。(亲身)

8. 每逢过年，妈妈总是煮上一大锅饺子，再分成小碗，______________每一个邻居家里。

三、HSK 仿真题：将下面句后(　　)中的词语放在唯一合适的地方。

1. 我 A 看着她 B 在我面前慢慢 C 飘起来，D 飞走了。(亲眼)

2. 这 A 是 1956 年 8 月 29 日 B 彭德怀 C 给毛泽东主席的 D 请示信。(亲笔)

3. A 来中国 B 已经两个月了，我 C 感受到了中国人的 D 友好和热情。(亲身)

4. A 参观历史博物馆的人 B 见证了 C 改革开放这几十年来中国人民 D 生活的巨大变化。(亲眼)

5. A 吃着自己从地里 B 摘回来的 C 西瓜，大家 D 别提有多高兴了。(亲手)

6. 这 A 不是 B 厂长的 C，D 是你们伪造的。(亲笔)

7. 虽然 A 得了 B 重感冒，但他 C 仍 D 参加了这次会议。(亲自)

8. 去年 A 她 B 种下的种子今年春天 C 终于 D 发芽了。(亲手)

9. 你 A 去一趟他家，B 跟他 C 当面 D 谈一谈。(亲自)

10. 游客 A 在这里，既能 B 度假 C 避暑，又能 D 领略到民族的各种风情。(亲身)

四、HSK 仿真题：找出下面每段话中有错误的一部分。

1. 他亲自去商场偷了一套高级化妆品，送给妈妈当作生日礼物。妈妈知道情况之后，便带
A B C
着他和化妆品一起去商场道歉。
D

2. 孩子亲眼了这场交通事故。他被可怕的场面吓坏了，警察问他问题时，他一时什么也说
A B C
不出来。
D

3. 爷爷亲自经历过那场战争，现在讲起来还历历在目。他说的很多情况，我们都是第一
A B C
次听说。
D

4. 爸爸最喜欢妹妹，只要妹妹从外地回来，他总要亲身下厨房，给她做好吃的。
B C D

5. 今天是父亲的生日。下班后我亲手回家做了一碗牛肉面，尽管味道可能不如饭店的，
A B C
可父亲还是很高兴。
D

参考答案

一、1. A 2. B 3. C 4. B 5. A 6. B 7. D 8. C 9. A 10. C 11. D 12. A 13. B 14. C

二、1. 你小时候__亲手种下的两棵__柳树，现在长得可大啦。

2. 虽然这次中国之行只有一个星期，但我__亲身感受到了__中国人的友好和热情。

3. 我要__亲自给你布置__这个房间，把它弄得漂漂亮亮的。

4. 我__亲眼看见__他下了火车，你怎么没有接到他？

5. 我想__亲手把这份文件__交到他手里，请问他在哪儿？

6. 你__亲自去一趟__机场，把从日本来的客人接回来吧。

7. 我真诚地希望中国的每一个孩子都能用上电脑，__亲身体会到__电脑带来的乐趣。

8. 每逢过年，妈妈总是煮上一大锅饺子，再分成小碗，__亲手送到__每一个邻居家里。

三、1. A 2. D 3. C 4. B 5. B 6. C 7. D 8. B 9. A 10. D

四、1. A，应改为“他去商场偷了一套高级化妆品”。

2. A，应改为“孩子亲眼目睹了这场交通事故”。

3. A，应改为“爷爷亲身经历过那场战争”。

4. C，应改为“他总要亲自下厨房”。

5. B，应改为“下班后我回家亲手做了一碗牛肉面”。

第十四课 先后 早晚 迟早

试一试

请用“先后”“早晚”或“迟早”填空。

1. 校长、教师代表和学生代表（　　）在会上发了言。
2. 今天早晨出门，我（　　）遇见张老师、王老师和李老师。
3. 他（　　）会来的，我们再等等吧。
4. 这位著名歌星今年（　　）在国内外十几个国家及地区演出。
5. 你们现在不要笑我，看着吧，我（　　）要买一部好车。
6. 她曾（　　）两次被蛇咬过，后来一看到蛇就躲得远远的。
7. 我们跟他们之间的激烈竞争（　　）要发生，或者说已经发生。

讲一讲

一、先后

作副词时，意思是次序的先后相继，用于叙述已经发生的动作或情况。

1. “先后”可以表示复数的人或事件按时间顺序完成或实现相同的动作。如：

校长、教师代表和学生代表先后在会上发了言。

纽约、伦敦、巴黎三大书展先后落幕。

“先后”也可以用于“有”的兼语句前。如：

这个村先后有十几名高中生考上了大学。

2. “先后”也可以表示同一施事者按时间顺序完成几次同类动作，此时受事者、动作地点或动作时间一般为两个或两个以上。如：

今天早晨出门，我先后遇见张老师、王老师和李老师。（受事者）

这位著名歌星今年先后在国内外十几个国家及地区演出。（动作的地点）

她曾先后两次被蛇咬过，后来一看到蛇就躲得远远的。（动作的时间）

提示

“先后”可以说明前面的复数主语，也可以说明和动作有关的复数宾语，因此“先后”所说明的主语或宾语常带表示复数的数量定语。如果主语或宾语是单数，就不能用“先后”。下面的句子是错的：

*他先后只谈过一次恋爱。

二、早晚

作副词时，意思是或早或晚，多用于口语。表示动作或情况总有一天会出现，只是时间早晚不定，后面常跟“要”“得”“会”和“能”等词，多表示推测，即某一情况将或早或晚会出现；也可用来表示决心，即将来或早或晚肯定要实行某一动作。如：

他早晚会来的，我们再等等吧。（表示推测，下同）

问题早晚得解决，现在多研究研究总是好的。

只要你们心诚，机会早晚会来到的！

你们现在不要笑我，看着吧，我早晚要买一部好车。（表示决心）

三、迟早

意思是或迟或早，与“早晚”的用法比较相近。表示动作或情况或迟或早会发生，后面常跟“要”“得”“会”等词，多表示推测，也可用来表示决心。如：

有他的照片和手机，迟早会找到他的。（表示推测，下同）

如果一旦破坏了生态环境导致没水喝，我们迟早会没有饭吃。

反正我迟早要去，如果你能帮我，我会一辈子感激你。（表示决心）

提示

“早晚”与“迟早”的异同

(1)“早晚”和“迟早”在很多情况下可以互换。如：

努力工作吧，你的这一心愿早晚/迟早会实现的！

在离开故乡的那一天，他发誓早晚/迟早要回来。

(2)“早晚”“迟早”两词既可以用于口语，也可以用于书面语，比较起来，“迟早”更多地用于书面语。像下面的例句，在表示“及早做某事为好”的意义时是相近的，但所用句子有口语与书面语的区别。如：

一个人如果一生里注定早晚要摔跟斗的话，那还是摔得越早越好。

从长远看，中国企业一定要创出驰名世界的名牌，这条路早晚要走，越早走越有利。

污染防治这个钱迟早要花，晚花不如早花。

(3)“早晚”既可以用于表示主观有意识的行为，也常用来推测按照社会规律和一般常理可能出现的情况，还可以用来推测按照自然规律肯定会出现的情况；“迟早”则更多用于前两种，而极少用于后一种推测。如：

人早晚是要死的。

年轻姑娘早晚会变成老太太的。

我都准备好了，我这个人迟早会去一死。

你迟早会为我大吃一惊的，我要变成一个你想象不到的女人。

也许是因为这一原因，“早晚”可以用于强调客观可能性的助动词“能”前，表示对可能性的确信无疑，也常用于“坚信”一词之后；“迟早”则极少这样用。如：

只要我们不断地向上级请求，这个问题早晚能解决。

她坚信这个行李没有丢，坚信早晚有一天能找到这个行李。

(4)用“迟早”所表示的时间长度可长可短，长到不知为将来的何时，短到现在；“早晚”所表示的时段也是可长可短，但一般不能短至现在。如：

既然你说钱迟早是要给我的，为什么不现在给我呢？

我们跟他们之间的激烈竞争迟早要发生，或者说已经发生。

"先后"与"早晚"的区别

"先后""早晚"都可以作名词，"先后"表示先和后的次序，"早晚"表示早晨和晚上的时间，两者用法有所不同。如：

这是中国名牌大学十大候选学校的名单，排名不分先后。（"先后"作宾语）

安装电脑软件有先后次序吗？（"先后"作定语）

宾馆不负责中饭，只管早晚饭。（"早晚"作定语）

我明天早晚都在家，中午可能会出去一会儿。（"早晚"作状语）

"前后"与"先后"的区别

"前后"是方位名词，作状语时，主要有下面两种用法。

一是表示时间从开始到结束。如：

这次去欧洲考察，前后用了一个月的时间。

二是表示某个事物的前面和后面。如：

这个体育馆建在湖中间，它的前后都是湖水。

"前后"不能像"先后"那样表示动作的次序，只能以"一前一后"的结构修饰动作。如：

王平和玛丽一前一后走了进来。（"前、后"表示方位）

王平和玛丽先后走了进来。（"先后"表示动作发生的时间）

小结：

词语	意义	使用范畴	前后搭配成分的特点	语体	时间范围
先后	一前一后	动作相继发生	与动作次序相关的主语或宾语应为复数	书面语	过去
早晚	或早或晚	推测（社会规律和自然规律），决心	常跟"要、得、会、能"	口语（多）、书面语	将来（不包括现在）
迟早	或迟或早	推测（社会规律），决心（不能用于确信无疑的决心）	常跟"要、得、会"	书面语（多）、口语	从现在到将来

练一练

一、HSK 仿真题：在下面 ABCD 中选择唯一正确的填入空中。

1. 他是个游泳天才，只要他努力，______会成为世界冠军的。

A. 前后　　B. 早晚　　C. 先后　　D. 左右

2. 因为公司不景气，85 个员工已经______被辞退。

A. 迟早　　B. 早晚　　C. 先后　　D. 前后

3. 我有不祥的预感，这家工厂______会倒闭。

A. 前后　　B. 左右　　C. 早晚　　D. 先后

4. 这个工厂对安全生产很不重视，______会发生问题。

A. 前后　　B. 迟早　　C. 先后　　D. 左右

5. 男子 100 米短跑在预赛中就______有 5 人冲破 10 秒大关。

A. 先后　　B. 左右　　C. 上下　　D. 早晚

6. 既然这件事______都得让他知道，干脆现在就告诉他。

A. 先后　　B. 前后　　C. 迟早　　D. 很早

7. 比赛后将按照比赛成绩的排出______名次。

A. 先后　　B. 迟早　　C. 上下　　D. 早晚

8. 人______都是要变老的，所以年轻人应该多理解和关心老年人。

A. 先后　　B. 快慢　　C. 前后　　D. 早晚

9. 这次世界杯比赛，______历时两个月。

A. 先后　　B. 前后　　C. 迟早　　D. 早晚

10. 有多名旅客______被盗，宾馆房间的门窗却一点儿都没有损坏，这难道不奇怪吗？

A. 先后　　B. 上下　　C. 迟早　　D. 早晚

二、用（　　）内的词语完成句子。

1. 人生没有不散的筵席，______________________________。（迟早）
2. 她的男朋友______________________________，但她都拒绝了。（先后）
3. 他那么优秀，______________________________，这我一点儿也不担心。（迟早）
4. 上课铃响了，______________________________。（先后）
5. 这个秘密我瞒不了多久了，______________________________。（早晚）

三、HSK 仿真题：将下面句后（　　）中的词语放在唯一合适的地方。

1. A 养成 B 刷牙的好习惯 C 是 D 保护牙齿的好办法。（早晚）
2. A 四名初中学生 B 竟在两年半内 C 离家 D 出走。（先后）
3. A 苏州大学 B 出版过 C 多种汉语 D 学习教材。（先后）
4. A 只要你 B 努力学习，C 会 D 通过 HSK 八级的。（早晚）
5. 我总 A 有个不好的念头，这些天 B 不注意休息，C 要 D 得病的。（迟早）
6. A 我们可以 B 根据自己的喜好 C 决定歌曲播放的 D 顺序。（先后）
7. 轿车 A 进入中国普通百姓家 B 会实现的，C 现在 D 只是时间问题。（迟早）

四、HSK 仿真题：找出下面每段话中有错误的一部分。

1. 我连连给你发了好几封邮件。(A) 你为什么不回？(B) 难道你没收到吗？(C) 还是没有时间回信？(D)

2. 看他沮丧的样子，(A) 大多没有找到工作。(B) 我想咱们请他出来一起吃个饭，(C) 安慰安慰他。(D)

3. 这些孩子整天不上学，(A) 一天到晚泡在网吧里，(B) 现在不好好管教的话，(C) 将来得迟早出事。(D)

4. 为了保护湖水的清洁，(A) 为了湖周围人们的身体健康，(B) 政府早晚关闭了十几家污染严重的造纸厂，这一行动得到了人们的赞扬。
C　　　　　　D

5. 办公室有你的包裹，我本来想替你领回来，可是王老师说，你得亲手去取。
A　　　　　　B　　　　　　C　　　　　　D

五、HSK 仿真题：在下面 ABCD 中选择最接近画线词意义的词语。

1. 电影散场后，人们就先后走出了电影院。
A. 前后　B. 连续　C. 陆续　D. 左右
2. 现在就是不出国也得学好英语，早晚用得上。
A. 过去　B. 以后　C. 早上和晚上　D. 早点
3. 我先后找了三家公司，都因为我是女孩子，被拒之门外。
A. 一再　B. 前后　C. 一直　D. 终于
4. 这早晚是场悲剧。
A. 早上或晚上　B. 迟早　C. 终于　D. 很快
5. 为什么人的体重早晚会发生变化？
A. 早上和晚上　B. 早上或晚上　C. 总有一天　D. 快点

参考答案

一、1. B　2. C　3. C　4. B　5. A　6. C　7. A　8. D　9. B　10. A

二、1. 人生没有不散的筵席，我们迟早要分开的。
2. 她的男朋友先后请她看电影、吃饭、逛街/先后送她鲜花、戒指、项链等礼物/先后求过好几次婚，但她都拒绝了。
3. 他那么优秀，迟早会拿那个奖/迟早会做出成绩的，这我一点儿也不担心。
4. 上课铃响了，老师和学生们先后进入教室。
5. 这个秘密我瞒不了多久，早晚会说出来的。

三、1. B　2. C　3. B　4. C　5. C　6. D　7. B

四、1. A，应改为“我一连给你发了好几封邮件”。
2. B，应改为“多半没有找到工作”。
3. D，应改为“将来迟早得出事”。
4. C，应改为“政府先后关闭了十几家污染严重的造纸厂”。
5. D，应改为“你得亲自去取”。

五、1. C　2. B　3. B　4. B　5. A

第十五课 及早 早日

试一试

请用"及早"或"早日"填空。

1. 我们都盼望着学校的教学大楼(　　)完工。
2. 就快要参加 HSK 了,我们还是(　　)开始复习吧。
3. 有病应该(　　)去医院治疗。
4. 这位篮球运动员希望能(　　)回到球场。
5. 祝你(　　)恢复健康!

讲一讲

一、及早

强调为了某个目的或因为某个原因尽快尽早地去做某个动作,采取某种措施。用于带有某种建议的祈使句,或者用于假设、因果复句中,多用于未然。如:

就快要参加 HSK 了,我们还是及早开始复习吧。

有病应该及早去医院治疗。

二、早日

意思是尽早地,时间提前,强调希望某个愿望很快实现,用于未然。可用于祈使句和陈述句,后面一般表示某种美好的愿望和祝愿。如:

祝你早日学成归国。(祈使句)

祝你早日恢复健康!(祈使句)

这位篮球运动员希望能早日回到球场。(陈述句)

我们都盼望着学校的教学大楼早日完工。(陈述句)

提示

"及早"与"早日"的异同

(1)"及早"和"早日"都有"(时间)早,提早(做)"的意思,都用于未然。但两者所强调的不同,"及早"强调采取某种措施(以达到某种结果或目的),这种结果、目的或原因常以分句形式共现;而"早日"强调实现某种愿望或结果,前面常有"盼望、希望、祝福"等词语。如:

我们还是及早通知他们,好让他们提前做好准备。

我们都希望祖国能早日实现统一。

(2)“及早”后面的动作往往是动作者可以控制的，“早日”所修饰的动作大多是不可控制的。

(3)“及早”后可以跟“地”，“早日”后面不可以跟“地”。如：

及早地接触音乐，对启蒙和开发幼儿的智慧大有好处。

老师若能及早地了解学生的个性，就能针对不同学生采取不同的教学方法。

祝你早日成功！

＊祝你早日地成功！

(4)“早日”还可作名词，表示以前、以往，可作定语。如：

早日的威严　早日的决定　早日的活力

小结：

词语	意义	强调的重点	共现			相同点
			“祝、愿、祝愿”	“希望、盼望、期望”	“地”	
及早	希望及时 采取措施	措施（建议性） 可控制	−	少	+	未然祈使句、 陈述句
早日	希望愿望 很快实现	结果（祝愿性） 不可控制	+	+	−	未然祈使句、 陈述句

练一练

一、请用“及早”或“早日”填空。

1. 来，我们一起为她祈祷，愿她和丈夫(　　)和好。
2. 会议的时间决定以后，请您(　　)通知我们。
3. 如能(　　)发现并及时引导、教育他们，就能使他们(　　)成材，为社会作出更大的贡献。
4. 心脏病如果能(　　)发现，(　　)治疗，就不是什么可怕的疾病。
5. 真希望一家团圆的那天能(　　)到来。
6. 父母们都希望自己的孩子能(　　)成为对社会有用的人才。
7. 我真心祝愿你们俩(　　)走上红地毯。
8. 如果能(　　)发现险情，可以避免可能出现的危机和风险。
9. 祝你(　　)康复！
10. 我的建议是，你应该(　　)准备，好好看书，迎接考试。

二、用(　　)内的词语完成句子。

1. 还有一个月就期终考试了，咱们________________________。（及早）
2. 恭喜你 HSK 得到了六级，也愿你________________________。（早日）
3. 为了________________________，亚洲不少国家开始聘请世界有名的教练来培训出色的足球队。（早日）
4. 天气预报说下个月会进入雨季，你________________________。（及早）

5. 妈妈住院了，我现在只有一个心愿，______________________！（早日）

三、HSK 仿真题：将下面句后（　　）中的词语放在唯一合适的地方。

1. 她现在 A 唯一的希望就是能 B 回到自己的家中，回到 C 因战争而 D 分别已久的女儿身边。（早日）

2. A 给孩子提供优质的教育，如 B 音乐胎教、幼儿教育等，这些都 C 对孩子将来的发展 D 起着关键性的作用。（及早）

3. 我们 A 一直 B 期待着他能 C 拿到那个大奖，圆他一个 D 心愿。（早日）

4. A 有了病要 B 去医院，C 免得病情 D 发展。（及早）

5. A 希望能 B 看到你的小说问世，C 到时我一定 D 拜读。（早日）

四、HSK 仿真题：找出下面每段话中有错误的一部分。

1. 我朋友的儿子英语不太好（A），他妈妈一再拜托我（B），请我找一位老师辅导一下儿（C），希望孩子能及早考过托福（D）。

2. 当邮递员把我女朋友亲手织的围巾送到我手里的时候（A），我不禁流下了眼泪（B），虽然现在分隔两地（C），但我坚信，我俩多半会在一起的（D）！

3. 这个有钱人亲身送来的酒（A），想必是好东西（B），但你要开车，就千万不要多喝（C），否则必定会误事的（D）。

4. 那个包裹不翼而飞以后（A），虽然大家都认为肯定找不回来了（B），可她始终坚信那个包裹没有丢（C），坚信迟早有一天能找到它（D）。

5. 现在社会的年轻人生病，多半不愿意去医院（A），一方面工作忙，没有时间（B），另一方面一进医院就得拍片、化验，花销不少（C），所以常常仅凭经验，亲自到药房买药（D）。

参考答案

一、1. 早日　2. 及早　3. 及早　早日　4. 及早　及早　5. 早日　6. 早日　7. 早日　8. 及早　9. 早日　10. 及早

二、1. 还有一个月就期终考试了，咱们<u>最好及早开始复习</u>。

2. 恭喜你HSK得到了六级，也愿你 早日通过八级 。

3. 为了 早日夺得世界杯球赛的冠军 ，亚洲不少国家开始聘请世界有名的教练来培训出色的足球队。

4. 天气预报说下个月会进入雨季，你 应该及早把院子里的东西收拾起来，以免损失太大 。

5. 妈妈住院了，我现在只有一个心愿， 就是希望妈妈早日出院/愿妈妈早日康复 ！

三、1. B 2. A 3. C 4. B 5. B

四、1. D，“及早”多强调为了某个目的或因为某个原因尽快尽早地去做某个动作，采取某种措施，不能用于陈述句；而“早日”则强调希望某个愿望很快实现，可用于陈述句，后面一般是表示某种美好的愿望和祝愿。“及早”应该改为“早日”。

2. D，“多半”多用于推测，表示超过50%的可能性，这与C中的“坚信”矛盾，改为“早晚”“必定”等肯定语气强的词更妥当。

3. A，“亲身”强调通过本人的身心去体会的过程，不跟较具体的动作动词，而“送酒”则是一个具体的动作，两者矛盾。这里强调是自己“送”的，没让别人代替，应该用“亲自”；后面所跟的动词“送”是给予类动词，因此也可以用“亲手”。

4. D，“迟早”极少用于强调客观可能性的助动词“能”前，也极少用于“坚信”一词之后表示对可能性的确信无疑。此处一般用“早晚”。

5. D，强调“自己直接去（做），不让别人代替”时才用“亲自”，这里没有强调的意味，不需要用“亲自”，用“自己”就可。

单元练习

一、组词成句。

1. 这　北京　两　先后　架　抵达　机场　飞机

2. 大都　苏州人　喜欢　苏州话　说

3. 谁　不论　求婚　向她　拒绝　她　一律　都

4. 早晚　这件事　会　大家　知道　都

5. 是　这　他　写　亲笔　回信　的

6. 亲自　校长　的　学习　学生　和　视察　生活　情况

7. 一连　这里　了　三次　发生　地震

8. 中文书　图书馆　大多　里　书　是　的

9. 分明　说谎　是　在　你

10. 只要　工作　你　会　必定　取得　成功　努力

二、HSK 仿真题：在下面 ABCD 中选择唯一正确的填入空中。

1. 这场雪可真大啊，______下了三天三夜。

A. 连连　　B. 从来　　C. 终于　　D. 一连

2. 圣诞联欢会上，杰克______唱了三首中国歌，赢得了阵阵掌声。

A. 一口气　　B. 一时　　C. 一再　　D. 一举

3. 凡是愿意来我们学院上课的学生，______得在报名当天参加我们学院举行的入学考试。

A. 一概　　B. 一再　　C. 一律　　D. 一连

4. 出门前我______叮嘱他临走别忘了带钥匙，可他还是忘了，真伤脑筋。

A. 一时　　B. 一下儿　　C. 一再　　D. 一口气

5. 她还没来得及看清楚救她的是谁，就______昏了过去，醒来已在医院。

A. 一口气　　B. 一时　　C. 一下子　　D. 明明

6. 盛夏的中午，______发现有人突然倒地，并出现脸色发白、流汗不止等中暑现象，必须先把对方搬到阴凉处，再进行急救。

A. 一时　　B. 一次　　C. 一旦　　D. 一下子

7. 对不起，这个阅览室的报纸和杂志______不外借。

A. 大概　　B. 一概　　C. 一再　　D. 一时

8. 他在比赛的最后半分钟内______进球，______把比分追平。

A. 一连　一下子　　B. 一连　一举

C. 连连　一举　　D. 连连　一下子

9. 这个地方每天早上有一伙人______赌博，得想办法制止。

A. 偶然　　B. 猛然　　C. 公然　　D. 自然

10. 今年暑假，我和姐姐______到昆明、银川、杭州和上海等几个城市旅游，一路上拍了很多照片。

A. 早晚　　B. 先后　　C. 一连　　D. 不断

11. 他这会儿还不来，______不能来了。

A. 一半　　B. 多半　　C. 半数　　D. 大部分

12. 通过这次社会调查，我______目睹了我国农村的巨大变化。

A. 亲身　　B. 亲自　　C. 亲眼　　D. 亲耳

三、选择合适的副词填入空格内。

（一）一举　一下子　一下儿　一口气　一连　一旦　一度　一时　暂时

1. 上课时，老师让我谈谈对环保的看法，我__________紧张，说话都结巴了。

2. 姐姐看到桌上有本小说，无意中翻读了第一页，就此不由自主地__________读完了它。

3. 毕业以后，她曾__________在一所大学当过两年英语老师，后来又去英国读硕士了。

4. 稍微等__________，我马上就来。

5. 刚才他是__________糊涂说错了话，请你不要生气。

6. __________几天，他都没来学校。

7. 妈妈__________念完儿子的信，感动得哭了起来。

8. 爸爸__________从口袋里掏出一百块钱给他儿子。

9. 现在学生宿舍已经住满了，你只能__________住在学校附近的旅馆里了。

10. 魔术师手里的鸽子__________消失了。

11. 姐姐的病还不太稳定，__________好，__________坏。

12. 他从两百多位候选人中脱颖而出，__________夺魁，真不容易啊！

13. 他现在没有什么积蓄，__________失业，就会陷入困境。

（二）分明　明明　千万　万万　只顾　只管

1. __________是弟弟打破了玻璃窗，为什么妈妈要责怪姐姐？

2. 一旦发生火灾，你得尽快离开危险区，但__________别使用电梯。

3. 你妈妈现在的病很重，__________要注意按时吃药，保证休息。

4. 如果你__________自己快活，不顾别人的感受，大家都会讨厌你的。

5. 她哪里在笑，__________是在哭！

6. 学习成绩一向优异的姐姐__________没有想到，这次考试竟然只得了 58 分！

7. 小船________一个劲儿地在湖中打转。
8. 这________是一个简单的问题，你却处理得如此复杂。
9. 这笔钱是专门用于救助贫困学生的，你要拿去办别的事情是________不行的。
10. 你有什么困难________说出来，我能帮的一定帮。

四、用所给的词语完成对话。

1. A：我对中国电影很感兴趣。
   B：那么，最近几部新电影________________________。（想必）
2. A：三木这次是铁了心要走。
   B：是啊，________________________。（再三）
3. A：________________________。（公然）
   B：协议是双方签过字的，他们怎么可以这样？
4. A：妈妈，虽然我在这里留学一切都好，但是我每天都很想您。
   B：我也想你呀，真希望________________________。（早日）
5. A：昨天的排球比赛你看了吗？
   B：看了，________________________，很快就输掉了最后一局，真可惜！（连连）
6. A：王老师放弃了在北京工作的机会，________________________。（毅然）
   B：他真了不起呀。
7. A：我以为他睡着了，正要离开，________________________。（猛然）
   B：哈哈，一定让你吓了一跳吧。

五、HSK 仿真题：将下面句后（　　）中的词语放在唯一合适的地方。

1. 大家心里 A 都 B 明白，这件事 C 瞒不了多久，他 D 会知道的。（早晚）
2. A 毛主席向 B 站在街道两边的群众 C 招手 D 致意。（连连）
3. 最近两个月里我们 A 邀请了 B 好几位教授来 C 给大家 D 做讲座。（先后）
4. A 朋友们 B 参加了 C 他 D 的婚礼。（大都）
5. A 下了几天雪，我们 B 可以 C 出去 D 打雪仗了。（一连）
6. 假如 A 大家 B 更加随意一点儿的话，那 C 我们今天的聚会 D 会更自然而愉快。（必定）
7. A 他 B 把话说完，C 连水都 D 没有喝。（一口气）
8. A 近几年 B 王老师的这部小说 C 被翻译 D 成英语、法语、德语和西班牙语。（先后）
9. A 打破她 B 那个心爱的花瓶以后，C 我 D 向她道歉。（再三）
10. A 丢失或 B 损坏图书馆的图书 C 按原价 D 赔偿。（一律）

六、HSK 仿真题：找出下面每段话中有错误的一部分。

1. 我本以为这场足球比赛他们稳赢了（A），但是千万没料到最后一刻钟（B），被对方一连踢进了两个球（C），结果竟然输了（D）。

2. 这道题很复杂（A），你万万要小心计算（B），千万别算错了（C），一旦某个小环节出错，就前功尽弃了（D）。

3. 小明刚才明明还好好的（A），这会儿怎么不断地冒汗（B）？今天室外的气温高达 39 度（C），多半是中暑了。

D

4. 我们分明说好两家公司联合开发这个产品的，可你怎么单独开始生产了，而且还做了

A　　B

广告！我万万没有想到你是个这么不讲信用的人！

C　　D

5. 这个邮递员很仔细，每回都亲身把信送到收件人手中，万一收件人不在，则请熟人签

A　　B

字代收，并再三叮嘱要及时转交收件人，不要过夜。

C　　D

6. 一个漆黑的冬夜，在寒冷的街头，这个孤零零的小姑娘趴在别人家的窗台上往里张望，

A　　B

一边不住地偷抹着眼泪，必定她又想起什么伤心事了。

C　　D

7. 昨天小赵不顾我的再三反对，执意要参加那份并不适合他的工作的面试，不过看他现在

A　　B

一连叹息的样子，多半是又失败了。

C　　D

七、HSK 仿真题：在下面 ABCD 中选择最接近画线词意义的词语。

1. 小李猛然一抬头，才发现天已经完全黑了。

A. 偶然　　B. 忽然　　C. 自然　　D. 毅然

2. 那部电影上映以后，它的主题曲一下子传遍了街头巷尾。

A. 很快　　B. 一口气　　C. 一个下午　　D. 轻松

3. 课文这么长，我一时怎么也背不下来。

A. 一个小时　　B. 那时　　C. 短时间　　D. 一段时间

4. 回到家以后你千万要给我来个电话，报个平安。

A. 很快　　B. 一定　　C. 常常　　D. 很多

5. 我觉得结婚后夫妻双方的隐私早晚会让对方知道。

A. 总有一天　　B. 早点　　C. 早上和晚上　　D. 快点

6. 他虽然在国外工作，可不时会回国看望父母。

A. 不一定　　B. 一定　　C. 不定时　　D. 不时常

7. 张老师的办公室没有灯光，他多半已经回家了。

A. 大半　　B. 多数　　C. 大都　　D. 大多

8. 我恨不得一口气把这本书全看完。

A. 一下子　　B. 一举　　C. 一连　　D. 一再

9. 这分明是个圈套！

A. 明白　　　　B. 清晰　　　　C. 显得　　　　D. 显然

10. 他万万想不到会发生这种悲剧。

A. 十分　　　　B. 一亿　　　　C. 绝对　　　　D. 万一

参考答案

一、1. 这两架飞机先后抵达北京机场。
2. 苏州人大都喜欢说苏州话。
3. 不论谁向她求婚,她都一律拒绝。/不论谁向她求婚,她一律都拒绝。
4. 这件事早晚大家都会知道。/这件事大家早晚都会知道。
5. 这是他亲笔写的回信。
6. 校长亲自视察学生的学习和生活情况。/校长亲自视察学生的生活和学习情况。
7. 这里一连发生了三次地震。
8. 图书馆里的书大多是中文书。
9. 你分明是在说谎!/分明是你在说谎!
10. 只要你努力工作,必定会取得成功。

二、1. D　2. A　3. C　4. C　5. C　6. C　7. B　8. D　9. C　10. B　11. B　12. C

三、(一) 1. 一时　2. 一口气　3. 一度　4. 一下儿　5. 一时　6. 一连　7. 一口气　8. 一下子/一下儿　9. 暂时
10. 一下子/一下儿　11. 一时　一时　12. 一举　13. 一旦

(二) 1. 明明　2. 千万　3. 千万　4. 只顾　5. 分明　6. 万万　7. 只管　8. 明明　9. 万万
10. 只管

四、1. 那么,最近几部新电影 想必你都看过了 。
2. 是啊, 我们再三挽留都留不住他 。
3. 听说那家公司公然撕毁了协议/听说那家公司公然单方中止了协议 。
4. 我也想你啊,真希望 你能早日学成回国 。
5. 看了 上海队最后几个球连连失误 ,很快就输掉了最后一局,真可惜!
6. 王老师放弃了在北京工作的机会, 毅然来到这里,免费给那些读不起书的孩子教书 。
7. 我以为他睡着了,正要离开, 谁知道他却猛然坐了起来 。

五、1. D　2. C　3. A　4. B　5. A　6. D　7. B　8. C　9. D　10. C

六、1. B,“千万”不能用于陈述句,这里只能用“万万”,用于强调对已经发生的事情绝对没有估计到。
2. B,“万万”不能用于肯定句,应改成“千万”。
3. B,当强调某人控制不住地重复同一动作(如“发抖、冒汗”等)时,应该用“不住”或“不停”,而不用“不断”。
4. A,“分明”,多表示一种推断的结果,常用在一个独立存在的句子里,而“明明”所在的句子往往不能单独存在,后面必须跟别的句子,说话人强调的重点也在后面的句子,前后两个分句一般为转折的关系。所以,这里应该用“明明”。
5. A,“亲身”所修饰的动词大多是抽象动词,而“送”是比较具体的动作动词,应改为“亲手”。
6. D,“必定”不能放在主语前面,可以换成“想必”。
7. C,“一连”的后面必须跟有表示数量短语,这里应改为“连连”,“连连”的后面不用也不能带数量短语。

七、1. B　2. A　3. C　4. B　5. A　6. C　7. A　8. A　9. D　10. C